에듀테크야, 학교 가자!

에듀테크로 이어지는 교실 속 우리들의 이야기

에듀테크야, 학교 가자!

에듀테크로 이어지는 교실 속 우리들의 이야기

초판 1쇄 발행 2021년 12월 31일
초판 2쇄 발행 2024년 4월 30일

지은이 고영성·김현화
펴낸이 김승희
펴낸곳 도서출판 살림터

기획 정광일
편집 정태화
북디자인 이순민

인쇄·제본 (주)신화프린팅
종이 (주)명동지류

주소 서울시 양천구 목동동로 293. 22층 2215-1호
전화 02) 3141-6553
팩스 02) 3141-6555
출판등록 2008년 3월 18일 제313-1990-12호
이메일 gwang80@hanmail.net
블로그 https://blog.naver.com/dkffk1020
한국교육연구네트워크 https://www.kednetwork.or.kr

ISBN 979-11-5930-208-4 03370

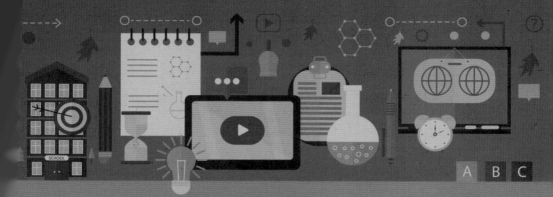

에듀테크야,
학교 가자!

에듀테크로 이어지는 교실 속 우리들의 이야기

고영성·김현화 지음

살림터

목차

새로운 환경, 변화해야 하는 우리

　교사라면 스스로 완벽해야 하며, 실수를 하면 안 된다는 강박감이 있다. 누군가에게 지식을 전달하고 모범을 보여야 하는 역할이기에, 자신도 모르게 주변의 시선을 의식하게 된다. "물어보는 것은 부끄러운 게 아니야, 모르고 넘어가는 게 부끄러운 거야!"라고 학생들에게 이야기했지만, 정작 교사 본인들은 누군가에게 도움을 청하거나 물어보는 게 익숙하진 않았다. 그러던 어느 날, 변화를 일으킬만한 사건이 발생하고 말았다. 바로 '코로나19'이다.

　2020년 코로나19가 발생하면서 학교는 혼란의 연속이었다. 입학과 개학이 연기되고 지침은 계속 변경됐다. 2020년 4월, 원격수업 운영 계획이 발표되면서 당장 원격수업을 준비해야만 했다. 실시간, 콘텐츠 활용 중심과 과제 수행 중심 수업 중 하나를 택해야만 했다. 원격수업의 개념이 명확히 서 있지도 않은 상황이었다. 그럼에도 집에서 기다리고 있는 학생들을 위해 신속하게 움직여야만 했다. '원격수업'하면 온라인 연수만 떠올랐던 우리로선 많은 것들이 낯설고 혼란스러웠다. 주변의 도움 없이는 한 치 앞도 헤쳐나갈 수 없었다. 주변에 도움을 청하지 않거나, 물어보지 않고 혼자 끙끙

앓기만 했다면 학교는 대혼란에 빠졌을 것이다.

이런 혼란 속에서도 중심을 잡고 세심한 부분까지 신경 쓰셨던 교장, 교감 선생님의 배려 속에, 교육 노하우를 바탕으로 원격수업의 팁을 제공했던 고경력 선생님, 정보화 기기에 익숙했던 저경력 선생님 등, 모두가 각자의 역할에 맞춰 퍼즐을 맞춰나갔다. 작은 퍼즐 조각들이 모여 하나의 퍼즐을 완성하듯, 각자의 강점을 바탕으로 선생님들은 무에서 유를 창조해 나갔다. 새로운 시도를 해보고 실수하면 수정, 보완해 또다시 도전해 나갔다.

처음에는 정신없이 학습지를 제작하여 학생들에게 배부했다. 하지만 단순히 학습지만 해결하게 되면 학생들이 학습에 흥미를 잃을 것 같은 불안감이 들었다. 또한 학생들 입장에선 학습지만 해결하면 되기 때문에 교사나 친구들과의 상호작용이나 피드백도 부족할 수밖에 없었다. 우린 머리를 맞대고 매일같이 모여 어떤 플랫폼을 사용할지, 어떻게 온라인 수업을 진행해나갈 것인지 함께 고민했다. 동료교사들과 협력하여 수업에 적합한 다양한 콘텐츠를 찾았다. 그 과정 속에서 접하게 된 다양한 에듀테크는 우리에게 신선한 자극을 선사했다. 새로운 에듀테크를 배우고 원격수업에 활용할 때마다 학생들의 참여도는 높아만 갔다. 비록, 신체적으로는 떨어져 있지만, 심리적으로 연결되는 느낌을 받을 수 있었다. 결국, 학생과 학부모로부터 신뢰를 얻을 수 있었고, 서로의 관계가 눈에 띄게 다져지고 있음을 느낄 수 있었다. 한 아이도 포기하지 않는 교육을 실현할 수 있었다.

그럼에도 따로 또 같이, 이어가야 할 우리

어찌됐던, 코로나19 이후, 학생과 교사는 하루하루 변화에 적응하며 살아가고 있다. 한편으론 혼란의 연속이지만, 또 다른 한편으론 새로운 도전에 대한 희열감을 느끼기도 한다. 새로운 것에 익숙해져야 하고, 변화에 온몸으로 맞닥뜨려야 하는 현실 속에서 학생, 학부모, 교사들의 몸과 마음도 서서히 지쳐가는 모습을 볼 수 있다.

이젠 학생들이 학교라는 공간 속에서 만남을 통해 관계를 맺고 성장해 나가는 모습을 찾아보기란 쉽지 않다. '학생들이 없는 학교', '모니터 속의 모습으로만 관계를 맺어야만 하는 안타까운 현실', 이로 인한 '소통의 부재'까지. 어쩌면 단절에서 오는 공허함만이 텅 빈 교실을 채우고 있는지도 모르겠다. 다행히 등교수업이 확대되고 학생들도 친구들과 만날 기회가 늘어났다. 하지만 현장에서 아이들을 맞이해 주는 건 서로를 막고 있는 칸막이, 한 줄로 늘어서 있는 책상들, 줄어든 쉬는 시간에 안타까운 마음이 들 때가 많았다.

그렇게 몸과 마음이 서서히 지쳐갈 때쯤, 같은 고민을 가진 선생님들이 많다는 것을 알게 되었다. 이런 문제점을 조금이라도 타개해 보고자, 11년 차의 교사와 열정이 가득한 신규교사가 함께 뭉쳐 고민을 해보기로 했다. 서로 다른 선생님들이 '에듀테크'라는 연결고리를 통해 이어진 것처럼, 학생, 학부모, 그리고 동료 교사 및 에듀테크에 관심이 있는 다양한 사람들과 소통하고 고민을 나누는 네트워크를 형성하고자 이 책을 집필하게 됐다.

시간과 공간, 그리고 관계에서 오는 단절을 에듀테크로 해결해보고자 한다. 에듀테크를 통해 교실 속 공허함을 덜어내고 서로 관계를 맺으며 활력이 넘치는 교실을 만들고 싶다.

「에듀테크」라는 낱말이 낯설고 두려움이 있는 사람들에게 용기 내 도전해 볼 수 있는 희망을 주고자 한다. 두 선생님의 살아있는 경험과 사례, 실패담과 성공담, 교실 속 에듀테크 활용 팁 등을 담아 함께 나누고자 한다.

코로나19로 인해 단절된 사회 속에서 에듀테크로 이어나가는 교실 속 우리들의 이야기가 이제부터 시작된다.

2021년 12월
고영성, 김현화

1장

온·오프라인 이어나가기

온라인과 오프라인을 어떻게 이어나갈까?

막상 온라인 수업을 진행하려고 하니 눈앞이 캄캄했다. 온라인 기기는 부족했고 물리적 환경도 뒷받침되지 않았다. 어찌어찌 온라인 기기가 갖춰졌다 해도 학생들은 익숙하지 않은 교육 환경과 방법에 적응하는 데 꽤나 시간이 필요했다. 교사도 수업 자료를 찾고 온라인 기기와 에듀테크에 익숙해지는데 시간이 필요한 건 마찬가지였다. 온라인과 오프라인을 잇는데 많은 시간과 노력이 필요했지만, 우리에게 주어진 시간은 너무나도 촉박했다.

초창기 온라인 수업을 진행하면서 많은 어려움을 겪게 됐다. 10분짜리 수업 영상을 제작하는데 3시간이 넘게 걸렸다. 수업 영상을 제작하는 프로그램이 익숙하지 않아서였다. 사실, 기존에는 수업 영상을 직접 제작해 본 경험이 없었다. EBS나 유명한 강사만 제작하는 것이라 생각했다. 막상 수업 영상을 준비하고 학생들과 수업을 해 나갔지만, 준비 대비 효과가 너무 떨어졌다. 10분짜리 영상이라도 학생들이 집중해서 봐줬으면 좋겠지만, 학생들의 반응은 실망과 좌절을 느끼게 만들었다. 짧은 수업 영상 시청 후, 학생들에게 던진 질문은 늘 침묵으로 되돌아오는 경우가 많았다. '내가 지금 무엇을 하고 있지?' 자괴감이 들 때가 많았다. 문제는 이뿐만이 아니었다. 디지털 기기의 유무나 부모님의 조력 여부가 학생의 학습 진행 및 태도에도 영향을 미쳤다. 맞벌이 부모님이 많은 요즘 같은 시대에 학생들의 학습까지 챙겨줄 시간이나 여건은 턱없이 부족했다. 자녀들의 온라인 기기 및 학습까지 챙겨야 한다는 부담감 또한 컸을 것이다. 하루빨리 코로나19가 잠잠해지고 등교수업이 가능해지기만을 기다렸을 것이다.

수업은 교사와 학생, 학생 간의 상호작용과 피드백이 무엇보다 중요하다. 하지만 원격수업 초기에는 교사 또한 온라인 수업에 익숙하지 않기 때문에 강의식 지식 정보 전달 위주의 수업을 할 수밖에 없었다. 단편적인 지식이나 교사의 설명이 수업의 주를 차지했다. 때문에 학생들은 스스로 생각하거나 상호 작용하는 시간이 현저하게 줄 수밖에 없는 구조였다. 학생들은 수업 영상을 보고 간단한 활동지에 답을 채워나가는 게 전부였다. 그뿐만이 아니었다. 온라인을 통해서 학습 영상을 보거나 교사의 설명만 듣고 해결하는 식의 평가는 교육적으로 그 효과가 미미하게 느껴졌다. 온라인 수업에서 교육과정과 수업 그리고 평가의 일체화까지 바라는 것은 정말 무리한 바람이었을까?

4차 산업혁명보다 코로나19가 교육의 많은 것들을 변화시키고 있다. 미래교육은 다양한 스마트 기기를 이용한 교육이 아닐까 할 정도로 스마트 기기와 에듀테크들이 다양하게 쏟아져 나왔다. 교직 생활을 하면서 수업보다는 정보화 기기를 잘 다뤄야 하는가 하는 생각이 들 정도였다. 분명한 건, 변화하는 현실 속에 이전과 똑같은 방식으로 수업을 하면 도태될 수밖에 없다는 것이다. 결국 수업에서의 변화를 찾고 그 실마리를 풀어야만 했다. 온라인 수업뿐만 아니라 대면 수업에서도 활용할 수 있는 다양한 온라인 수업 도구를 활용해야만 했다. 온라인과 오프라인이 연계되는 수업을 준비해야만 했다. 학생들에게 교과서에 있는 모든 지식과 정보를 전달하는 것이 아니라, 21세기 핵심 역량을 갖출 힘을 길러주고 싶었다. 다양한 방법이 있겠지만, 이 책에서는 에듀테크를 통해 답을 찾아보고자 한다.

오프라인에서만 활용할 수 있는 에듀테크, 온라인에서만 활용할 수 있는 에듀테크가 아닌, 온·오프라인에서 자유롭게 활용할 수 있는 에듀테크의 방향성을 고민해 보고자 한다. 그 고민의 결과물들이 수업에 활기를 불어넣고 교육공동체와의 관계를 긍정적인 방향으로 이어나갈 수 있게 되길 염원한다.

선생님, 태블릿 어떻게 켜요?

태블릿을 처음 받고 어리둥절한 학생들

"선생님, 이거 비싸요?"

"선생님, 태블릿 어떻게 켜요?"

"선생님, 홈 버튼이 뭐예요?"

"선생님, 와이파이가 뭐예요?"

2020년 코로나19로 인해 입학식도 제대로 치르지 못하고 학교에 왔던 아이들이 어느새 의젓한 2학년이 되었다. 원격 수업 때, 과제수행 중심수업을 진행했던 아이들은 태블릿이나 원격 기기를 만져볼 기회가 많지 않았다. 태블릿을 반 아이들에게 처음 건넸던 순간, 어리둥절한 아이들의 모습이 눈앞에 생생하다. 하지만 그 어리둥절한 모습도 잠시뿐이었다. 학생들은 어느 때보다 눈이 초롱초롱 빛났고, 앞으로 할 활동들에 대해 기대감으로 가득 찼다.

수업을 하기 위해 "애들아, 태블릿을 켤 때는 옆에 있는 버튼을 꾹 누르면 돼"라고 말하는 순간 "선생님 버튼이 안 보여요", "선생님, 안 켜져요", "선생님, 태블릿이 말을 해요", "선생님, 이거 어떻게 해요"라는 말들이 동시에 터져 나왔다. 태블릿을 처음 접하는 학생들이 많다는 사실을 잠시 망각하고 있었다. 마음을 가다듬고 하나하나를 자세히 설명해나가자, 아이들은 신기한 듯 버튼을 눌러보고 태블릿 전원을 켜는데 성공했다.

기쁨도 잠시, Wi-Fi 연결! "아이들이 영어를 모르는데 어떻게 설명하지?"라는 생각이 이내 깊은 고민에 빠지게 만들었다. 다행히 스마트폰에 익숙한 아이들은 "무지개 같은 걸 눌러보면 돼", "부채처럼 생긴 걸 눌러보면 돼"라고 말하며 자신들만의 언어로 태블릿에 적응해 나가고 있었다. 어느덧 어리둥절한 학생들의 모습은 사라지고, 어려워하는 친구들을 서로 도와가며 협력하는 모습을 볼 수 있었다. 아이들이 대견스러웠다.

학생들이 태블릿 활용 방법을 익히는 데 오랜 시간이 걸리지 않았다. 며칠 만에 기기 활용법을 터득하고 수업 시간에 태블릿 활용 아이디어를 제시할 정도로 스마트 기기에 금방 적응했다. 혹시나 저학년이라는 이유로 학급에서 스마트 기기를 활용하는 게 두려운 선생님이나, 스스로 스마트 기기를 잘 활용하지 못해 두려운 마음을 가진 선생님이 계신다면 주저하지 말고 활용해 보실 것을 적극적으로 권장하고 싶다. 기본적인 활용법만 터득한다면 다음부터는 학생들이 더 많은 활용법과 아이디어를 제시할 것이다. 태블릿 하나만으로도 코로나19로 잃었던 교실 속의 활기를 불러일으킬 수 있을 것이다.

　'코로나19가 있지 않았다면 초등학교 저학년 교실에서 스마트 기기를 자주 활용했을까?'라는 생각을 해보았다. 학교마다 여건이나 상황은 다르겠지만, 보통 초등학교에서 스마트 기기는 고학년생들 위주로 활용했다. 하지만 코로나19로 인해 원격수업이 등장하면서 학생들은 다양한 스마트 기기를 접해보고 활용할 기회가 늘어났다. 학교에 더 많은 스마트 기기들이 갖춰지고 활용할 수 있는 여건이 정비되었다. 어쩌면 코로나19로 인한 현재 상황이 위기이자 기회인 것 같다.

원격수업, 낯선 학습터에 놓인 우리

"어제 선생님이 내 질문에다가 댓글 올려줬다!"

"맞아, 내 글에도 유튜브 영상 링크 올려주셔서 봤어."

"아 맞다, 저 e학습터 질문 올렸거든요? 오늘 꼭 댓글 달아주세요!"

'나 어젯밤 11시까지 댓글 달았는데…… 넌 또 언제 올린 거니'

한 학기 동안 e학습터를 활용한 수업은 교사와 학생에게 모두 신선한 경험이었다. e학습터를 통한 수업은 대개 e학습터 자체 콘텐츠를 활용하는 형태였다. 우리 학년에선 동학년 협의회를 거쳐 각 차시별로 제작할 수업을 분담하였다. 함께 제작하고 공유하는 형태로 운영하였다. 온·오프라인 수

업이 긴밀하게 연결되도록 하자는 의도도 있었지만, 기존의 콘텐츠를 활용하는 원격수업에 대한 언론과 학부모님들의 부정적인 시선의 영향도 컸다.

"링크만 올리는 교사가 교사인가?"
"2분짜리 영상이 수업이냐?"
"학원보다 못하다"

이러한 제목의 기사들을 자주 접하게 되자, 원격수업에 대한 부담감이 무척이나 커졌다. '직접', '길게', '알차게' 만들어야겠다는 생각으로 머리가 꽉 차기 시작했다. 오프라인 수업 경험도 부족한 터인데……. 게다가 온라인 수업은 받아 본 경험조차 없으니 더욱 어려웠다. 신규교사로서 몸소 체험했던 경험을 바탕으로 지금부터 원격수업을 하며 어려웠던 점, 4가지를 꼽아 이야기해 보려 한다.

첫 번째는 '정보화 기기'가 부족했다. 근무하는 학교가 신설 학교이다 보니 기존에 보유한 정보화 기기가 거의 없었다. 1년 사이에 학급이 2배 이상 증설되어 기기 부족이 심했다. 몇 대 없는 노트북과 웹캠을 학년별로 나눠 사용했다. 그러다 보니 나는 실물화상기 하나로 원격수업을 하게 되었다. IT 강국이니, 인터넷 속도가 빠르다느니, 경쟁력이 있는 것처럼 자랑스럽게 말했지만, 아직 학교는 물리적인 환경에서도 많이 부족했다.

학생들로부터 수업 이후 "지지직 소리 나요.", "영상 소리가 너무 작아요."라는 피드백을 수차례 받았지만 해결할 방법이 없어 답답하기만 했다. 사실 원격수업이 언제까지 지속될지 모르니, 값비싼 기기를 턱턱 구매해 줄 수 없는 입장인 것은 이해가 갔다. 하지만 원격수업이 끝난 다음에도 영상 동아리나 SW수업에 활용하면 얼마든지 잘 활용될 수 있다. 사실 원격수업이 아니더라도 진작부터 스마트 기기가 갖춰져 있었어야만 했다. 결국, 이러한 기기의 부족은 수업에서 학생들의 집중도를 극도로 떨어뜨렸다. 기기 때문에 원격수업의 질이 낮아지는 것은, 적어도 IT 강국이라 자부하는 대한민국에게는 수치가 아닐까?

두 번째는 원격수업을 위한 '장소'가 없었다. 특히 코로나19로 인한 원격수업 중에도 '긴급 돌봄'으로 등교하는 학생들이 많았다. 긴급 돌봄 대상에 대한 기준이 명확하지 않았다. 긴급한 상황이 아니라 단지 '아이가 심심해서', '집에서 노는 것 같아서' 등의 이유로 다수가 등교했다. 정말이지 '긴급'이라는 단어가 무색한 '안 긴급한 긴급 돌봄'이 이루어졌다. 실제로 30명 중 25명이 긴급 돌봄으로 등교했던 반도 있었다. 우리 반도 10명 내외의 학생이 긴급 돌봄으로 원격수업 날에도 교실에 앉아있었다. 긴급 돌봄 학생들에게 아침마다 태블릿을 쥐여 줬다, 와이파이가 끊기면 연결도 해주고, 배터리가 없으면 충전도 해주고, 서버가 불안해서 연결이 안 되면 다른 공부 거리도 가져다주면서, 원격수업을 했다.

특히 실시간 화상 수업은 이러한 상황에서 상당히 골치 아픈 점이 많았다. 같은 공간에서 두 명 이상이 마이크를 사용하면 하울링이 일어나서 '삐' 하는 소리가 났다. 이것 때문에 긴급 돌봄에 나온 학생들은 실시간 화상 수업에서 발표를 시켜줄 수가 없었다. 원격으로 수업에 참여하는 학생들도 문제는 있었다. 저마다 PC, 노트북, 아이패드, 태블릿, 스마트폰 등 접속 환경이 모두 달라, 소리가 안 들리거나 접속이 튕기기도 했다. 게다가 실시간

수업 중에 전화가 울리는 일이 다반사였다. 적어도 초등학교에서는 교사는 물론 학생도 집중하기 어려운 형태가 바로 실시간 화상수업이었다. 그런데도 일부 교육청은 학교급, 학급 상황을 전혀 고려하지 않았다. 실시간 화상수업이 마치 이상적인 형태인 것처럼 실시간 화상 수업의 최소 시간을 정하도록 권장하기도 했다. 이런 분위기 때문에 콘텐츠 제공형 수업을 하고 있는 교사는 마치 직무유기를 하고 있는 것처럼 비춰졌다. 그렇기에 심각한 비효율성에도 불구하고 실시간 화상 수업을 해야만 했다.

세 번째는 '적정 이상의 학생 수'이다. 원격수업을 해본 적이 없는 사람들은 오프라인 수업보다 원격수업이 더 많은 학생을 수용할 수 있다고 착각하기 쉽다. 하지만 이는 어디까지나 소위 '인강'이라 불리는 일제식 수업에서나 가능한 논리다. 원격수업에서는 오프라인 수업보다 학생의 자율도가 높다. 따라서 학생의 질문도 쏟아지며, 교사의 피드백이 훨씬 많이 요구되었다. 또한, 기기 사용이 미숙하여 접속을 못 하는 학생들도 어떻게든 참여할 수 있도록, 콜센터 직원처럼 전화기를 붙들고 안내도 해야 했다. 게다가 자느라 접속을 안 하는 늦잠꾸러기들을 깨우는 모닝콜까지 해야 되는 실정이었다.

하버드보다도 입학이 어렵다는 '미네르바 스쿨'은 전 강좌가 온라인상에서 이루어지는 No 캠퍼스 대학이다. 모든 강좌의 학생 수는 20명 이하로 구성돼, '포럼'이라는 프로그램을 통해 온라인으로 진행된다. 교수와 모든 학생이 얼굴을 보며 의견을 주고받으며 '학생이 중심이 되는 세미나 형식'으로 수업이 진행된다. 대한민국도 e학습터라는 공공 LMS를 구축했지만, 결정적으로 '학급 당 학생 수'가 대학보다도 많다는 점이 치명적인 문제이다.

오프라인이건 온라인이건 배움이 있는 교실은 학생 수 적정화가 먼저 선행
되어야 한다.

네 번째는 '시간 부족'이다. 거꾸로 수업을 위해서는 반드시 질 높은 디딤
영상이 제공되어야 한다. 그러나 디딤 영상을 만들 시간은 가혹하게도 매
우 적었다. 먼저 오프라인 수업에 맞춰진 교과서의 내용을 온라인 수업에
맞도록 재구성했다. 그다음 학생용 활동 자료를 준비했다. 그리고 영상을
위한 프레젠테이션을 만든 다음, 영상을 촬영했다. 올해 1학기, 한 학기 동
안 50개 이상의 영상을 제작하여 올렸다. 그럼에도 수업 영상 준비에는 적
어도 두 시간은 필요했다.

하지만 학교에서 영상을 준비할 시간은 얼마나 될까? 원격수업이라고 해
서 학교 교실에 학생이 없는 것은 절대 아니었다. 긴급 돌봄으로 등교한 학
생들이 버젓이 앉아있었다. 접속이 안 되어 있는 학생에게 연락도 계속해야
하니, 학생들이 하교하는 3시까지는 다른 일을 하는 것은 거의 불가능했
다. 하교 이후에는 보고나 제출할 것이 없었는지, 메신저를 다급히 확인하
고, 공문까지 확인하고 나면 그제야 교과서와 지도서를 펼 수 있었다.

수업 영상을 촬영하는 중에 교실로 다른 선생님들이나 학생이 방문하기
라도 한다면 왠지 모를 민망함과 함께 NG를 내곤 했다. 가끔 녹화가 끝난
뒤에 마이크를 안 켰다는 사실을 깨닫거나 녹화 버튼을 안 누른 채로 수업
을 한차례 하는 등의 마음 쓰라린 실수는 누구나 한 번쯤은 겪어 봤을 것
이다. 수많은 시행착오를 겪으며 수업 영상은 만들어지고 있다.

중등의 경우, 교과별로 교사가 다르지만, 초등은 모든 교사가 모든 과목을 맡는다. 따라서 중등교사는 하나의 수업 영상을 여러 개의 학급에 제공할 수 있으나, 초등은 그렇지 않다. 현실적으로 모든 과목의 수업 영상을 한 교사가 완벽하게 소화해 내는 것이 벅찬 일이다. 그렇기에 중등의 방식을 참고하였다. 동학년 내에서 차시별로 영상 제작을 분담하여 공유하는 시스템으로 원격수업을 운영하게 되었다. 한 영상을 만드는 데에 많은 시간이 드는 만큼, 동학년 내에서 협의를 거쳐 차시를 분담, 제작, 공유하는 방식으로 진행했다. 이 방법이 가장 효율적이었다.

특히 신규교사인 나로선 다른 선생님들의 수업 영상을 부담 없이 참관할 수 있는 이 환경은 더없이 좋은 기회의 장이었다. 또한, 나 역시 내 수업 영상에 대한 선배 교사의 조언을 자연스럽게 구할 수 있었다. 공식적인 수업 공개보다 부담은 적으면서도 현실적으로 수업의 질을 높이는 데에는 훨씬 도움이 되었다. 앞으로는 기존의 수업 공개 형태뿐만 아니라, 원격수업을 녹화하여 공개하는 수업 나눔도 활발하게 진행될 것이다. 그것들을 바탕으로 미래 교육은 한 걸음 더 발전해 나아갈 것이다.

원격수업 어떻게 준비해야 할까?

"선생님, 원격수업하려면 뭐가 필요해요?"

"우리 학교 와이파이는 어떻게 잡아요?"

"학생들 계정은 어떻게 만들어요?"

"크롬은 어떻게 깔아요?"

코로나19가 발생하기 전에는 교실에 캠이나 마이크가 있는 학급을 볼 일이 거의 없었다. 원격수업이라는 개념 자체가 생소했다. 하지만 이제는 캠이나 마이크가 없는 학급이 없을 정도로 신속하게 정보화 기기들이 갖춰졌다.

원격수업을 시작하기 위해서는 가정 먼저 학생들의 정보화 기기 유무와 인터넷 사용 여부를 확인해야 한다. 우리나라의 경우 인터넷 접속률이 99%에 가깝지만, 간혹 인터넷 접속을 할 수 없는 취약계층 학생들이 있을 수 있음을 염두에 두어야 한다. 취약계층 학생들에게는 인터넷 통신비 지원을 받는 방법을 안내하고, 가장 먼저 정보화 기기를 지원할 수 있도록 해야 한다. 그 외에도 PC를 이용해서 쌍방향 수업에 참여하는 학생들은 웹캠이 있는지, 헤드셋이나 이어폰이 있는지 등도 파악해야 한다. 또한, 가정에 스마트 기기가 있더라도 형제, 자매가 겹치지 않는지 등 원격수업을 하기에 앞서 학생들의 환경 조사가 우선시 돼야 한다. 환경 조사를 바탕으로 정보화 기기 미보유 학생에 대해서는 학교나 지역교육청, 관계 기관의 보유분을 대여하는 등 지원할 수 있는 대책을 마련해야 한다. 교사도 학교와 교실에서 무선 인터넷 사용이 가능한지 확인해야 한다. 무선 인터넷 사용 여부에 따라 학생들과 활용할 수 있는 정보화 기기나 에듀테크에 차이가 발생할 수 있기 때문이다.

정보화 기기 실태조사 결과 및 학교 실태와 상황에 맞춰 원격수업 방법을 결정해야 한다. 원격수업 방법은 실시간 쌍방향 수업, 콘텐츠 활용 중심 수업, 과제 수행 중심 수업으로 나눌 수 있다. 실시간 쌍방향 수업은 줌, e학습터, 구글 미트 등 화상수업 시스템을 활용하여 상호작용한다. 수업 목표에 도달할 수 있는 콘텐츠 및 자료를 활용하는 수업 방법이다. 실시간 토론과 소통 등 즉각적인 피드백을 실시할 수 있다는 장점이 있다. 학생들이 온라인 기기가 갖춰져 있고 화상 시스템 사용 방법에 익숙하다면 대면 수업과 가장 비슷한 학습 효과를 낼 수 있다.

콘텐츠 활용 중심 수업은 지정된 녹화 강의나 콘텐츠를 학생들이 시청하고 교사는 학습 활동이나 결과물에 대해 피드백을 주는 수업 방식이다. 단순히 강의만 보고 듣는 것이 아니라, 학급 플랫폼이나 에듀테크를 통해서 원격 토론을 하고 결과물을 공유하는 방식이다.

마지막으로 과제 수행 중심 수업은 학생이 스스로 할 수 있는 과제를 제시하고 학습 결과를 제출하면 교사가 확인 및 피드백을 해주는 방식이다. 과제 수행 중심 수업은 온라인 기기를 활용하기 어려운 초등학교 저학년 학생에게 적합하다. 하지만 교사와 학생들 간의 즉각적인 피드백이나 상호작용이 이루어질 수 없다는 단점이 있다.

세 가지 방법 중 하나를 택해서 원격수업을 운영할 수 있지만, 교과 특성과 수업 형태에 따라 혼합하여 운영하는 것도 가능하다. 학생들과 관계 형성 및 수업의 참여도와 학습의 효율을 위해 주로 쌍방향 수업을 하게 되지만, 상황에 따라 콘텐츠 활용 중심 및 과제 수행 중심으로 운영할 수도 있다. 학생들 수준에서 할 수 있는 과제를 제시하고, 심화 및 보충학습을 위한 콘텐츠를 제공하는 과제 수행 중심과 콘텐츠 활용 중심을 혼합한 원격수업을 운영할 수도 있다.

정보화 기기 실태조사가 이루어지고 원격수업 방법이 결정되면, 학생들은 학급 플랫폼에 가입해야 한다. 구글 사이트는 특별한 회원가입 없이도 운영할 수 있는 플랫폼이다. 클래스팅, e학습터, 클래스룸 등 대부분의 플랫폼에서는 회원가입이 필수이다. 따라서 교사는 사전에 학생들 회원가입을 위한 자세한 안내가 필요하다. 대부분의 매뉴얼은 해당 사이트에 제시돼 있다. 학생들이 회원가입을 하려면 학부모 동의가 꼭 필요하다. 때문에 회원가입 방법 및 부모 동의서 등을 학부모에게 사전 안내해 협조를 요청해야 한다. 학급 플랫폼은 학생, 학부모, 교사와의 소통 창구이기 때문에 직관적이고 간편할수록 사용이 용이하다.

학급 플랫폼을 만들었으면 본격적인 수업 운영을 위한 준비를 해야 한다. 수업하기 전에 출결 방법, 수업 형태, 시간표, 수업자료 및 준비물, 학습 규칙 등에 대해 의견을 나눠야 한다. 충분한 의견을 나눈 후, 학급 학생들과 함께 결정하도록 한다. 교사가 원격수업 방법을 일방적으로 제시할 수도 있지만, 학생들과 토의를 통해 원격수업의 약속과 규칙, 수업 방법을 결정하면, 학생들의 참여율과 적극성이 높아진다.

원격수업을 위한 시스템적인 기반이 갖춰지면, 교사는 본격적으로 수업 준비를 해야 한다. 교육과정 재구성 및 통합 등을 통해 학습 주제나 내용뿐만 아니라, 운영할 에듀테크, 과제 제시 및 피드백 방법, 결과물 공유 방법 등을 바탕으로 수업 계획을 수립한다. 계획이 철저하면 시행착오도 적겠지만, 한 번에 많은 것을 제공하여 완벽을 취하기보다는 하나씩 시도하면서 수정 및 보완을 통해 적용해 나가는 것이 좋다.

학습과제 및 활동지나 설문지를 제공할 때는 학급 플랫폼을 이용해서 댓글을 달거나 결과물을 올릴 수 있다. 학생들이 올린 결과물은 반드시 확인하고 피드백을 주는 것이 중요하다. 활동지 작성 유무만 확인하는 것보다 교사의 피드백이 들어갔을 때 학생들의 참여도와 적극성이 올라가게 된다. 온라인 활동지 같은 경우는 구글 설문지나 네이버 폼을 이용해 만들면 수정 및 공유가 쉽다. 따로 통계를 내지 않더라도 교사는 결과를 실시간으로 확인할 수 있고, 이를 통해 학생의 목표 도달 정도를 파악할 수 있다. 또한, 즉각적인 피드백과 상호작용이 가능하다는 장점이 있다.

원격수업에서 놓치기 쉬운 부분이 평가이다. 질문, 관찰, 보고서 작성, 토의 및 토론 등, 대면 수업에서 쉽게 하는 평가 방법이 온라인에서는 제약이 많다. 원격수업에서는 모둠 및 협동 활동보다는 개별 활동이 많으므로 친구들이나 교사에게 도움을 받기도 쉽지 않다. 교사 또한 학생들의 활동 과정을 살펴보기보다는 결과물을 가지고 평가를 하는 경우가 많아서 성취기준 달성 여부를 정확히 파악하기 어렵다. 따라서 원격수업에서 평가를 할 때도 친구들과 협업과 공유를 할 수 있는 에듀테크를 활용하는 것이 좋다.

기본적으로 구글 문서나 프레젠테이션, 잼보드 등 구글 기반 프로그램은 협업과 공유가 가능하다.

이 외에도 패들렛, 띵커벨 등, 동료 교사 및 학생들 간의 공유가 가능하고 접근성이 편리한 프로그램을 활용하면 학습의 과정과 결과를 확인하기가 쉽다. 그리고 이런 에듀테크를 통해 평가를 하게 되면, 수업과 동시에 평가가 이뤄지기 때문에 과정 중심 평가의 목적과도 상통하게 된다.

<원격수업 준비 체크리스트>

시기	내용	세부 내용	확인 유무
수업 전	정보화 기기 실태조사	□ 학생 정보화 기기 보유 및 인터넷 유무 □ 정보화 기기 미보유 학생 지원 대책 □ 학교 및 학급 정보화 기기 보유 현황	□
	원격수업 방법 결정	□ 쌍방향 수업 □ 콘텐츠 활용 중심 수업 □ 과제 수행 중심 수업	□
	학급 플랫폼	□ 학급 플랫폼 개설 □ 학급 플랫폼 사용 방법 안내 및 학부모 동의서 요구 □ 학생 회원가입 □ 학생, 학부모, 교사 소통 창구 마련	□
	원격수업 규칙	□ 출결 방법 및 원격수업 약속과 규칙 정하기 □ 학습 계획, 수업 안내서 및 시간표 배부	□
	수업 준비	□ 교육과정 재구성 및 주간 학습 작성 □ 활용 에듀테크 방법 숙지 및 학생 안내 □ 수업자료 및 평가 준비	□
수업 중	단위 차시 수업	□ 활동지 및 결과물 공유 및 피드백 □ 협업 및 공유를 통한 과정중심평가 □ 학습 목표 도달 여부 확인 □ 차시 예고	□
수업 후	피드백	□ 학습과제 확인 및 피드백 □ 수업 방법 및 활용 에듀테크 피드백 □ 결과물 학부모 공유 및 안내	□

코로나19뿐만 아니라 앞으로도 원격수업을 하는 상황이 찾아온다면, 당황하지 말고 체크리스트를 통해 하나씩 점검하고 적용해 보면 좋을 것이다.

디지털 리터러시

초등학교 저학년 교육을 하면서 중요시하는 것 중 하나가 '문해력'이다. 문해력은 말 그대로 글자를 읽고 쓸 수 있는 능력을 뜻한다. 요즘은 문해력 못지않게 중요한 것이 '디지털 문해력'인 '디지털 리터러시'이다. 디지털 리터러시는 말 그대로 정보화 시대에서 미디어를 읽고 쓸 수 있는 능력이다. 미디어가 생산하는 정보와 문화를 종합적으로 이해하고 분석, 평가하여 자신의 생각을 다시 미디어로 표현하고 소통하는 능력을 뜻한다. 디지털 리터러시는 4차 산업혁명이 도래하면서 미래사회와 교육의 중요한 핵심 역량 중 하나가 되었다.

과거에는 문자만 읽고 쓸 수 있으면 됐지만, 이제는 디지털을 읽고 쓸 줄 알아야 하는 시대가 됐다. 코로나19로 인한 온라인 수업은 학생들에게 다양한 콘텐츠를 접하게 하고 새로운 정보를 검색하여 활용할 수 있게 한다. 하지만 접하는 다양한 정보 속에는 수많은 거짓 정보들이 섞여있다. 경험이 적은 학생들은 올바른 분석이나 평가 없이 거짓된 정보를 공유하며 신뢰하게 된다. 이렇듯 무분별하게 쏟아지는 거짓 정보는 사회적 혼란을 일으키게 된다. 이는 미디어 리터러시 교육의 중요성이 강조되는 이유이며 크게 주목하는 이유이다.

유치원생이나 초등학교 저학년 학생들이 한글을 읽는다고 해서, 소설이나 신문기사 내용을 정확히 이해한다고 보기 힘들다. 학생들이 스마트폰이나 SNS를 잘 활용한다고 해서, 인터넷 속에서 정보를 검색할 수 있다고 해서, 디지털 리터러시를 갖춘 것은 아니다. 단순히 정보를 검색하고 활용하는 수동적인 소비자 입장을 넘어서야 한다. 다양한 정보를 분석하고 평가할 수 있어야 한다. 그것을 바탕으로 의사소통할 수 있는 생산자로 거듭나야 한다. 정보를 객관적으로 해석하고 판단하여 자신의 주관을 갖고 소통하는 능력이 필요하다.

온라인 수업은 강화되어야 한다. 정보를 제대로 활용할 수 있도록 미디어 교육을 더욱 발전시켜야 한다. 학생들이 정보를 접하고 검색할 수 있는 시간이 늘어날수록 올바른 정보를 분석하고 평가할 수 있는 능력을 길러줘야 한다. 과거에는 사회와 소통하기 위한 도구로서 단순히 문해력이 필요했다면, 이제는 미디어 리터러시가 디지털 사회와 소통하는 중요한 수단이 되었다. 때문에 초등학교에서부터 올바른 정보를 이해하고 활용할 수 있도록 제대로 된 미디어 리터러시 교육이 필요하게 됐다. 만화나 그림책이 현실과 다른 점을 찾아보는 활동에서부터, 우리 주변에서 볼 수 있는 허위나 과장 광고를 찾아보는 활동까지, 다양한 생활 속 교육을 통해 미디어 리터러시를 길러줄 수 있다. 비판적 사고와 창의력을 길러 학생들이 현명한 미디어 생활의 주인공으로 자랄 수 있도록 도움을 주는 교육이 필요하다.

교육부에서도 미디어 리터러시를 키울 수 있는 7개의 역량을 제시했다. 단순히 정보를 검색하는 역량에서부터 감상하고 비평할 수 있는 역량까지. 구체적인 내용은 다음 표와 같다.

<미디어 리터러시의 7개 역량>

세부 역량	내용
미디어 지식 탐구	미디어의 형식과 내용 특성을 탐구하는 능력
미디어 콘텐츠 검색	적절한 정보를 찾고, 신뢰할 수 있는 정보를 선택할 수 있는 능력
미디어 콘텐츠 이해	미디어에 담긴 내용을 정확하게 이해하는 능력
미디어 콘텐츠 생산	의미 있는 정보나 문화 텍스트를 생산하고 그 과정을 이해하는 능력
미디어 콘텐츠 감상	미디어를 통한 심미적 감식안과 미디어 경험 수준을 향상시키는 능력
미디어 콘텐츠 비평	미디어가 전달하는 정보 및 사회 문화적 현상에 대한 비판적 분석 및 평가를 하는 능력
책임 있는 미디어 사용	저작권과 초상권 및 개인 정보를 보호하여 안전하게 미디어를 이용할 수 있는 능력

교육부는 학생들로 하여금 미디어 속 정보의 신뢰를 판별하고 비판적 수용 능력을 함양할 수 있도록 콘텐츠를 개발했다. '슬기롭게 누리는 미디어 세상'이라는 콘텐츠를 개발해 학생들의 리터러시 역량을 키워주고 있다. 단순한 지식 전달식 수업이 아닌, 학생 참여 중심의 미디어 리터러시 교육을 지향하고 있다. 스마트폰이나 컴퓨터에서 쉽게 접근하여 활용할 수 있도록 콘텐츠를 개발했다.

'슬기롭게 누리는 미디어 세상' 콘텐츠는 초등 5~6학년 교육과정과 국어 교과서 내용 가운데, 미디어 연계 성취기준을 바탕으로 21개 주제로 구성했다. 21개 콘텐츠에는 '거짓 정보와 마녀사냥 바로잡기', 'QR코드로 읽고 쓰기', '여행지 정보 찾아 안내장 만들기'와 같은 실생활과 관련된 활동 중심 주제로 구성돼 있다.

'슬기롭게 누리는 미디어 세상' 콘텐츠는 학생들이 학습 몰입도를 유지할 수 있도록 직접 내용을 작성하고, 사진을 올리는 등, 학생 활동이 중심이 될 수 있도록 개발되어 자율적인 원격학습이 가능하다. 또한, 동영상, 애니메이션, 인포그래픽, 웹툰 등, 모든 단계에서 다양한 매체 유형을 이용해 학습의 흥미를 높였다. 개별 콘텐츠는 '문제 확인 - 알아보기 - 실천하기' 단계로 구성하였다. 특히, 실천하기 단계에서는 구글 문서, 무비메이커, 키네마스터 등 다양한 프로그램을 사용할 수 있도록 안내하였다. 온라인 학습에서도 학생 참여와 활동 중심의 역동적인 학습이 가능하도록 하였다. 관련된 수업자료는 에듀넷 티클리어(https://edunet.net) → 디지털 역량 수업자료에서 활용할 수 있다. 에듀넷 티클리어의 디지털역량 수업자료에는 다양한 디지털 리터러시 교육 자료가 업로드되어 있다. 학교급이나 상황에 맞게 알맞은 자료를 내려받아 활용할 수 있다.

이처럼 텍스트보다 미디어가 익숙한 학생들에게는 실생활 중심의 올바른 디지털 리터러시 교육이 필요하다. 단순한 정보의 소비자에서 현명한 생산자로 거듭날 수 있도록 만들어 주어야 한다.

빨리 배우고 싶어서, 지식샘터

요즘 베이킹, 공예, 드로잉 등, '원데이 클래스' 프로그램이 인기 있다고 한다. 물론 긴 시간을 들이는 것만큼 제대로 배울 수는 없을 것이다. 그럼에도 인기 있는 건, 짧은 시간 몰입해서 배울 수 있다는 점이 원데이 클래스의 가장 큰 매력일 것이다. 교원 연수 버전의 원데이 클래스라고 할 수 있는 것이 바로 '지식샘터' 강좌이다.

지식샘터(https://educator.edunet.net)는 현직 교사들이 에듀테크 역량을 실시간 쌍방향 원격 강의로 나누어주는 플랫폼이다. 돈 한 푼도 들이지 않고, 단 하루 이틀 이내로, 현장에 써먹을 수 있는 에듀테크 지식을 쉽게 얻을 수 있다. 팬데믹 상황 속에 교직을 시작한 터라 대면 연수는 빈번히 취소됐다. 하지만 이점이 오히려 그 어느 때보다 질 높은 원격 연수를 쉽게 접할 수 있는 계기가 되었다. 행운 아닌 행운이었다. 특히 지식샘터의 강좌는 신규교사 입장에서 연수를 어렵게 느끼게 만드는 이유인 교통, 비용, 나이스 근무상황 신청으로부터 완벽하게 해방시켰다. 이로 인해 부담 없이 수강할 수 있다는 점이 가장 매력적으로 다가왔다.

팬데믹으로 인한 원격수업이 기폭제 역할을 하긴 했지만, 이미 그동안 묵묵히 '거꾸로 수업', '인공지능 교육', '메타버스' 등의 새로운 교육의 흐름을 빠르게 분석하고 현장에서 적용해온 많은 교사들의 노력을 지식샘터에서 만나볼 수 있었다. 신규교사뿐만 아니라, 에듀테크에 관심 있는 교사도 지식샘터에서 지식을 공유하며 성장해 나갔으면 좋겠다.

<지식샘터 강의 주제>

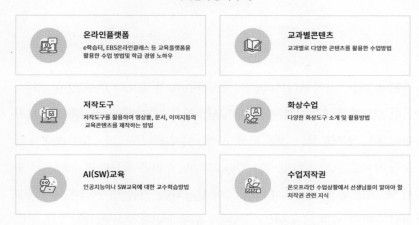

온라인플랫폼
e학습터, EBS온라인클래스 등 교육플랫폼을 활용한 수업 방법및 학급 경영 노하우

교과별콘텐츠
교과별로 다양한 콘텐츠를 활용한 수업방법

저작도구
저작도구를 활용하여 영상물, 문서, 이미지등의 교육콘텐츠를 제작하는 방법

화상수업
다양한 화상도구 소개 및 활용방법

AI(SW)교육
인공지능이나 SW교육에 대한 교수학습방법

수업저작권
온오프라인 수업상황에서 선생님들이 알아야 할 저작권 관련 지식

블렌디드러닝 활용 팁

원격수업이나 블렌디드러닝을 준비하다 보면 정보가 너무 많아 어디서 어떤 정보를 활용해야 할지 몰라 당황스러울 때가 있다. 과거에는 정보가 부족해서 정보를 찾는 것이 문제였다면, 이제는 너무 많은 정보 속에서 필요한 정보를 찾는 것이 문제가 된다. 그래서 수많은 에듀테크, 스마트폰 속의 앱, 그리고 전 세계에서 가장 많이 활용하는 '크롬' 웹 브라우저와 학교에서 누구나 쓰고 있는 윈도우 10까지 유용한 팁을 모아보았다.

온라인 수업 관련 에듀테크

- **트라이디스**　　https://trythis.co.kr
  - 교사들이 만든 블렌디드 러닝 수업 자료 민 온라인 교육 콘텐츠 공유 플랫폼
- **슬라이즈고**　　https://slidesgo.com
  - 프레젠테이션 무료 템플릿 다운 사이트
  - 미리캔버스(www.miricanvas.com), 망고보드(https://www.mangoboard.net)와 유사
- **아이캔노트**　　http://icannote.com
  - 무료 디지털 강의 프로그램으로 온라인 수업영상 제작에 활용

- 스트림야드　　　https://streamyard.com
  - 유튜브, 페이스북 등으로 라이브 방송을 송출해 주는 시스템
  - OBS(https://obsproject.com), 프리즘 라이브 스튜디오(https://prismlive.com/ko) 등과 유사

- 니어파드　　　　https://nearpod.com
  - 소통형 온라인 수업 플랫폼으로 협업 보드, 퀴즈, 형성평가, 설문조사 등의 기능 사용
  - MS팀즈, 구글 클래스룸과 연동 가능

- 티처메이드　　　https://teachermade.com
  - 종이 학습지를 온라인 학습지로 제작하며 실시간 채점 및 정답 확인 가능
  - 띵커벨 워크시트(https://tkbell.co.kr), 라이브워크시트(https://www.liveworksheets.com) 등과 유사

- 소크라티브　　　https://www.socrative.com
  - 객관식, OX, 단답식 등 실시간 퀴즈 및 참여형 설문 가능

- 화이트보드챗　　https://www.asia.whiteboard.chat
  - 회원가입 없이 실시간 협업 그리기, 글쓰기 가능
  - 최대 90명까지 개인별 화이트보드 제공 및 통제 가능

- 마인드마스터　　https://www.mindmeister.com/ko
  - 무료 마인드맵 작성 프로그램으로 링크 공유를 통한 협업 가능

- 에듀퍼즐　　　　https://edpuzzle.com
  - 영상 제작 및 활용 사이트로 구글 클래스룸과 연계하여 사용 가능

- 클로바더빙　　　https://clovadubbing.naver.com
  - 인공지능 목소리를 활용하여 동영상, PDF, 오디오 파일로 더빙

블렌디드러닝 활용 에듀테크

- 뉴스페이퍼 클럽　https://www.newspaperclub.com
  - 다양한 신문 양식 제공을 통해 학교 및 학급 신문 만들기 가능

- 핑퐁　　　　　https://pingpong.us
　　　　　　　　- 인공지능을 활용한 일상 대화 구성
- 엠엔엠소프트　https://mnmsoft.co.kr/aivs
　　　　　　　　- 인공지능과 가위바위보 대결하기
- 텔트윗　　　　https://talltweets.com
　　　　　　　　- 프레젠테이션 파일을 GIF(움짤) 파일로 변경

저작권 없는 무료 아이콘 다운

- 플래티콘　　　https://www.flaticon.com
- 더나운프로젝트　https://thenounproject.com
- 아이콘파인더　https://www.iconfinder.com
- 아이콘 모노　　https://icooon-mono.com

교과 교육 관련 에듀테크

- 책으로 열리는　https://ireading.kr
  열매　　　　　- 한 학기 한 권 읽기 관련 자료를 제공하며 학생 독서 성향 진단 및 어휘
　　　　　　　　학습 지원
- 북크리에이터　https://bookcreator.com
　　　　　　　　- 온라인으로 협업을 통해 전자책 편집 및 만들기
- 수학사랑　　　http://www.mathlove.kr
　　　　　　　　- 다면체 제작, 테셀레이션, 동적수학 자료 등 수학 관련 소프트웨어 탑재
- 프루덴탈　　　https://www.fisme.science.uu.nl/publicaties/subsets/rekenweb_en/
　　　　　　　　- 연산, 도형, 규칙 찾기 등을 활용한 수학교육용 게임 탑재
- 나의 레켄렉　　https://soohak.net
　　　　　　　　- 레켄렉을 활용한 덧셈과 뺄셈 익히기
- 초등수학　　　https://www.favorapps.com/
　　　　　　　　- 초등학교 학년별, 학기별, 단원별 문제 제공 및 다양한 수학 게임 탑재

- **EBS 수학**   https://www.ebsmath.co.kr/mathquiz/Main
  - EBS 초등수학 게임. 수학 교구형 게임, 고교 수학 게임 등 탑재
- **MLC**   https://www.mathlearningcenter.org
  - 분수, 지오보드, 시계, 패턴 등 다양한 수학 학습 앱 탑재
- **똑똑! 수학탐험대**   https://www.toctocmath.kr
  - 인공지능을 활용한 초등수학 수업 지원 시스템
- **구글스카이**   https://www.google.com/intl/ko/sky
  - 구글에서 만든 별자리 관측 프로그램
- **구글어스**   https://earth.google.com
  - 세계 각국의 위치, 지명 등을 찾아볼 수 있는 온라인 지구본
- **360도 VR 박물관**   https://360vrmuseum.com
  - 국내, 국외의 박물관 및 전시를 PC와 모바일에서 관람할 수 있는 플랫폼
- **크롬뮤직랩**   https://musiclab.chromeexperiments.com/Experiments
  - 온라인 악기 연주 및 음악 학습에 도움을 주는 웹사이트
- **에듀캔디**   https://www.educandy.com
  - 영어 어휘 학습 관련 게임 및 활동 제공
- **페탈리카페인트**   https://petalica-paint.pixiv.dev
  - 인공지능을 활용한 자동 그림 그리기 및 채색
- **오토드로우**   https://www.autodraw.com
  - 인공지능이 어떤 그림을 그리려 하는지 사용자의 생각을 추측하여 추천 그림 제안
- **퀵드로우**   https://quickdraw.withgoogle.com
  - 제시된 낱말을 보고 사용자가 그림을 그리면 인공지능이 정답 확인
- **방 탈출 게임 공유**   bit.ly/3mhQdY5
  - 구글 설문지를 활용한 방 탈출 게임 모음 자료

블렌디드러닝 활용 어플

- Polyedres augments-Mirage
  - 각기둥, 각뿔, 구, 원뿔 등의 다면체를 증강현실을 통해 살펴보기

- 요리조리 이리저리
  - 쌓기나무와 연결 큐브를 활용해 공간 감각 기르기

- Stellarium Mobile Free
  - 스마트폰을 활용해 별, 행성, 별자리 식별 및 관찰

- LandscapAR augmented reality
  - 등고선의 원리를 파악할 수 있는 증강현실 앱

- 호칭계산기(촌수계산기)
  - 가족 및 친족 간의 호칭과 촌수를 알려주는 앱

- 캐치잇 잉글리시
  - 학습자의 영어 수준과 상황에 맞춰 스피킹, 문법, 단어 게임 등의 자료 제공

- AR 동물관찰
  - 초등학교 교육과정에서 동물에 대한 학습 내용을 반영한 증강현실 콘텐츠

- 돋보기
  - 스마트폰을 활용해서 식물 및 동물 자세히 관찰

- Sketchbook
  - 모바일을 이용해서 그림을 그릴 수 있도록 지원

- 커리어넷
  - 모바일을 통한 진로검사 실시 및 진로 정보 지원

- 토도수학
  - 유치원, 초등학생을 위한 수학교육용 앱

크롬 유용하게 활용하기

업무포털을 이용하는 경우를 제외하고는 구글이 개발한 웹 브라우저인 크롬을 사용하는 경우가 많다. 크롬은 2012년부터 인터넷 익스플로러를 제치고 현재 전 세계에서 가장 많이 쓰고 있는 웹 브라우저이다. 사람들이 많이 활용한다는 것은 그만큼 편리하고 다양한 기능들이 있다는 의미이다. 이번에는 크롬을 사용하면서 활용할 수 있는 다양한 기능과 확장프로그램을 소개하고자 한다.

크롬 활용 꿀팁

- **검색 기능 활성화**
  - 주소창에 이용하고자 하는 사이트를 입력하고 Tab 클릭
  - 예: 크롬 주소창에 www.naver.com 입력 → Tab 누르기 → 네이버에서 검색하고 싶은 내용 입력하기 → Alt+Enter 누르면 새 창에서 검색 결과 열림

- **최근에 열어본 탭 다시 열기**
  - 우측 상단 점점점 버튼 클릭 → 방문 기록 → 최근에 닫은 탭 복원 가능

- **방문 기록 및 계정 저장하지 않기**
  - 우측 상단 점점점 클릭 → 새시크릿창 → 비공개로 인터넷 탐색 가능

- **저장된 개인 정보 목록 확인**
  - 우측 상단 점점점 클릭 → 설정 → 비밀번호 → 저장된 아이디와 비밀번호 목록 확인 → 유출된 비밀번호 변경

- **팝업 허용 및 설정**
  - 우측 상단 점점점 클릭 → 설정 → 설정 검색창에 '팝업' 입력 → 사이트 설정 → 허용 여부 결정

- **크롬 배경 변경**
  - 우측 상단 점점점 클릭 → 설정 → 모양 → 테마 → 원하는 배경 설치

- 글자 크기 및 글씨체 설정
  - 우측 상단 점점점 클릭 → 설정 → 모양 → 글꼴 맞춤 설정 → 글꼴 크기 및 글씨체 설정
- 시작페이지 설정
  - 우측 상단 점점점 클릭 → 설정 → 시작 그룹 → 특정 페이지 또는 페이지 모음 열기
- 크롬 창 다운로드 목록 보기
  - 주소창에 chrome://chrome-urls 입력 → 다운로드 클릭 → 원하는 파일이나 폴더 열기
- 크롬 창 그룹화하기
  - 그룹화하고 싶은 크롬 창 선택 → 마우스 우클릭 → 새 그룹에 탭 추가

크롬 단축키 활용하기

- **새로 고침**   Ctrl + R 또는 F5
- **탭 이동**   Ctrl + tab
  - 여러 개의 탭을 이동할 때 사용하면 상단의 탭 이동
- **탭 닫기**   Ctrl + W
- **북마크 추가**   Ctrl + D
  - 북마크 빠르게 추가 가능
- **글자 찾기**   Ctrl + F
  - 해당 탭에서 글자 검색 가능
- **크롬 창 복원하기** Ctrl + Shift + T
- **시크릿 모드 전환** Ctrl + Shift + N

유용한 크롬 확장프로그램

크롬을 활용할 때 편리한 점 중 하나는 다양한 확장프로그램을 활용할 수 있다는 점이다. 크롬웹스토어에 들어가서 필요한 확장프로그램을 검색한 후, 다운로드해 바로 사용할 수 있다. 유용한 확장프로그램 몇 가지를 소개하고자 한다.

- Url Shortenner   주소창 링크를 짧게 줄여줌
- Dualles   하나의 모니터로 듀얼 모니터 효과 보기
- crxMouse Chrome   간단한 마우스 제스처로 프로그램 다루기
- Picture-in-Picture for Chrome   웹 사이트창을 팝업창으로 활용하기
- Reader View   신문기사 광고 제거 및 글자 크기와 자간을 조정해
  가독성을 높여줌
- GoFullPage   전체 페이지 화면 캡처
- Adblock   유튜브 광고를 차단
- grammarly for chrome   인공지능을 활용한 영어 문법 확인 및 교정

윈도우 10 유용하게 활용하기

업무를 하거나 컴퓨터를 사용할 때 대부분 윈도우 10을 사용한다. 윈도우 10을 사용하면서 알아두면 쓸모 있는 단축키와 팁 몇 가지를 소개하고자 한다.

알아두면 쓸모 있는 윈도우 10 단축키

- **바탕화면 바로가기** 윈도우 키 + d
  - 바탕화면으로 돌아가고 싶다면 브라우저를 최소화하지 않고 윈도우 + d 단축키만 누르면 된다. 다시 원래 화면으로 돌아가고 싶다면 윈도우 키 + d를 한 번 더 누르면 된다.

- **파일 탐색기 실행** 윈도우 키 + e
  - 폴더창을 열고 싶을 때 윈도우 키 + e를 눌러 파일 탐색기를 실행하면 된다.

- **윈도우 설정** 윈도우 키 + i
  - 시스템을 설정하거나 배경이나 개인 설정에 들어갈 때 윈도우 키 + i를 누르면 된다.

- **돋보기 기능** 윈도우 키 + +(플러스)

  - 화면을 크게 확대하고 싶을 때는 윈도우 키 + +버튼을 누르면 된다. 반대로 축소는 윈도우 키 + -(마이너스) 버튼을 누르면 된다.

- **화면 캡처하기** 윈도우 키 + Shift + s

  - 캡처 프로그램이 없더라도 화면을 캡처하고 싶을 때는 윈도우 키 + Shift + s를 눌러 캡처하고 싶은 부분을 드래그하면 캡처가 된다.

- **화면 녹화** 윈도우 키 + g

  - 윈도우 키 + i(윈도우 설정)를 눌러 하단의 게임 탭으로 들어가 Xbox Game Bar를 켬으로 활성화시키고 윈도우 키 + g를 눌러 화면 녹화를 할 수 있다.

- **모든 창 최소화** 윈도우 키 + m

  - 윈도우에 여러 창이 띄워져있을 때, 윈도우 키 + m을 누르면 모든 창이 최소화가 된다. 다시 원래 상태로 돌아가기 위해서는 윈도우 키 + Shift + m을 누르면 된다.

- **검색창 열기** 윈도우 키 + s

  - 윈도우 키 + s를 누르면 검색창을 이용해서 필요한 프로그램이나 문서를 찾을 수 있다.

- **이모티콘** 윈도우 키 + .(마침표)

  - 컬러의 이모티콘 및 특수문자를 사용하고자 할 때는 윈도우 키 + .(마침표)를 누르면 된다.

- **작업 관리자** Ctrl + Shift + esc

  - 프로세스 작업 끝내기를 원할 경우 Ctrl + Shift + esc를 누르면 작업 관리자 창이 뜬다.

알아두면 쓸모 있는 윈도우 10 꿀팁

- **눈의 피로도를 줄이기 위해 야간 모드 설정하기**
  - 윈도우 설정(윈도우 키 + i) → 시스템 → 디스플레이 → 야간 모드 설정 → 강도 및 시간 설정

- **만능 계산기 활용하기**
  - 검색창(윈도우 키 + s)에 계산기를 검색해서 실행시키면 단순한 숫자 계산뿐만 아니라 날짜, 통화 환율, 시간, 온도, 면적 등 다양한 계산에 활용할 수 있다.

- **스티커 메모로 중요한 내용 기록하기**
  - 검색창(윈도우 키 + s)에 스티커 메모라고 검색해서 앱을 실행하면 각종 메모들부터 정보 등을 적어놓고 활용하기 편리하다.

- **바탕화면 아이콘 설정**
  - 윈도우 설정(윈도우 키 + i) → 개인 설정 → 테마 → 바탕화면 아이콘 설정 → 바탕화면 아이콘 배치 및 이미지 변경이 가능하다.

- **멀티태스킹(여러 창으로 작업하기)**
  - 윈도우 설정(윈도우 키 + i) → 시스템 → 멀티태스킹 → 창 맞춤 켜기
  - 윈도우 키 + ← : 현재 선택한 창이 좌측에 붙습니다.
  - 윈도우 키 + → : 현재 선택한 창이 우측에 붙습니다.
  - 윈도우 키 + → + ↑ : 현재 선택한 창이 우측 상단 1/4 지점에 붙습니다.
  - 윈도우 키 + ← + ↑ : 현재 선택한 창이 좌측 상단 1/4 지점에 붙습니다.

- **마우스 커서 크기 및 포인터 색 변경**
  - 검색창(윈도우 키 + s) → 마우스 설정 → 마우스 및 커서 크기 조정 → 포인터 크기 및 색을 변경할 수 있다.

- **마우스로 흔들면 사라지는 인터넷 창**
  - 화면에 여러 가지 브라우저를 열어뒀을 때 주소창 윗부분의 빈 공간을 마우스로 클릭하고 좌우로 흔들면 마우스로 잡고 있는 창을 제외한 다른 창들은 모두 최소화되어 사라진다. 창을 다시 열게 하고 싶을 때는 열려있는 창을 마우스로 잡고 좌우로 흔들면 최소화되어 사라졌던 창이 다시 나타난다.

- **작업표시줄에 있는 프로그램 활성화**
  - 작업표시줄에 있는 프로그램을 더블클릭하지 않고 열고 싶을 때는 윈도우 키 + 1부터 윈도우 키 + 0까지 누르면 된다. 만약 작업표시줄 3번째에 있는 프로그램을 열고 싶다면 윈도우 키 + 3을 누르면 해당 프로그램이 열린다.

에듀테크 사용법 익히기

패들렛 사용 방법

　패들렛(https://ko.padlet.com)은 온라인상의 게시판에 콘텐츠를 업로드하여 구성 및 공유할 수 있는 실시간 협업 프로그램이다. 하나의 게시판에 많은 사람이 동시에 들어와서 접착식 메모지를 붙여 놓는 방식이다. 교실에서 포스트잇을 칠판에 붙여서 생각을 나누는 다양한 활동을 온라인으로 한다고 보면 된다. 이제는 포스트잇을 활용해서 했던 대면 수업 대부분의 활동이 온라인으로도 가능하다. 특히 파일 첨부가 가능하므로 학생들 결과물을 올리거나 여러 자료를 공유할 때 유용하게 활용할 수 있다. 스마트폰에서도 앱을 다운받아 활용 가능하기 때문에 인터넷만 사용 가능하다면 시간과 장소의 제한 없이 사용 가능하다.

　무료 버전의 경우 3개의 패들렛을 만들 수 있다. 교사 인증을 받게 된다면 5개까지 작성 가능하다. 유료 버전의 경우는 패드렛 개수의 제한이 없으며, 게시물에 250MB까지 파일 업로드가 가능하다. 유료 회원은 월 10,000원의 이용료가 부가된다. 패들렛과 비슷한 프로그램으로는 띵커벨(https://

www.tkbell.co.kr)이 있다.

패들렛 가입하기

https://padlet.com → 무료로 가입하기

다양한 계정으로 회원가입 가능

우측상단 계정 클릭 → 설정 클릭

교사이신가요? 체크 → 업데이트 클릭

패들렛 게시판 소개

담벼락은 말 그대로 벽면에 메모지를 마음대로 붙일 수 있다. 다만, 메모지를 작성하면 다른 메모지를 피해 빈 곳에 자동으로 메모지가 붙여진다.

스트림   미리 보기

콘텐츠를 읽기 쉬운 하향식 피드 형태로 자연스레 흐르게 배치합니다.

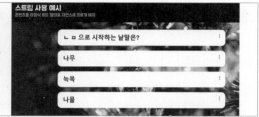

스트림 사용 예시
콘텐츠를 하향식 피드 형태로 자연스레 흐르게 배치

ㄴㅁ 으로 시작하는 낱말은?

나무

녹목

나물

스트림은 한 줄로 순서대로 메모지가 나열된다. 시간 순서에 따라 일렬로 게시가 되기 때문에 스피드 퀴즈나 게임 등에 이용할 수 있다. 한 줄로 계속해서 내려가기 때문에 메모지 수가 많아지면 읽기 불편하다는 단점이 있다.

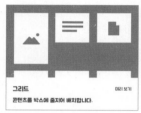

그리드   미리 보기

콘텐츠를 박스에 줄지어 배치합니다.

그리드 사용 예시
콘텐츠를 박스에 줄지어 배치합니다.

소년법 폐지에 대한 자신의 생각은?

저는 소년법을 수정하거나 폐지해야 한다고 생각합니다. 왜냐하면 촉법소년을 악용하는 사례가 늘어나고 있어서 수정하거나 폐지해야 한다고 생각합니다.

법을 수정한다고 해서 범죄가 줄어든다는 근거가 없기 때문에 수정할 필요가 없습니다. 사실을 집행한다고 해서 살인이나 잔인한 범죄가 없어지지 않기 때문입니다.

어린 학생들의 범죄가 잔인해지고 정도가 심하기 때문에 더 강력히 처벌해야 한다고 생각합니다.

그리드는 위쪽 라인에 맞춰 메모가 배치된다. 글의 내용이 많고 적음에 따라 세로의 길이가 달라지지만 상단 라인을 기준으로 글들이 배치된다.

셸프   미리 보기

일련의 컬럼으로 콘텐츠를 쌓아 배치합니다.

셸프 사용 예시
일련의 컬럼으로 콘텐츠를 쌓아 배치합니다.

홍길동   김민수   이지영

셸프는 개인별 또는 모둠별 자료를 수합할 때 많이 사용하는 양식이다. 학생 개인별 또는 모둠별 행 제목을 만들어주면 학생들은 자신이 해당하는 행 아래에 메모지를 붙이며 활동 내용을 정리할 수 있다.

지도   미리 보기

지도상의 지점에 콘텐츠를 추가합니다.

지도 사용 예시
지도상의 지점에 콘텐츠를 추가합니다.

아이슬란드

오로라, 역사 현상 관찰하기

지도는 장소를 검색하거나 게시물에 핀을 끌어 지도의 한 지점에 고정하여 해당 장소에 관한 텍스트나 사진, 파일 등을 업로드할 수 있다. 세계나 우리나라의 위치 및 지역, 다문화 이해 교육 등에 활용할 수 있다.

캔버스
미리 보기

콘텐츠를 마음대로 즐기나 그룹화하거나 연결합니다.

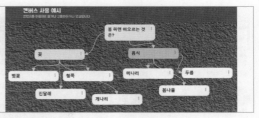

캔버스는 교육 활동에서 활용도가 높은 양식이다. 게시물에 붙인 메모지의 위치를 마음대로 변경할 수 있다. 또한, 메모지끼리 겹치는 것도 가능하고 서로 화살표로 연결하여 관련성을 표시할 수 있다. 브레인스토밍을 하거나 간단한 마인드맵을 작성할 때 활용할 수 있다.

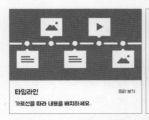

타임라인
미리 보기

가로선을 따라 내용을 배치하세요.

타임라인은 순서 및 절차가 필요한 곳에 사용할 수 있다. 역사 연표 만들기, 시간 순서에 따라 이야기 쓰기, 학급일지 및 상담기록지 등에 활용할 수 있다.

패들렛 사용 방법

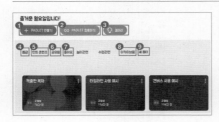

① 새로운 게시물을 만들 때 선택

② 링크를 통해 패들렛 게시물 들어가기

③ 패들렛 게시물의 예시 자료

④ 최근에 만들었던 게시물

⑤ 내 계정에서 내가 만든 게시물 전체보기

⑥ 다른 사람이 나에게 공유한 게시물 확인

⑦ 내가 좋아요 눌렀던 게시물 확인

⑧ 문서고로 아카이브에 저장된 게시물은 만든 콘텐츠에 보이지 않고 추가로 글을 쓰거나 수정할 수 없음

⑨ 좌측 화면의 놀이관련, 수업관련처럼 새로운 폴더를 만들어 게시물을 보관할 수 있음

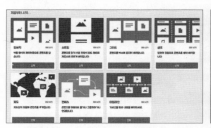

+ PADLET 만들기 버튼을 통해 원하는 서식 선택

① 하단의 +버튼 클릭하여 새 게시물 추가하기

② 게시물 제목과 내용 입력하기

③ 문서, 그림, 이미지 검색 및 업로드

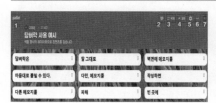

① 패들렛 메인화면으로 나가기

② 좋아요 또는 좋아요 해제

③ 패들렛 디자인과 게시물 복사하기

④ 패들렛 게시물을 다른 사람과 공유하기

⑤ 수정 버튼으로 제목, 화면, 글꼴 등 수정

⑥ 더보기 버튼으로 게시물 서식 등을 변경

⑦ 내 계정 확인 및 로그아웃 가능

복제 탭에서는 게시물의 디자인 및 텍스트와 첨부파일을 선택해서 복사할 수 있음.

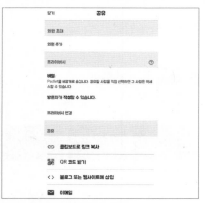

공유 탭에서는 회원 추가를 통해 공동작업이 가능하고 게시물과 방문자의 권한을 설정할 수 있음. 링크나 QR코드를 통해 다른 사람과 게시물을 공유할 수 있고 게시물을 이미지 파일로 저장할 수 있음.

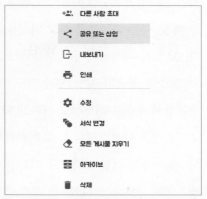

수정 탭에서는 게시물 제목, 배경 화면, 글꼴 등을 수정함. 댓글 허용 및 반응 설정을 통해 게시물의 등급이나 별점을 매길 수 있음.

더보기 탭에서는 게시물 서식을 변경하거나 아카이브에 저장하거나 게시물 내용을 삭제할 수 있음.

띵커벨 사용 방법

코로나19가 발생하기 전에는 카훗(kahoot.it)이나 퀴즈앤(www.quizn.show)같은 에듀테크 프로그램을 자주 사용했다. 학생들과 퀴즈게임 형태로 상호작용을 할 수 있는 온라인 에듀테크이다. 하지만 지나친 경쟁과 흥미 위주의 활동으로 치우칠 수밖에 없다는 문제점이 제기됐다. 이런 문제점을 보완할 수 있는 띵커벨(www.tkbell.co.kr)이라는 에듀테크를 소개하고자 한다. 띵커벨은 퀴즈뿐만 아니라, 토의·토론, 보드, 워크시트 등을 활용하여 학생 참여형 수업이 가능할 수 있도록 만들어 준다.

띵커벨은 아이스크림(http://www.i-scream.co.kr)에서 이용할 수 있다. 아이스크림은 초등 전 학년, 전 교과 교과학습자료 및 평가 자료, 수업 도구 등을 활용할 수 있는 유료 사이트이다. 아이스크림의 다양한 자료 중 하나인 띵커벨은 학생참여수업 에듀테크 플랫폼이다. '퀴즈'와 '토의·토론'을 통해 게임을 하듯, 즐겁게 퀴즈를 풀고 의견을 나눔으로써 수업에 흥미를 더할 수 있다. '보드'는 패들렛과 유사한 기능으로 게시물을 올리고 댓글을 주고받으며 협업 및 공유가 가능하다. '워크시트'는 종이 활동지를 온라인 활동지로 변환하여 손쉽게 배포하고 결과를 확인할 수 있다.

띵커벨은 아이스크림 유료 회원이거나 띵커벨 초등, 중등학교 단체 회원의 경우, 유료 회원 자격으로 이용할 수 있다. 그밖에 지역교육청과 협약을 맺은 경우 무료로 이용할 수 있다. 현재는 코로나19로 인하여 무료 회원도 과제 및 보드 참여 인원에 제한이 없다. 보드는 10개까지 사용할 수 있으며, 결과 보고서도 무제한 다운이 가능하다. 무료 회원과 유료 회원의 차이는 하단의 그림과 같다.

<띵커벨 무료 회원과 유료 회원 차이>

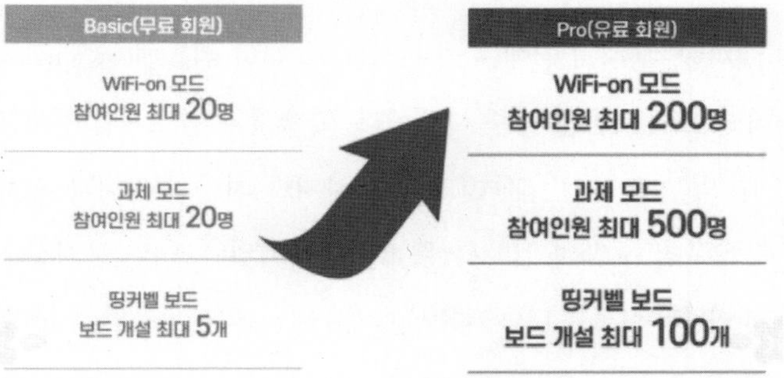

Basic(무료 회원)	Pro(유료 회원)
WiFi-on 모드 참여인원 최대 20명	WiFi-on 모드 참여인원 최대 200명
과제 모드 참여인원 최대 20명	과제 모드 참여인원 최대 500명
띵커벨 보드 보드 개설 최대 5개	띵커벨 보드 보드 개설 최대 100개

띵커벨 가입하기

www.tkbell.co.kr → 선생님 또는 일반으로 가입
(선생님으로 가입 시 인증서, 재직증명서 등을 통한
교사 인증 실시)

유료 회원을 원할 경우 원하는 아이스크림 회원권
선택

띵커벨 양식 소개

① 사용 중이거나 보관 중인 보드 확인하기
② 다양한 워크시트 자료 검색하기
③ 다양한 띵커벨 자료 검색 및 스크랩하기
④ 내 자료 및 스크랩 자료 확인
⑤ 진행한 띵커벨 결과 확인
⑥ 새로운 띵커벨 만들기
⑦ 다양한 띵커벨 자료 검색

만들기를 통해 원하는 띵커벨 양식 선택

제목, 공개 범위 설정, 단원 및 차시 선택, 문제 유형
선택

퀴즈

OX는 주어진 문제에 대하여 O와 X, 2가지로만 보기를 설정할 수 있다. 선택형은 주어진 문제에 대하여
2~5개까지 보기를 설정할 수 있으며, 복수 정답도 가능하다. 단답형은 최대 20자까지 정답을 넣을 수 있다.
빈칸형은 빈칸 또는 초성 문제를 출제할 수 있다. 서술형은 예시 답안을 제공할 수 있으나
채점 결과에는 반영되지 않는다.

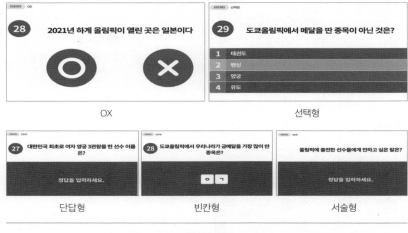

OX   선택형

단답형   빈칸형   서술형

토의 토론

찬성반대는 한 가지 주제를 놓고 찬성과 반대로 자신의 의견을 나타내는 토론이다. 신호등은 빨강, 노랑,
초록으로 자신의 의견을 표현하는 토론이다. 가치수직선은 주제에 대한 개인의 의견을 수직선 위에
표현하며, 투표는 안건에 대한 의사를 표현하고 중복 투표가 가능하다. 띵킹보드는 주제에 대한 의견을
자유롭게 받아볼 수 있으며, 워드클라우드는 주제에 대한 답변을 시각화하여 표현한다. 워드클라우드에서는
빈도가 높은 단어일수록 크게 제시된다.

찬성반대   신호등   가치수직선

투표   띵킹보드   워드클라우드

보드

타일형은 콘텐츠가 배열 구성에 맞추어 빈 곳에 자동 배치되기 때문에 선착순 놀이 및 활동이나 순서와 상관없는 결과물 게시에 적합하다. 그룹형은 콘텐츠를 그룹별로 구분하여 배치할 수 있으므로 개인이나 그룹별 작품을 모으거나 분야별 결과물을 저장할 때 유용하다.

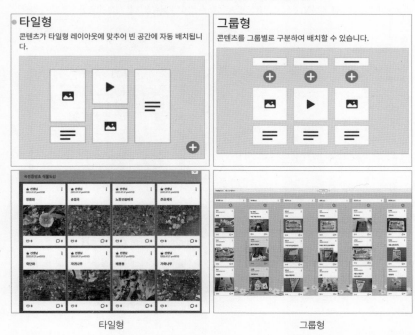

타일형	그룹형

워크시트

워크시트는 종이 설문지나 활동지를 온라인 방식으로 변환해 주는 기능이다. 주관식, 서술형, 단일선택형, 복수선택형, 드롭다운, 선 잇기, OX 방식으로 정답 칸을 만들고 배점을 설정한다. 종이 활동지는 이미지와 텍스트만 담을 수 있지만, 워크시트를 활용하면 이미지는 물론 영상, 음원까지 추가할 수 있다. 링크만 공유하면 활동지를 해결할 수 있고 자동으로 채점할 수 있으며 실시간으로 채점 결과를 확인할 수 있다.

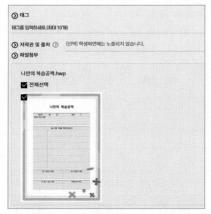

만들기 → 워크시트 → 제목 입력 → 차시 선택 → 파일 첨부(jpg, hwp, ppt, pdf 등 최대 20MB까지 가능)

① 활동지에 이미지, 음악, 유튜브 첨부

② 서술형, 선택형, OX 등 활동지에 어울리는 답안 양식 설정

띵커벨 활용법

만들기: 쉽고 빠르게 퀴즈와 토론을 만들 수 있음. 동료 선생님들이 만든 띵커벨을 간편하게 수정해 사용할 수도 있음.

라이브러리: 동료 선생님들이 만든 문제를 학교급, 학년별로 검색해서 활용

플레이: 회원가입 없이 방번호와 닉네임 입력을 통해 실시간으로 함께 퀴즈를 풀고 의견을 나누며 수업에 재미를 더할 수 있음.

과제: 과제 기간을 정해 학급 플랫폼에 링크 공유. 학생 화면에 질문과 답변이 함께 제시됨.

결과 리포트: 문항별, 학생별 정답률과 응답률 등 다양한 데이터 제공함.

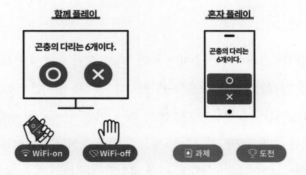

WiFi-on: 출제자의 진행 속도에 맞추어 참여자가 개별 디바이스로 띵커벨 문제에 실시간으로 참여하는 모드

WiFi-of: WiFi가 없거나 디바이스가 부족한 환경에서 사용하는 모드

과제 모드: 과제 기간을 지정해 SNS등으로 띵커벨 과제를 해결하는 모드

도전 모드: 띵커벨을 혼자 풀고, 플레이 기록을 남길 수 있는 모드로 명예의 전당에 순위 표시

<띵커벨 활용 사례>

쪽지 시험
쪽지 시험, 예·복습 등
수업 전/후 성취도 파악

동기 유발
빈칸 퀴즈, 워드클라우드 등을
활용한 수업

토의·토론
학생 모두가 참여하는 토의·토론

설문 조사
별도 작업 없이 설문 결과 취합

학급 경영
임원 선거, 자기 소개,
급훈/규칙 정하기

안전/계기/시사
안전/계기/시사 교육, 수수께끼,
넌센스 퀴즈

멘티미터 사용 방법

멘티미터는 진행자와 학습자가 수업, 회의, 모임 등에서 프레젠테이션, 설문조사, 브레인스토밍 등을 통해 지식과 정보를 실시간으로 공유하고 피드백할 수 있는 에듀테크이다. 진행자가 사이트(www.mentimeter.com)에 프레젠테이션을 개설하면 학습자는 별도의 앱을 설치하거나 회원가입 없이 사이트(www.menti.com)에 들어가 접속 코드만 입력하면 각종 활동에 참여할 수 있다. 진행자는 이메일을 통해 간단히 회원가입을 할 수 있다. 회원가입 후 퀴즈, 설문조사 등의 새로운 프레젠테이션을 생성할 수 있다. 학습자는 진행자가 공유해 준 접속 코드 8자리를 입력하면 해당 활동에 참여할 수 있다.

교육활동에서는 배경지식을 활성화하거나 브레인스토밍을 할 때 워드클라우드 기능을 자주 활용한다. 여러 학생의 의견을 묻거나 투표를 할 때도 활용할 수 있다. 단원 도입 및 정리 시 평가 퀴즈로 이용할 수 있다.

멘티미터 무료 버전의 경우에는 2개의 질문 슬라이드와 5개의 퀴즈 슬라이드를 만들 수 있다. 그리고 결과물을 이미지 및 PDF 파일로 다운이 가능하다. 유료 버전의 경우 질문 및 퀴즈 슬라이드의 제한이 없고 다른 양식의 프레젠테이션을 공유할 수 있다. 프레젠테이션 결과를 엑셀 파일로 받아볼 수도 있다.

멘티미터 가입하기

www.mentimeter.com → 회원가입

구글, 페이스북, 기타 e메일을 통한 회원가입

멘티미터 양식 소개

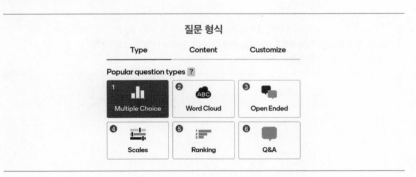

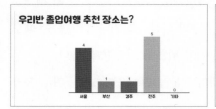

① Multiple Choice 양식은 결과를 막대, 도넛, 파이, 점으로 나타낼 수 있음.

② Word Cloud 양식은 중복된 답변의 수가 많을수록 해당 낱말이 커지는 양식이다. 질문에 대한 답변을 10개까지 설정할 수 있으며, 중복 참여 가능.

③ Open Ended 양식은 패들렛과 띵커벨 보드와 비슷한 양식으로 참여자의 의견을 말풍선이나 메모로 게시함.

④ Scales는 척도를 통해 설문 결과를 종합함. 만족도 조사 및 자기 평가를 실시할 때 활용할 수 있음.

⑤ Ranking은 여러 문항 중 선호도를 정해 결과를 나타냄. 방과후 부서 개설, 체험학습 장소 선정 등 순위를 정해야 할 때 활용할 수 있음.

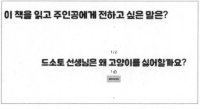

⑥ Q&A는 진행자의 프레젠테이션에 학습자가 질문을 남기며 상호작용함.

퀴즈 형식

Quiz Competition ?

① Select Answer

② Type Answer

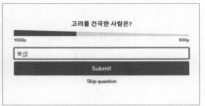

① Select Answer는 선택형 퀴즈로 복수 정답 설정이 가능하고, 학습자가 정답을 빨리 맞히면 높은 점수를 획득함.

② Type Answer는 단답형 퀴즈로 Select Answer와 마찬가지로 정답을 빨리 맞히면 높은 점수를 획득하는 기능을 설정할 수 있음.

멘티미터 활용법

① 내 프레젠테이션 목록 보기

② 공유 프레젠테이션 양식

③ 프레젠테이션 꾸미기

④ 새 프레젠테이션 만들기

⑤ 새폴더 만들기

⑥ 내 프레젠테이션 목록

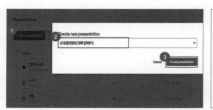

① 새 프레젠테이션 만들기 → ②프레젠테이션 제목
작성 → ③프레젠테이션 만들기

① 프레젠테이션 양식 선택 → ② 양식에 따른 내용
작성 → ③ 프레젠테이션 설정 → ④ 슬라이드 추가
→ ⑤ 링크, 코드, QR코드 확인 및 학습자에게 공유

학습자는 www.menti.com에서 8자리 코드 입력 후
활동 실시

① 참여자 코드

② 프레젠테이션 제목

③ 참여자 수

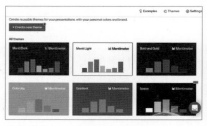

우측 상단 Thems에서 테마 변경 가능

우측 상단 Share → Presentation sharing에서 활동
결과물(이미지, PDF) 다운 가능

클로바더빙 사용 방법

텍스트 시대에서 미디어 시대로 넘어가면서 영상 콘텐츠에 대한 수요와

중요성이 커지고 있다. 생활 속에서만 보더라도 키오스크, 애플리케이션, 교육과 방송, SNS와 유튜브 등 다양한 분야에서 영상이 활용되고 있다. 영상에는 활용 목적에 따라 다양한 음성이 포함된다. 학생들과 교육 영상이나 UCC를 제작할 때도 내레이션이 들어가기도 한다. 이때 전문 성우와 계약하여 진행하는 것은 비용이나 일정 등, 고려해야 할 사항이 많고 복잡하다. 그뿐만 아니라 영상 내용을 업데이트하거나 수정할 경우 재녹음이 필요해 여러 가지 문제가 발생한다. 물론 학생이나 일반인의 음성을 활용하는 것도 좋은 방법이지만 발음이나 발성 등에서 전문성이 부족하여 전달력이 아쉬울 때가 있다. 이때 손쉽게 활용할 수 있는 프로그램이 네이버 클로바더빙(https://clovadubbing.naver.com)이다.

클로바더빙은 인공지능 음성을 사용하여 간편하게 글로 써서 음성을 만들 수 있는 프로그램이다. 보유하고 있는 영상이나 PDF 파일을 업로드하고 키보드 타이핑만으로 음성을 더할 수 있다. 별도의 파일 업로드 없이 텍스트만 입력하여 음성 콘텐츠를 만들 수도 있다. 말하는 데 자신이 없거나 자신의 목소리가 들어가는 영상을 원하지 않는 경우, 인공지능 음성을 활용할 수 있다. 특히, 온라인 수업 영상을 제작할 때 꼭 필요한 유용한 프로그램 중 하나이다.

클로바더빙은 다양한 인공지능 목소리를 제공한다. 기본 목소리에 속도와 볼륨 조절만으로도 나만의 새로운 목소리를 만들어낼 수 있다. 또한, 웃음이나 환호 등 생생한 효과음을 사용하여 영상에 생동감을 더할 수도 있다. 특별한 영상 및 음성 편집 기술이 없어도 프로그램이 직관적이어서 누구나 손쉽게 편집 작업을 할 수 있다. 콘텐츠에 생생한 목소리와 효과음을 더함으로써 몰입감을 높일 수 있다. 똑같은 영상이라도 시청자의 특성에 따라 음향을 맞춰 제작할 수 있다는 장점이 있다.

클로바더빙은 상업적 용도로는 사용할 수 없다. 해당 프로그램을 통해 영상이나 자료를 제작했다면 워터마크나 자막을 통해 출처를 표기해야 한다. 클로바더빙 서비스로부터 제작된 동영상에는 우측 상단에 워터마크가 자동으로 삽입된다. 다만, 음원을 별도로 다운로드해 영상에 삽입하는 경우에는 클로바더빙 홈페이지에서 워터마크 이미지를 다운받아 영상에 삽입해야 한다. 워터마크나 출처 표기 없이 클로바더빙 인공지능 목소리를 사용하려면 유료 서비스 플랜을 이용해야 한다. 무료회원과 유료회원의 차이는 하단의 그림과 같다.

<클로바더빙 무료 회원과 유료 회원 차이>

형식	2021.6.30 까지	2021.7.1 부터		
플랜 / 룸	NAVER	NAVER	NAVER CLOUD PLATFORM	NAVER CLOUD PLATFORM
	Free 0원	Free 0원	Standard > 19,900원	Premium > 89,900원
프로젝트 수 / 누적	5개	5개	20개	100개
다운로드 수 / 월	10회	20회	40회	150회
글자 수 / 월	3,000자	15,000자	30,000자	180,000자
출처 표기	필수(나눔 보이스 제외)	필수	선택	선택
상업적 사용	나눔 보이스만 가능	부분적 가능	부분적 가능	가능

클로바더빙을 사용하다 보면 생소한 용어들이 많다. 영상 제작 프로그램에서도 자주 사용하는 용어들이기 때문에 알아두면 클로바더빙을 사용하기에 유용하다. 용어에 대한 설명은 다음과 같다.

<클로바더빙 관련 용어>

용어	설명
내 프로젝트	프로젝트를 관리하는 웹 페이지. 1개의 도메인에는 1개의 내 프로젝트 페이지가 생성
더빙	사용자가 입력한 텍스트를 인공지능 목소리로 합성하는 행위
도메인	클로바더빙 서비스의 기준. 이용 신청 시 생성 가능하며 1개의 도메인에는 1개 이상의 클로바더빙 프로젝트 생성 가능
서비스 플랜	클로바더빙 서비스 종류로 Standard, Premium이 있으며 각 사양이 상이함
인디케이터	타임라인에서 특정 시작 시점을 표시하는 녹색 라인. 이 라인이 위치한 곳에 인공지능 목소리, 효과음을 추가하거나 테스트 재생 시작 시점 등을 설정 가능
콘텐츠	사용자가 클로바더빙 서비스에 업로드한 저작물 및 이 서비스를 통해 새롭게 생성한 저작물 일체
프로젝트	클로바더빙 서비스에서 제공하는 인공지능 목소리나 효과음이 추가된 콘텐츠, 레이어로 분리되어 편집이 가능한 상태의 중간 저장물
프로젝트 제작	클로바더빙 서비스에서 제공하는 인공지능 목소리나 효과음을 추가하여 다운로드 할 수 있는 형태의 콘텐츠를 만드는 행위

클로바더빙 가입하기

https://clovadubbing.naver.com →
클로바더빙 시작하기

새 프로젝트 생성 → 프로젝트명 작성

클로바더빙 사용 방법

클로바더빙 메인화면

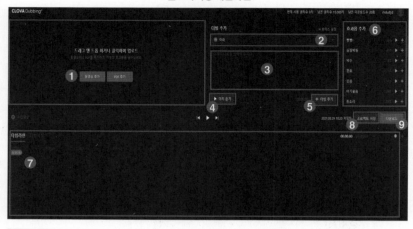

세부 기능 설명

① 제작할 영상이나 PDF파일 준비 및 업로드. 더빙 자막 켜짐 또는 꺼짐 설정 가능. 동영상은 최대 길이 20분, 500MB까지 업로드 가능

② 더빙에 사용할 목소리 선택. 보이스 설정을 통해 더빙 스타일, 성별, 연령대, 언어 등 선택 가능

③ 더빙에 사용할 내용을 입력. 한 라인 안에 200자까지 입력 가능. 띄어쓰기 또는 쉼표로 끊어 읽을 부분 표시하면 더빙이 자연스러움.

④ 입력한 내용 미리 듣기

⑤ 내용을 추가하고 싶은 타임라인 부분에 커서를 두고 더빙 추가 눌러서 내용 입력

⑥ 다양한 효과음 ▶버튼을 통해 미리 듣기 및
+버튼을 통해 입력

⑦ 타임라인 창으로 영상이나 PDF파일 내용, 더빙,
효과음 등을 볼 수 있고 순서 변경 및 길이 조절,
슬라이드 삭제 가능

⑧ 현재 프로젝트를 저장하고 저장된 프로젝트는
수정이 가능함. 프로젝트 파일은 최대 5개까지
저장 가능하며 30일 보관 가능

⑨ 다운로드 버튼을 누르고 원하는 파일 양식 선택.
무료회원은 월 20회 다운 가능

클로바더빙 서비스 지원

콘텐츠 타입	더빙 지원	다운로드 지원
동영상	H.264 코덱의 MP4, MOV 영상을 지원하며 최대 20분 길이, 500MB 까지 지원	
PDF	최대 100MB, 120장의 PDF 파일을 지원하며 최대 20분 길이 영상 파일 제작 가능 최소 사이즈 : 200px*200px(106mm*106mm) 최대 사이즈 : 1920px*1080px(678mm*381mm)	영상 파일 : 더빙이 동영상에 더해져 1개의 파일로 저장 음원 파일 : 더빙과 효과음이 합쳐져 1개의 파일로 저장 개별 더빙 파일 : 파일 각각의 보이스 합성음이 개별 파일로 저장
오디오	최대 20분 길이의 오디오 파일 제작 가능	

브라우저 지원 - CLOVA Dubbing 서비스는 웨일/크롬 브라우저에 최적화 되어 있으며, 인터넷 익스플로러/사파리/파이어폭스/Microsoft Edge는 지원하지 않습니다.

<클로바더빙 활용 사례>

상품 소개	쿠킹 레시피	크리에이터 콘텐츠
냥이 집사	케토 브라우니	냥이 마사지
다인 보이스	아라 보이스	하준 보이스
쉐어하우스	lemon_jam_jh	pure_joux

외국어 더빙	여행 / 브이로그	다큐멘터리
남프랑스-영어 Ver.	페루	르당
클라라 보이스	하준 보이스	신우 보이스
쉐어하우스	herehian	Jubong

아이캔노트로 수업영상 만들기

‘수업 영상을 제작할 때 어떤 프로그램을 써야 할까?’

‘한글이나 파워포인트 자료를 가지고 바로 수업 영상을 제작할 수는 없을까?’

‘영상에 판서가 가능한 프로그램은 없을까?’

교사가 직접 수영 영상을 제작하려고 할 때, 어떤 프로그램을 써야 할지 고민이 된다. 수업 자료가 파워포인트라면 파워포인트 자체 녹화 기능을 활용해 바로 수업 영상을 제작할 수 있다. 특히 2019버전 이상부터는 웹캠만 있으면 수업자 화면도 PPT 자료와 함께 동시 녹화가 된다. 교과서를 활용할 때는 삼각대나 수직 촬영 거치대를 이용해 수업 장면을 스마트폰으로 바로 녹화할 수 있다. 아니면 칠판 앞에 카메라를 세워두고 판서를 하며 수업 장면을 녹화할 수도 있다. 스마트폰을 이용할 경우, 촬영 후 편집 프로그램을 사용해서 편집을 해야 하는 번거로움이 있다. 편집이 번거로운 다양한 활동지나 사진 자료, PDF나 한글 파일을 활용해서 수업 영상을 제작할 때는 '아이캔노트'라는 프로그램을 활용하면 좋다.

아이캔노트는 PDF, HWP, JPG, PPT를 불러와서 판서하며 수업 영상을 제작하는 프로그램이다. 온라인 강의나 수업을 위해 제작된 프로그램으로 누구나 무료로 사용할 수 있다. 수업 영상 제작이 처음이거나 영상편집 프로그램이 익숙하지 않은 선생님, 수업에 판서를 많이 하는 선생님들께 적극적으로 권하고 싶다. 다만, 아아캔노트는 윈도우 기반 프로그램으로 스마트폰, 태블릿 또는 ios 운영체제에서는 지원되지 않는다는 단점이 있다. 그리고 음성 삽입은 가능하나 영상을 삽입할 수 있는 기능을 지원하지 않고 있다.

아아캔노트 공식 카페에는 영상 위에서도 판서가 가능한 아아캔스크린 프로그램도 무료로 제공하고 있다. 아이캔스크린은 컴퓨터 화면에 바로 판서가 가능한 프로그램으로 바탕화면에 동영상, 문서 등을 실행하고 판서할 때 사용할 수 있다. 또한, 유튜브에 수업 영상을 자동으로 업로드해 주는 아이캔VOD 프로그램도 무료로 사용할 수 있다. 아이캔VOD는 동영상을 자동으로 유튜브에 올려준다. 탐색기처럼 유튜브의 영상을 관리할 수 있다. 제공된 웹사이트를 통하여 교사가 승인해 준 학생들만 들어와서 영상을 시청할 수 있는 프로그램이다.

온라인에서 콘텐츠를 찾아 학생에게 제공하는 것이 아니라, 교사가 직접 수업 영상을 제작하여 원격수업에 활용하고 싶을 때는 아이캔노트를 추천한다. 특히 교과서 이미지나 PPT, 한글 문서 등을 수업자료로 활용할 때, 아이캔노트를 활용하면 쉽고 편리하게 수업 영상을 제작할 수 있다.

아이캔노트 프로그램 설치

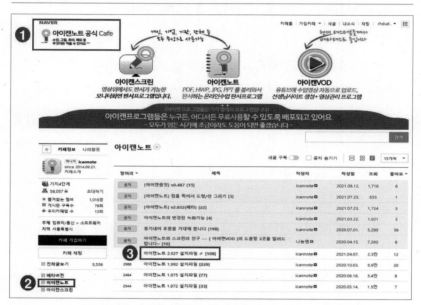

네이버 아이캔노트 공식 카페(https://cafe.naver.com/icannote) 가입 →
아이캔노트 탭에서 최신의 설치파일 다운 및 설치

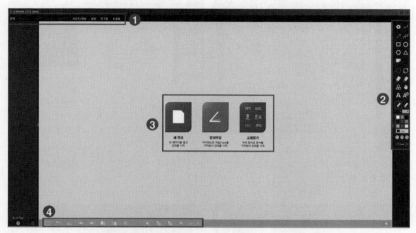

① 이미지 및 강의 파일 추가, 캠 보이기, 사운드 삽입, 배경화면 설정 등의 기능을 이용

② 레이저 포인터, 필기, 스티커, 그래프, 도형 등의 판서 도구 활용할 수 있으며 판서용 기기와 함께 활용하면 효과적임

③ 새 강의는 빈 페이지에 새로운 강의를 하는 것이고 강의파일은 기존에 아이캔노트로 저장한 파일을 불러오는 것. 교재 열기는 한글이나 PDF, JPG 등의 파일을 가져와 강의를 하는 것임

④ 화면 캡처, 전체 삭제, 되돌리기 등의 기능 이용

아이캔노트 활용 방법

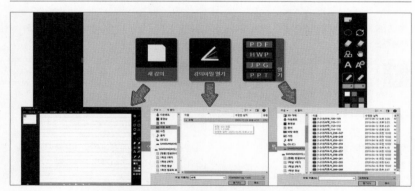

새 강의, 강의파일 열기, 교재열기 중 원하는 방식 선택

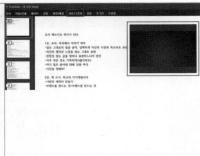

교재 열기를 통해 새 강의 시작 → 설정 → 녹화영역 및 저장 경로 설정

사운드/영상 → 캠 보이기 → 화면 위치 조정

설정이 완료되면 녹화 버튼 클릭 후 수업 영상 제작

수업이 끝나면 정지 버튼 누른 후 동영상 파일명 입력

판서 기능 살펴보기

포인터툴: 레이저빔처럼 학생들의 시선을 유도하는데 사용하는 도구

필기툴: 필기나 그림을 그릴 때 사용하며 Shift를 누르면 직선 사용 가능

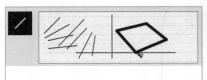

직선툴: 직선을 그릴 때 사용

그래프툴: 수학 시간에 그래프를 그릴 때 사용하며 원하는 공식을 선택 후 수치를 넣으면 됨

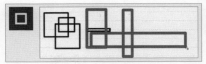

사각툴: 사각형을 그릴 때 사용하며, Shift를 누르고 그리면 정사각형 그려짐

동그라미툴: 동그라미를 그릴 때 사용하며 Shift를 누르고 그리면 정원이 그려짐

다각형툴: 원하는 여러 가지 다각형 만들 수 있음

삼각형툴: 삼각형을 그릴 때 사용하며, Shift를 누르고 그리면 정삼각형 그려짐

스티커툴: 가리고 싶은 부분을 가릴 때 사용

선택툴: 필기내용, 도형, 그림 등을 선택할 때 사용

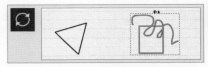

회전툴: 개채 선택 후 위에 작은 원을 잡고 회전시킬 수 있음

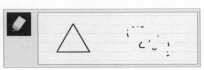

점지우개툴: 자유선툴로 필기한 내용을 지울 수 있음

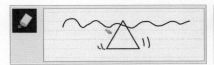

선지우개툴: 획 단위로 지울 수 있음

자동도형툴: 원, 삼각형, 사각형 중 비슷하게 그리면 자동으로 반듯하게 그려짐

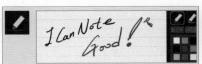

펜툴: 글씨를 쓸 때 사용함

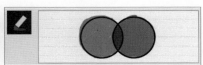

형광펜툴: 반투명 필기 및 형광펜처럼 색칠할 때 사용

2장

수업과
이어나가기

수업과 어떻게 이어나갈까?

<선생님들이 사용하는 에듀테크 설문 결과>

선생님들이 사용하는 에듀테크는?

　30여·명의 선생님에게 사용하고 있는 에듀테크에 관해 물어봤다. 줌, 패들렛, 클래스팅, 카훗, 멍커벨, e학습터, 퀴즈앤, 멘티미터 등, 교사라면 한 번쯤은 들어봤을 이름들이 나왔다. 상단의 그림에 나와 있는 에듀테크들 중에는 처음 들어본 에듀테크도 있을 것이다. 하지만 대부분 사용한 경험이 있는 에듀테크들일 것이다. 학급 플랫폼, 교과 수업, 온라인 수업, 업무 등 사용하는 목적도 다르고 종류도 다양하다. 여러 목적이 있겠지만, 교사

라면 수업에 에듀테크를 어떻게 활용할 수 있을까 하는 고민이 가장 먼저 들게 된다.

쉬는 시간에는 활발하지만, 수업 시간만 되면 말이 없어지는 학생, 수업 시간에 친구들 앞에서 말하는 것을 부끄러워하는 학생, 내가 만든 작품을 친구들에게 보여주는 것을 부끄러워하던 학생들도 이런 에듀테크를 통한 수업에서는 적극적으로 참여하는 모습을 종종 볼 수 있다. 학생들의 활동 내용이나 작품을 공유하고 싶은 교사, 수업 시간의 활동 결과를 부모님과 공유하고 싶은 교사, 평가와 동시에 결과를 바로 받아보고 싶은 교사들도 에듀테크를 잘만 활용한다면 더 편리한 수업과 함께 효율 또한 극대화할 수 있다.

교과서만 활용하면 딱딱하고 재미없는 수업도 에듀테크를 활용하면 하나의 놀이처럼 진행할 수 있다. 에듀테크를 통해서 하나의 수업 양식이나 방법을 정해 놓으면 다양한 수업에 적용할 수 있다. 수업 자료를 동료 선생님과 공유하고 싶을 때, 에듀테크를 활용하면 질 높은 자료를 쉽게 공유하고 활용할 수 있다. 에듀테크를 활용하면 학생들은 즐겁고 재미있게 수업에 참여하게 된다. 덕분에 교사는 효율적이고 편리하게 수업을 이끌어 나갈 수 있다.

이번 장에서는 수업에서 활용했던 다양한 에듀테크 사례들을 소개하고자 한다. 학교 수업에서 특별한 에듀테크 사용 능력이나 기술 없이도 쉽게 적용해 볼 수 있는 사례들을 담았다. 사례를 바탕으로 각자의 상황과 여건에 맞게 수정 및 보완해서 활용하면 좋을 것 같다.

수업 활용 사례 나누기

- - - - - - - - - - - - -

어휘력을 늘리는 끝말잇기

"시장에 가면 사과도 있고.", "사과도 있고 딸기도 있고."

"아이엠 그라운드 자기소개하기."

"크다 크다 친구 손바닥이 크다.", "크다 크다 선생님 키가 크다."

"리리 리자로 끝나는 말은?"

2학년 1학기 국어과 4단원을 보면 '꽁지 따기 말놀이', '주고받는 말놀이', '말 덧붙이기 놀이' 등, 재미있는 말놀이가 나온다. 여러 가지 말놀이 중 아이들이 가장 좋아하는 말놀이는 끝말잇기였다. 교실에서 끝말잇기를 할 때마다 아이들 입에서 가장 많이 나오는 소리는 "그 낱말이 무슨 뜻이야?", "실제 있는 말이야?"였다. 어떻게든 말을 이어가고 싶은 아이들은 사전에 없는 괴상한 낱말을 만들어 냈다. 심지어 없는 낱말을 사용한다고 우기기도 했다. 할 수 없이 아이들과 함께 온라인 국어사전으로 낱말을 검색하는 방법으로 문제를 해결했다. 끝말잇기를 할 때, 자신이 모르는 낱말은 사전에서 찾아보고 사전에 없으면 사용할 수 없는 단어로 결정했다. 그리고 '띵커벨 보드', '잼보드', '패들렛' 같은 보드형 협업도구 프로그램을 통해 끝말잇기를 해보았다.

학생 개개인들의 어휘력 수준 차이는 크기 때문에 '띵커벨 보드'에 먼저 학생 개개인의 공간을 만들게 했다. 그곳에 각자 낱말을 적게 한 후, 끝말잇기를 해보았다. 패들렛 셀프 기능을 활용한 학생 개인별 끝말잇기 활동도 가능했다. 아무튼, 이로 인해 경쟁적인 요소는 줄어들었고 모르는 낱말은 사전을 찾아볼 수 있기 때문에 학생들은 부담감 없이 수업에 참여할 수 있었다. 또한 친구의 낱말을 보고 이해가 가지 않은 낱말은 ♡를 눌러 표시하게 했다. 학생들은 입으로 했을 때보다 에듀테크를 활용하여 끝말잇기를 했을 때, 소외되는 학생 없이 집중하여 수업에 참여하는 모습을 볼 수 있었다. 그리고 결과물을 공유하며 몰랐던 낱말의 의미에 대해 알아봄으로써 어휘력을 확장할 수 있었다.

<띵커벨 보드를 통해 끝말잇기 놀이하기>

질문 만들기로 상호작용하기

"음식을 먹고 트림을 하면 기뻐하는 나라는?"

"똑같은 사람인데 왜 피부색이 다를까?"

"만약에 네가 주인공이면 어떤 나라에 가보고 싶니?"

국어 시간에는 그림책이나 교과서의 이야기를 읽은 후, 서로의 생각을 나누는 활동을 많이 한다. 교과서에 나와 있는 질문에 답해보기도 하고, 골든벨 문제를 만들어 퀴즈를 내기도 한다.

코로나19 이전에는 짝 토의나 모둠 토의가 자유로웠지만, 이제는 서로 얼굴을 맞대고 생각을 나누는 활동에 제약이 많다. 이런 한계점을 극복하기 위해 에듀테크를 활용한 질문 만들기 수업을 진행해 보았다. 무작정 질문을 만들라고 하면 초등학생들은 어려워한다. 그렇기 때문에 질문 만드는 방법부터 학생들에게 안내했다. 질문의 종류는 크게 3가지로 안내했다.

첫 번째는 '사실 질문'이다. 단어의 뜻, 개념, 인물의 이름 등, 정확한 답이 이야기 속에 제시되어 있어야 한다. '흥부는 어떤 동물의 다리를 고쳐 주었나요?', '흥부는 자식이 몇 명이나 있었나요?' 등을 예로 들 수 있다. 사실, 질문은 초등학교 저학년 학생들도 쉽게 만들 수 있다. 이런 질문들을 종합하여 골든벨 퀴즈로 활용할 수도 있다.

두 번째는 '왜 질문'이다. 이야기의 내용이나 인물에 관한 생각이나 느낌을 질문으로 만드는 것이다. 처음에는 질문 만드는 걸 어려워할 수 있다. 학생들에게 '왜'라는 낱말을 넣으면 질문을 쉽게 만들 수 있다고 안내하면 된다. 예를 들면 '왜 흥부는 제비의 다리를 고쳐 주었나요?', '제비는 왜 흥부에게 박 씨를 건넸나요?' 등의 질문이 있다. '왜 질문'은 질문의 내용에 따라 정답이 있을 수도 있고 없을 수도 있다.

　마지막으로는 '만약에 질문'이다. 이야기의 내용이나 인물의 상황과 태도를 자신에게 적용해 보고 가정해 보는 질문이다. 자신만의 생각을 묻는 질문이기 때문에 정확한 정답은 없다. '만약에 네가 흥부라면 재산을 모두 잃은 놀부의 소식을 듣고 어떻게 행동하겠니?', '만약에 구렁이가 제비집을 공격하는 모습을 보면 어떻게 하겠니?' 등이 '만약의 질문'이다. 만약에 질문 내용만 가지고도 학생들과 한 차시 수업을 진행할 수 있다. 이때 핫시팅 기법을 활용하거나, 역할놀이 등과 연계한 수업을 할 수 있다.

　코로나19로 인해 의견을 자유롭게 나눌 수 있는 활동이 제약되고 있다. 때문에 이야기를 읽고 자신들이 만들고 싶은 질문을 패들렛 담벼락이나 띵커벨 보드판에 자유롭게 남기도록 안내했다. 에듀테크를 활용하여 질문 만들기를 하면 소극적이었던 학생들도 활동에 적극적으로 참여할 수 있게 된다. 즉각적으로 친구들과 상호작용을 하며 피드백을 줄 수 있는 장점이 있다. 친구의 질문에 댓글을 달기도 하고 서로 수정·보완하는 모습도 볼 수 있었다. 그리고 질문 만들기 활동은 학년, 학교급 등에 상관없이 적용이 가능하다. 국어시간뿐만 아니라 모든 교과에 적용이 가능하다는 장점이 있다. 상황에 따라 익명으로 학생들이 참여할 수도 있다. 단, 질문 만들기 활동은 질문 만들기 자체에 중점을 두는 것보단 질문을 통해 다양한 의견을 이해하고 존중하는 문화로 발전시켜야 한다. 그렇기 위해선 친구의 의견에 경청하는 태도가 선행되어야 한다.

<띵커벨 보드를 통한 질문 만들기>

사실 질문 (14)		왜 질문(사고 확장 질문) (38)	

진유태 (2021.07.26 am09:03) 숟가락을 안쓰고 손으로 밥을 먹는 나라는? ♡ 0　　　　○ 4	장은서 (2021.07.26 am09:03) 가장 더울 때 낮잠을 자는 나라는? ♡ 0　　　　○ 0	상우 (2021.05.12 pm12:05) 그리스에서손바닥을보이면왜안될까 ♡ 0　　　　○ 3	박지원 (2021.05.12 am11:52) 왜일본에선젓가락으로음식을주면안될까 ♡ 0　　　　○ 0
진유태 (2021.05.12 pm12:05) 트름을 하면 기뻐하는 나라는 ♡ 0　　　　○ 0	김하린 (2021.07.26 am09:01) 일본은무엇으로밥을먹을까요 ♡ 0　　　　○ 2	상우 (2021.05.12 pm12:10) 왜다 똑같은사람인데 피부색깔이다를 까 ♡ 0　　　　○ 1	김하경 (2021.05.12 pm12:12) 왜 일본에선젓가락으로주면될까요. ♡ 0　　　　○ 1

에듀테크를 활용해 토론 수업하기

　주장과 근거를 바탕으로 상대방을 설득하는 토론 수업이 온라인에서도 가능할까? 이런 궁금증을 해결하기 위해 띵커벨이라는 에듀테크를 활용해서 5학년 학생들과 토론 수업을 해보았다. 본격적인 토론을 시작하기 전, 띵커벨 워드클라우드를 이용해 브레인스토밍을 실시했다. 일단 토론하면 떠오르는 것을 자유롭게 작성해 보도록 했다. 찬성과 반대, 주장, 근거, 경

<띵커벨 신호등을 이용한 토론 흥미도 조사>

나는 토론을 즐겨하나요?

2 거의 안 한다　　**4** 보통이다　　**3** 토론을 즐겨한다

쟁, 설득 등 다양한 개념이 등장했다. 워드클라우드에 나온 낱말을 바탕으로 토론에 대한 기본적인 개념을 학습한 후, 학생들이 토론을 얼마나 즐겨하는지 띵커벨 신호등을 이용해서 확인했다.

토론 흥미도 조사를 바탕으로 학생들이 이야기해 보고 싶은 논제를 보드판에 자유롭게 적게 했다. 학생들과 밀접하게 관련이 있는 게임, 휴대전화와 관련된 논제가 가장 많이 등장했다. 여러 가지 논제들 중, 학생들과 밀접한 관련이 있고 요즘 논쟁거리가 되고 있는 '소년법은 수정돼야 한다.'라는 논제로 찬반 토론을 해보았다.

<띵커벨 보드를 이용한 논제 작성하기>

이야기 해보고 싶은 토론 주제를 적어봅시다.

초등학생은 게임 해야하는가?	여자도 군대에 가야하나?	게임시간을 정해야 하나?
숙제는 필요한가	어린이는 핸드폰이 필요한가?	학교에서 휴대폰 사용이 필요한가?

본 차시 수업에서는 배경지식을 활성화하고 논제와 관련된 개념에 접근하기 위해 워드클라우드 기능을 활용했다. 학생들에게 '촉법소년' 하면 떠오르는 것을 자유롭게 작성하도록 했다. 소년원, 학교폭력, 만 14세, 범죄 등 다양한 낱말이 나왔다. 이런 낱말들을 바탕으로 소년법에 대한 개념을 정립하였다. 개념을 정립한 후, 찬성과 반대 중 자신의 사전 입장을 띵커벨 신호등을 통해 확인하였다.

<워드클라우드를 통해 토론 시작하기>

학생들은 인터넷을 통해 다양한 근거를 수집하였다. 그 후, 논제에 대한 자기 생각을 보드판에 작성했다. 친구의 의견을 살펴보고 궁금한 내용은 질문하거나 반론을 제기하기도 했다. 때로는 친구의 근거에 자신의 근거를 덧붙이기도 했다. 서로의 의견을 살펴보고 팀별로 최종 의견을 제시했다.

<띵커벨 띵킹보드를 통해 주장과 근거 제시하기>

토론 논제에 대한 자신의 주장과 근거를 써 주세요

나의 주장은 소년법은 폐지해야 한다에 찬성한다 근거는 1이대로 벌을 안받는다고 착각하면 더 나쁜일이 일어 날수 있기 때문에 2먼저 어린 나이에 부터 교육을 시켜 고쳐야 하기 때문에 3사람이 죽을수 있기 때문에	소년법을 폐지해야 한다. 왜냐하면 죄를 짓고 난 초법소녕이어서 괜찮다고 생각하니 겁을줘 다시는 그런 일이 없게 해야하기 때문이다. 우리 반도 핸드폰 알림음이 들리면 바로 뺐었다. 그래서 앞으로 그런 사람이 없어졌다.	저는 소년법은 폐지해야 한다에 찬성합니다. 왜냐하면 자신의 나이가 만14세 미만인 것을 이용해 범죄를 저지르고, 자신이 저지른 죄를 받지 않는다면 그게 잘못된 지 모르고 또 저지를 수도 있고, 죄를 받지 않으면 피해자가 억울할 거 같습니다.

최종 주장 다지기를 펼친 후, 논제에 대한 찬성과 반대의 입장을 띵커벨 신호등을 통해 다시 한번 확인했다. 최종 의견을 확인 후, 띵커벨 띵킹보드를 통해 자기평가와 상호평가를 통해 토론 수업을 끝마쳤다.

<띵커벨 신호등을 통해 최종입장 투표하기>

소년법을 폐지(수정)해야 한다.

0	1	19
반대한다	**모르겠다**	**찬성한다**

오프라인으로 토론 수업을 진행했을 때는 학생들이 즉각적으로 소통하고 서로의 의견에 피드백을 줄 기회가 많았다. 그리고 토론 중간중간에 서로의 의견을 보충하며 긴장감 있게 토론을 진행할 수 있는 장점이 있다. 반면 온라인으로 진행할 때는 의견을 말로 하는 것이 아니라 글로 제시하기 때문에 상대방의 의견을 이해하는데 오해가 생길 수 있다는 단점이 있다. 하지만 부족한 근거를 즉각적으로 찾아 보충할 수 있다는 장점 또한 존재한다. 화상 시스템을 활용하면 온라인에서도 생동감 넘치는 토론과 상호작용을 할 수 있다. 오프라인과 온라인 수업의 장점을 부각시켜 단점을 보완하면 효과적인 블렌디드 토론 수업이 될 것이다. 하단의 그림은 블렌디드 토론 수업의 예시 자료이다. 상황에 따라 온라인과 오프라인의 방식은 바뀔 수 있다. 학급 환경이나 여건에 따라 변형해서 사용할 수도 있다.

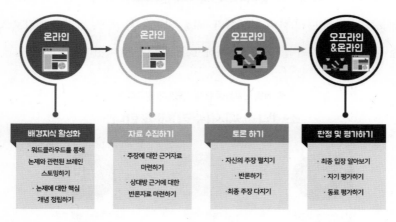

<블렌디드 러닝으로 토론 수업하기>

온라인	온라인	오프라인	오프라인 &온라인
배경지식 활성화	**자료 수집하기**	**토론 하기**	**판정 및 평가하기**
· 워드클라우드를 통해 논제와 관련된 브레인 스토밍하기	· 주장에 대한 근거자료 마련하기	· 자신의 주장 펼치기	· 최종 입장 알아보기
· 논제에 대한 핵심 개념 정립하기	· 상대방 근거에 대한 반론자료 마련하기	· 반론하기	· 자기 평가하기
		· 최종 주장 다지기	· 동료 평가하기

우리 반 식물도감 만들기

"선생님, 이 꽃 이름이 뭐예요?"

"선생님, 이 나무 이름은 뭐예요?"

"선생님, 이 풀의 이름은 뭐예요?"

계절의 특징에 관해 공부하다 보면 식물의 이름을 물어보는 저학년 학생들을 자주 접할 수 있다. 숲 체험이나 교과 수업을 할 때도 마찬가지다. 하지만 교사인 나도 모든 식물을 알고 있지 않기 때문에 정확한 이름을 알려주지 못한 채 넘어가는 경우가 많았다. 사실 알려주고 싶어도 이름을 찾기가 힘들었다. 그래서 학생들의 궁금증을 해결해 주고 교사의 번거로움을 덜기 위해 에듀테크를 활용하기로 했다. 학생들은 학교 주변을 돌아다니며 본인들이 알지 못하는 식물들을 학급 플랫폼에 사진으로 남겼다.

식물들의 이름은 '모야모'라는 앱을 활용하면 쉽게 찾을 수 있다. '모야모'라는 앱을 설치하고 그곳에 식물 사진을 올리면 1분 이내에 식물 이름이 댓글로 달린다. 아이들은 달린 댓글을 보면서 "이게 철쭉이구나.", "우리 학교에는 꽃잔디가 많구나.", "이렇게 조그마한 꽃이 물망초구나.", "선생님, 하얀색 무궁화도 있어요."라는 이야기를 이내 주고받았다.

학생들이 찍은 식물 사진들을 모아 우리 반 식물도감을 만들었다. 그리고 수업 시간에 필요할 때마다 활용했다. 학생들이 모르는 식물이 추가로 생길 때마다 업데이트했다. 이 외에도 학생들은 다양한 기준으로 식물 사진을 분류해 보는 활동도 즐겁게 참여했다. 우리 반 식물도감이 생긴 이후 선생님에게 식물의 이름을 물어보는 친구들이 현저히 줄어들었다. 다만 '모야모'라는 앱은 회원가입이 필요하므로 초등학교에서는 교사만 가입하여 활용하는 것이 좋다. 그리고 식물을 관찰할 때, 돋보기 앱을 설치해서 활용하면 가정이나 학교에 돋보기가 없더라도 관찰 및 탐구 활동이 가능하다.

<모르는 식물 찾아보기>   <띵커벨을 활용한 우리 반 식물도감>

이미지 카드로 내 생각 표현하기

<띵커벨 보드를 통한 이미지 카드>

수업 시간 정리 부분에 종이로 된 이미지 카드를 활용할 때가 있다. 학생들은 여러 가지 이미지 카드를 보고 질문에 맞는 이미지를 골라 서로의 생각을 나눈다. 아무것도 없이 질문에 답하는 것보다 어울리는 이미지와 연결 지어 이야기하는 것을 대체적으로 선호한다. 이런 이미지 카드를 오프라인이 아닌 온라인에서도 활용할 수 있지 않을까 하는 생각이 들었다. 픽사베이나 공유마당 같은 저작권이 없는 이미지 공유 사이트를 이용해 다양한 사진을 내려받은 후, 패들렛이나 띵커벨 보드에 정렬하였다. 이미지 카드를 수업 시간에 활용하고 싶을 때는 링크를 학생들에게 제공하면 누구나 쉽게 활용할 수 있다. 예를 들자면 수업 정리 부분에서, 오늘 배운 내용과 연계하여 떠오르는 이미지를 골라보게 하고 그 이유를 댓글로 적어보게 한다. 아니면, 이야기를 읽고 인물의 마음과 비슷한 이미지를 고른 후, 이유를 적어보게 할 수도 있다.

교과뿐만 아니라 생활교육 측면에서도 이미지 카드를 활용할 수 있다. 친구와 다퉜거나 고민이 있을 때, 자신의 마음과 어울리는 이미지를 고른 후, 그 이유를 설명하게 한다. 학생들은 그냥 이야기할 때보다 자신의 마음 속 이야기를 더욱 쉽게 털어놓을 수 있다. 학기 초 친구들과 어색할 때, 자기소개를 이미지 카드를 이용해 소개할 수도 있다. 자신과 어울리는 카드를 한 장 선택하고 그 이유를 친구에게 설명하는 방식이다.

학부모 상담에서도 이미지 카드를 활용할 수 있다. 학생과 어울리는 이미지 카드를 교사와 부모님이 한 장씩 선택한 후, 그것을 바탕으로 이야기를 나누면 자연스럽게 학생을 이해할 수 있는 공감대가 형성된다. 대면 상담이 어려울 때는 이미지 카드 링크를 부모님께 안내한 후, 자녀와 어울리는 이미지를 한 장 선택해 댓글에 올려 달라 부탁한다. 마찬가지로 학생들도 부모님이나 선생님과 어울리는 이미지를 선택한 후, 댓글에 달게 한다. 학생들의 댓글 이미지를 보며 미처 내가 알지 못하는 부분을 알 수도 있고,

<이미지 카드를 통해 자기 생각 표현하기>

학생들이 생각하는 교사나 부모님의 모습도 알 수 있다. 이는 누군가를 평가하고 판단하기 위한 용도가 아니다. 학생과 자연스럽게 소통하고 상담하기 위한 자료로 활용하기 위함이다.

이미지 카드를 활용할 때는 원본을 저장해 놓고 복제해서 필요할 때마다 사용하는 것이 좋다. 하나의 양식만 가지고 사용하면 학생들의 개인적인 내용이 공개될 수도 있다. 더불어 기존의 활동과 겹쳐서 학생의 의견을 정확히 파악하기 힘들 수도 있다.

이미지 카드를 활용하면 대면 수업에서 자신의 이야기를 쉽게 표현하지 않던 친구들도 온라인상에서는 보다 적극적으로 자신의 생각이나 느낌을 표현하는 모습을 볼 수 있다. 또한, 친구들의 생각이나 느낌을 즉각적으로 확인하고 공유할 수 있다는 장점이 있다. 그리고 온라인 이미지 카드를 활용할 경우, 익명의 활동도 가능하므로 좀 더 자유롭고 허용적인 분위기 속에서 자기 생각과 의견을 제시할 수 있다. 하단의 QR코드를 들어가면 이미지 카드를 복제하여 활용할 수 있다. 저작권 없이 무료 이미지를 내려받을 수 있는 사이트를 하단에 제시해 본다.

저작권 없는 이미지 사이트
- 픽사베이　　　https://pixabay.com
- 언스플래시　　https://unsplash.com
- 픽점보　　　　https://picjumbo.com
- 스플릿야이어　https://www.splitshire.com
- 공유마당　　　https://gongu.copyright.or.kr
- 플리커　　　　https://www.flickr.com
- 망고보드　　　https://www.mangoboard.net
- 미리캔버스　　https://www.miricanvas.com

이미지 카드 샘플

나도 작가다

독서 토론 및 글쓰기 교육을 할 때도 에듀테크를 활용할 수 있다. 단순히 종이에 글을 쓸 때와 에듀테크를 활용해 글을 쓸 때를 비교해 보면, 후자의 경우에 학생들이 더욱 즐겁게 참여하는 모습을 보였다. 요즘 학생들은 SNS나 다양한 멀티미디어 기기에 익숙해져 있기 때문이다.

학급에서 패들렛을 활용한 글쓰기 활동을 할 수 있다. 패들렛 담벼락을 활용해 학급 친구들과 릴레이 글쓰기 활동을 할 수 있다. 아침 활동 및 방과 후 시간을 활용해 하루에 1명씩 돌아가며 글을 쓰는 활동이다. 릴레이 글쓰기 활동은 학생들이 글쓰기에 대한 부담감을 줄여주고 공동 작품이라는 결과를 통해 공동체 의식을 심어줄 수 있다. 패들렛 타임라인을 활용해 글쓰기 활동을 할 수 있다. 타임라인을 활용할 때는 시간 순서에 따른 글을 쓸 때 유용하다. 기행문이나 체험학습 소감문 등을 쓸 때, 관련된 사진과 연계해서 이야기를 쓰면 생각이나 느낌이 풍부해진다. 자연스럽게 사진 속 내용을 떠올리며 이야기를 쓸 수 있다.

글쓰기를 어려워하거나 부담스러워하는 학생들이 있을 때는 이미지와 연계한 상상 글쓰기 활동을 할 수 있다. 글쓰기에 활용할 수 있는 다양한 이미지를 3~5개 정도 준비한 후, 그 이미지를 바탕으로 이야기를 꾸며 쓰는 활동이다. 똑같은 이미지이지만 학생들에 따라 글의 주제나 내용이 천차만별이다. 비슷한 활동으로는 다양한 제시어를 주고 제시어를 활용해서 이야기를 꾸며 쓰는 활동도 있다.

학생들이 글쓰기를 어려워하거나 부담스러워할 때는 에듀테크를 활용한 다양한 방법의 글쓰기를 시도해 볼 수 있다. 에듀테크를 활용하면 글 내용 수정이 쉽고 친구들과 협업과 공유를 할 수 있다. 또한, 이미지나 파일로 저장할 수 있으므로 작품들을 모아 학급 문집으로 제작할 수도 있다.

<패들렛 타임라인을 활용한 글쓰기 활동>

생각 그물 작성하기

수업에서 새로운 단원을 시작하거나 브레인스토밍이 필요할 때, 다양한 에듀테크를 활용할 수 있다. 대면 수업에서는 씽킹보드나 포스트잇을 활용해서 학생들의 생각을 분류하고 정리하는 활동을 할 수도 있다. 온라인 수업에서는 띵커벨, 잼보드, 패들렛 등의 에듀테크를 활용할 수 있다.

이번에는 패들렛 캔버스를 활용해 생각 그물을 작성했던 수업을 소개하고자 한다. 주제 중심으로 구성된 초등학교 통합교과는 단원을 시작하기 전 주제 만나기 활동을 한다. 주제 만나기 활동을 할 때는 패들렛 캔버스를 자주 활용한다. 패들렛의 여러 기능 중 캔버스 기능은 콘텐츠를 마음대로 배치하거나 하단의 그림처럼 그룹화하여 연결할 수 있다. 학생들이 단원에서 배워볼 내용을 자유롭게 작성하고 비슷한 내용끼리 연결하여 그룹화할 수 있다. 학생들은 이웃에 대해 배울 때 생각나는 것을 자유롭게 작성했다. 작성한 결과를 가지고 학생들과 함께 대주제를 이웃 사람, 이웃과 관련된 장소, 안전과 예절로 설정하고 하위 주제를 연결했다. 이를 통해 배워야 할 내용과 배우고 싶은 내용을 파악했다. 여기에 학생들이 관심 있는 부분을 추가하여 교육과정을 재구성하여 운영하였다.

패들렛 캔버스는 분류하기 단원에서도 활용할 수 있다. 다양한 제시어를 주고 학생들이 기준을 선정한 후, 분류하고 연결 짓는 활동을 할 수 있다. 단원 정리 활동에도 다양한 이미지나 자료를 연결 지어 개념을 정리하고 설명할 수 있도록 활용할 수도 있다.

<패들렛 캔버스를 활용한 생각 그물 활동>

우리가 배우고 싶은 내용은?

"우리 동네 모습을 사진 찍어 전시해요!"

"우리 동네를 소개하는 영상을 찍어요!"

"학교와 마을 주변을 돌아다니며 쓰레기 주워요!"

새로운 단원을 들어가면 단원 도입 활동을 한다. 단원과 관련된 영상 자료를 활용하거나 브레인스토밍을 통해 배경지식을 활성화한 후, 학습 내용을 간단히 짚고 넘어간다. 하지만 대부분의 활동이 교사 위주로 전개되는 경우가 많다. 학습에 대한 학생들의 흥미와 참여도를 높이기 위해 교육과정의 재구성과 학습 내용을 학생들 스스로 선택하게 할 수도 있다.

교사는 단원에서 배울 성취기준을 다양한 플랫폼을 통해 학생들에게 제시한다. 학생들은 성취기준과 교과서 내용을 살펴본 후, 해당 단원에서 배우고 싶은 내용을 자유롭게 작성해 보도록 한다. 학생들은 집단지성을 발휘해서 다양한 아이디어를 제시한다. 의견을 게시하면, 비슷한 내용은 하나로 합치고 여러 가지 내용을 성취기준에 따라 분류한다. 성취기준에 적합하고, 학교에서 실현 가능한 학습 내용일 때는 교육과정 재구성 과정을 통해 학생이 배우고 싶은 내용을 접목해 수업을 전개할 수도 있다. 교육과정을 재구성할 때 중요한 것 중 하나는 학생의 의견을 반영하는 것이다. 하지만 학생의 의견까지 반영하기에는 시간적인 여유나 학생의 관심도가 부족하다. 그렇기에 짧게는 차시나 단원 도입 시, 학생들의 의견을 물어보는 것으로 시작해서 길게는 교과 내 또는 교과 간 통합을 통해 학생 의견을 반영해 재구성할 수 있다. 학생들은 자신들이 원하는 내용을 배우기 때문에 수업에 적극적으로 참여하게 되며, 교육적 효과 및 성취도 또한 높게 된다.

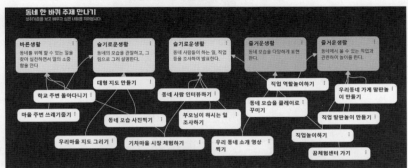

<학생 의견 반영을 통한 교육과정 재구성>

쟁반노래방

초등학교 저학년 통합교과에는 노래를 배우고 불러 보는 활동이 많다. 고학년 음악 시간도 마찬가지다. 음악을 배우고 정리할 때 활용할 수 있는 '쟁반노래방' 활동을 소개해 보려고 한다. 예전 텔레비전 프로그램 중 하나인 '쟁반노래방'은 가사를 틀리지 않고 끝까지 불러야 미션을 성공하는 방송이었다. 거기서 아이디어를 얻어 패들렛을 활용한 쟁반노래방 활동을 해보았다. 학생들이 배웠던 노래를 다시 한번 불러보고 정리하기 위한 활동으로 매우 적합했다.

일단 패들렛에 학생들이 배웠던 노래의 제목을 배점별로 제시한다. 10점 짜리 3문제, 20점짜리 3문제, 30점짜리 3문제, 총 9문제를 제시한다. 노래의 제목은 패들렛 포스트잇을 활용해서 모두 가린다. 학생들은 점수대별로 원하는 문제 하나를 선택하면 교사는 그 문제에 해당하는 음악을 들려준

<패들렛을 활용한 쟁반 노래방>

다. 음악을 듣고 노래 제목을 맞추면 해당 점수를 획득하게 된다. 만약 그 멜로디에 맞춰 모둠원들이 끝까지 노래를 부르게 되면 배의 점수를 추가로 획득하게 된다. 끝까지 부르지 못하거나 노래 제목을 틀리면 기회는 다른 모둠으로 넘어간다.

예를 들어 학생들이 개나리 30점 문제를 선택했다면 교사는 '앞니 빠진 중강새' 노래를 학생들에게 들려준다. 아래 사진에는 독자들이 이해할 수 있도록 노래 제목을 공개했지만, 실제 학생들과 수업을 진행할 때는 모든 문제의 제목은 포스트잇으로 가린다. 음악을 듣고 학생들이 '앞니 빠진 중강새'의 노래 제목을 맞췄다면, 그 모둠은 30점을 획득하게 된다. 거기에다 노래도 끝까지 부르게 되면 배의 점수인 60점을 추가로 획득하게 된다. 점수 배점은 자유롭게 설정할 수 있다.

음악 활동에 에듀테크의 게임적인 요소를 접목했기에 학생들이 즐겁게 참여하는 활동으로 거듭날 수 있었다.

다문화 이해교육

2012년부터 2020년 사이 초중고 학생 수는 20% 감소했다. 하지만 다문화 학생 수는 214% 증가했다. 2012년 약 4만 7천 명이었던 다문화 학생 수는 2020년이 되어선 약 14만 7천 명까지 증가했다. 우리나라 초등학교 다문화 학생이 차지하는 비율은 4%, 중학생이 2%, 고등학생이 0.9%를 차지한다. 부모 출신국별로 보면 베트남이 32%, 중국이 24%, 필리핀이 10%를 차지하고 있다.

통계 자료에도 나와 있듯이, 이제는 다문화 이해교육이 학교 현장에서도 중요한 과제가 됐다. 교사의 일방적 시행과 이해를 강요하는 교육은 더 이상 어렵게 됐다. 학생들 스스로 여러 문화를 직접 조사하고 체험해 보고 탐구하는 교육이 시행되어야 한다. 이를 위해 패들렛의 지도를 활용하기로 했다. 패들렛 지도는 지도상의 지점에 다양한 콘텐츠를 추가할 수 있는 에듀테크이다.

학생들이 가보고 싶은 나라를 선정해서 그곳의 언어, 음식, 문화 등을 조사해 보고 친구들과 공유하는 시간을 가졌다. 인사말을 조사해서 알려주는 친구, 대표적인 음식을 조사해서 알려주는 친구, 수도를 조사해서 알려주는 친구 등, 학생들은 자신이 원하는 내용을 직접 찾아보고 친구들과 공유했다. 학생들은 단순히 세계 각국 문화와 관련된 영상이나 텍스트를 보는 것보다 자신들이 주도하여 수업을 이끌어나가기 때문에 적극적으로 참여하는 모습을 보였다. 학생들이 조사하고 탐구한 내용을 바탕으로 세계 각국의 음식 만들기, 장난감 만들기, 노래 불러보기 등을 체험했다. 이에 다문화 이해교육의 효과가 극대화될 수 있었다.

<패들렛 지도를 활용한 다문화 이해교육>

온 책 읽기와 에듀테크

국어 시간에 독서 단원을 이용하거나 교육과정 재구성을 통한 온 책 읽기 활동을 하는 경우가 있다. 대면 수업은 함께 책을 읽으며 다양한 활동을 즉시 할 수 있다는 장점이 있다. 온라인 수업에서도 여러 제약이 따르지만, 에듀테크를 활용한 온 책 읽기 활동을 할 수 있다. 학생들이 사전에 책을 읽고 올 수 있도록 과제를 제시할 수도 있다. 하지만 그보다 온라인상에서 함께 책을 읽는 것도 좋은 방법이다. 화상 시스템을 통해 독서 상황 확인이 가능하므로 다 같이 책을 읽을 수 있는 시간을 제공하는 것이 좋다. 책을 읽으면서 질문 만들기 활동을 하기도 하고, 캐릭터를 그려보기도 하고, 뒷이야기를 이어서 쓸 수도 있다. 활동의 내용은 대면 수업과 큰 차이가 없지만, 활동 과정에서 에듀테크를 활용한다는 점이 큰 차이점이다.

읽기 전 활동에서는 배경지식 활성화를 위해 책 표지를 보고 떠오르는 다양한 낱말들을 워드클라우드에 적어보게 했다. 워드클라우드에 등장한 주요 핵심어를 바탕으로 내용을 예상해 보게 했다. 이야기에 등장하는 삽화를 순서에 상관없이 패들렛이나 띵커벨에 제시하고, 자신이 원하는 순서에 맞게 배열해 글의 내용을 예상해 보게 할 수도 있다.

읽기 중 활동에서는 글을 읽어 나가며 질문을 만드는 활동이 주가 된다. 학생들은 글에 나와 있는 내용을 바탕으로 정답을 찾을 수 있는 사실 질문과 생각이나 느낌을 묻는 왜 질문을 만든다. 특정 상황을 인물에게 가정해 보거나 적용해 볼 수 있는 만약에 질문을 만든다. 각자 만든 질문을 패들렛이나 띵커벨 보드에 올려 친구들과 즉각적으로 공유할 수 있다. 글을 읽으면서 등장인물의 감정을 이미지 카드나 가치 수직선을 통해 알아볼 수도 있다. 글을 읽다 마음에 드는 장면이 나오면 삽화를 그려본다. 삽화 사진을 찍어 결과물을 학급 플랫폼에 올리거나 화상 시스템을 통해 공유할 수도 있다. 그리고 모르는 낱말은 패들렛이나 띵커벨을 이용해서 공유하고 온책 읽기 낱말 사전을 만들어 본다.

읽기 후 활동에서는 읽기 중 활동에서 했던 질문 만들기 중, 사실 질문들만을 모아 골든벨 퀴즈를 할 수 있다. 줌이나 구글 미트 같은 화상 시스템을 이용해 마음에 드는 장면을 정지 화면으로 표현하는 활동을 할 수도 있다. 정지 화면을 바탕으로 뒷이야기를 상상해 이야기를 이어서 써보거나 인물의 관점을 바꿔서 이야기를 써볼 수도 있다. 이야기를 쓸 때는 구글 문서를 통해 팀별로 협업하여 공동의 작품을 만들 수 있다. 이야기의 차례나 시간 순서에 따라 글을 쓸 때는 패들렛의 타임라인 기능을 활용할 수 있다.

온라인 수업에서 온 책 읽기 활동을 할 때는 대면 수업할 때보다 친구들과 작품이나 결과물을 즉각적으로 공유하고 수정 및 보완을 할 수 있다는 장점이 있다. 에듀테크를 활용한 온 책 읽기는 다음과 같은 과정으로 정리할 수 있다.

〈에듀테크를 활용한 온 책 읽기 과정〉

구분	활동	에듀테크
읽기 전 활동	• 책 표지 보고 떠오르는 낱말 적어보기 • 표지와 삽화 보고 글의 내용 예상하기	• 멘티미터, 띵커벨 워드클라우드 • 패들렛, 띵커벨 보드, 잼보드
읽기 중 활동	• 책 읽으며 질문 만들기 • 등장인물의 감정 알아보기 • 마음에 드는 장면 따라 그리기 • 모르는 낱말 정리하기	• 패들렛, 띵커벨 보드, 잼보드 • 이미지 카드 • 화상 시스템 • 패들렛, 띵커벨 보드, 잼보드
읽기 후 활동	• 뒷이야기 상상해서 이야기 만들기 • 인상 깊은 장면 정지 화면으로 표현하기 • 책 표지 만들기 • 골든벨 퀴즈 • 이야기 순서에 맞게 삽화 배열하기	• 패들렛, 띵커벨 보드, 구글 문서 • 화상 시스템 • 망고보드, 미리캔버스 • 띵커벨 퀴즈 • 패들렛, 띵커벨 보드

도형 영역에서 활용하기

수학과 교육과정에서 도형 영역을 가르치다 보면 다양한 도형을 그려야하는 상황이 발생한다. 이때 도형을 좀 더 정확하고 쉽게 그리면서 학생들에게 다양한 도형을 보여줄 방법을 고민하였다.

초등학교 2학년 1학기 여러 가지 도형 단원을 공부할 때였다. 이런 고민의 답을 찾고자 학생들과 에듀테크를 활용한 수업을 진행해 보았다. 원, 삼각형, 사각형, 오각형 등 다양한 도형을 알아보고 특징을 찾아보는 게 단원의 목표였다. 학생들은 도형의 기본적인 개념을 익히기 위해 교실 및 가정에서 직접 찾아보았다. 자와 여러 가지 도구를 이용해 다양한 도형을 직접 그려보았다. 삼각형과 사각형 그리고 원의 특징을 찾을 때는 오토드로우 (https://www.autodraw.com)라는 사이트를 활용했다.

오토드로우는 말 그대로 도형의 형태를 대충 그려도 선을 인식해서 관련된 도형의 예시를 이내 보여준다. 학생들은 자신이 그리고 싶은 도형과 비슷한 도형을 선택해서 크기와 위치를 조절할 수 있다. 학생들은 배운 내용을 적용하기 위해 삼각형과 사각형, 그리고 원을 오토드로우에 수월하게 그려나갔다. 여러 가지 도형을 그려보고 그 도형의 특징을 찾아보도록 했다. 학생들은 다양한 크기와 모양의 삼각형을 그렸고, 삼각형은 변이 3개이고 꼭짓점이 3개이며, 곧은 선으로 이루어졌다는 특징을 발견하였다. 마찬가지로 사각형과 원도 다양하게 그려보고 그 특징을 찾아보았다. 특징을 발견한 친구들은 여러 가지 도형을 이용해 자신만의 캐릭터를 그려보는 활동을 진행했다. 그리고 그 결과물을 학급 플랫폼에 올리도록 해서 친구들과 내용을 공유하였다.

오토드로우를 도형 영역에 활용하면서 그리기에 자신 없어하던 친구들도 적극적으로 수업에 참여했다. 자신들이 그린 도형을 바탕으로 도형의 특징을 찾아내기 때문에 수업의 몰입도가 높았다. 단순히 도형을 그리는 것에 끝나지 않고, 도형을 다채롭게 결합하여 새로운 디자인을 만들거나, 텍스트를 추가할 수 있다는 장점이 있다. 다만, 오토드로우에는 도형의 개수가 한정적이라는 제한점이 있다. 삼각형이나 사각형 등 기본 도형에 대한 개념 학습이 끝난 후 응용하고 적용하는데 오토드로우를 활용해 볼 것을 추천한다.

<오토드로우를 활용해 여러 가지 도형 그려보기>

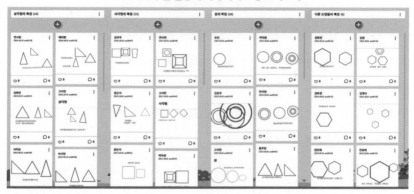

국토정보맵으로 동네 탐험하기

"우리 학교에서 앞으로 쭉 가면 군청이 나와요."

"우리 학교 오른쪽에는 고등학교가 있어요."

"지도에 우리 지역을 그려볼래요."

　수업 시간에 위성사진이나 지도를 활용하는 경우가 있다. 예전에는 사회과 부도에 나와 있는 인쇄형 자료를 활용했지만, 이제는 구글어스나 네이버 지도와 같은 인터넷 자료를 활용하는 경우가 많다. 특히, 우리나라 지역 및 위치에 관해 학습하거나 해당 지역을 그려야 할 때는 국토정보플랫폼(http://map.ngii.go.kr) 사이트를 이용할 수 있다. 국토정보플랫폼은 대한민국의 모든 지도 자료와 시각화 정보를 제공한다.

　초등학교 2학년 통합교과 '가을'에서 국토정보플랫폼을 활용했던 사례를 소개하고자 한다. 우리 동네를 탐험하고 마을 지도를 그려보는 내용이 나온다. 학생들과 동네를 탐험하기 전, 먼저 학교와 주변 명소의 위치를 지도를 통해 확인했다. 지도는 국토정보플랫폼의 국토정보맵에 나와 있는 자료를 활용하였다. 국토정보맵의 통합지도검색란에 지역이나 관공서 등의 명칭을 입력하면 해당 지역의 지도가 한눈에 펼쳐진다. 국토정보맵은 해당 지역의 항공사진과 옛 지도도 확인할 수 있다는 장점이 있다. 학생들은 옛 지도를 살피며 우리 지역의 과거 모습과 지명을 확인할 수 있다. 예전 지도를 본다는 것 자체만으로도 신기해하고 흥미를 갖는 학생들이 많았다. 그뿐만 아니라 학생들이 해당 지역을 지도로 그려야 할 때는 백지도를 다운 받아 활용할 수 있다. 다음 장의 그림처럼 간단한 도로와 건물들이 나와 있는 백지도를 활용하면 학생들이 쉽게 지역의 그림지도를 그릴 수 있다. 고학년 같은 경우는 교육용 백지도를 다운 받아 활용할 수 있다. 교육용 백지도는 지역 이름과 큰 도로만 나타나 있다.

지역의 위치를 확인하거나 위성사진이 필요할 때, 백지도를 통해 지역을 그려야 하는 수업을 할 때, 국토정보플랫폼을 활용하는 것이 매우 유용하다.

<국토정보플랫폼 국토정보맵의 백지도 활용하기>

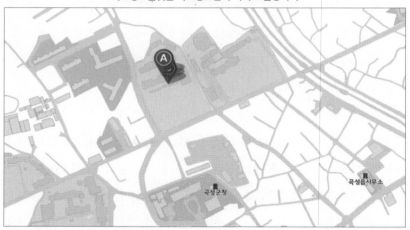

로드뷰로 우리 동네 둘러보기

"선생님, 우리 집 가는 길 보여줄게요."

"제가 사는 곳은 여기예요."

"우리 집 주변에는 병원이 있어요."

우리 동네, 우리 고장, 우리나라에 대해 학습할 때 지도를 많이 활용하게 된다. 온라인 지도가 발달하기 전에는 사회과 부도에 나와 있는 지도를 보고 해당 지역을 찾곤 했다. 하지만 요즘은 인터넷에 원하는 지역을 검색하

<로드뷰로 우리 동네를 소개하는 모습>

면 자세한 해당 지역 지도가 제공된다. 구글, 네이버, 카카오 등의 사이트를 활용하면 지도를 활용하기 쉽다. 앞서 설명한 국토정보맵도 다양한 지도를 제공하고 있다.

2학년 가을 교과에서는 '우리 동네'를 둘러보고 지역 사람들이 하는 일에 대해 학습한다. 하지만 코로나19로 인해 우리 동네를 같이 둘러보는 활동이 제한됐다. 우리 동네에 있는 가게, 아파트, 우리 집을 직접 보면서 그림지도를 완성해 나가면 좋았겠지만, 교실이나 온라인 수업으로 대체해야만 했다. 이를 조금이라도 극복하고 현실감을 느끼게 하기 위해 카카오 지도의 로드뷰를 활용했다. 카카오 지도 로드뷰를 활용하는 방법은 다음과 같다.

검색창에 카카오 지도를 검색하여 들어간 후, 원하는 장소를 검색한다. 기본적으로 학생들이 재학 중인 학교나 살고 있는 아파트를 검색하는 것이 지도를 통해 해당 지역을 이해하는데 효과적이다. 카카오 지도는 지도 양식과 위성에서 본 모습인 스카이뷰 양식이 함께 제공되기 때문에 두 가지 방법으로 해당 지역을 확인할 수 있다. 두 양식을 통해 우리 동네에 대한 지리적 감각을 키운 다음, 로드뷰 기능을 활용할 수 있다.

카카오 지도 우측 상단에 로드뷰를 클릭하면 해당 지역의 실제 사진이 화면상에 등장한다. 학생들은 도로를 기준으로 동서남북 방향으로 이동하면서 해당 지역을 둘러볼 수 있다. 학생들은 로드뷰를 통해 학교에서 집까지 가는 길을 탐색해 볼 수 있다. 친구들에게 우리 동네를 소개하는 시간을 가질 수도 있다. 로드뷰는 도로를 기준으로 촬영된 사진이기 때문에 교통안전교육 시간에 활용하기에도 효과적이다. 현실성 있고 실감 나는 지리교육을 위해서 로드뷰를 활용해 볼 것을 추천한다.

범교과학습과 에듀테크

다문화 이해교육, 성교육, 학교폭력예방교육, 안전교육 등, 교육과정에 반영해서 교육해야 할 범교과학습 내용이 많다. 코로나19 상황으로 일부 교육은 시수가 한시적으로 줄어들기도 했다. 하지만 대부분의 범교과학습은 기존과 같이 운영하고 있다. 제한된 시간에 많은 양의 교육을 해야 해, 교사들도 부담이고 학생들도 제대로 된 교육을 받기 힘든 상황이다. 이런 상황일지라도 학생들이 좀 더 재밌게, 적극적으로 범교과학습에 참여하는 방법은 없을까 고민했다. 그 결과 범교과학습 및 계기교육에 에듀테크를 활용해 보았다. 대면 수업이나 온라인 수업에서 간단하게 이론적인 부분을 언급한 후, 퀴즈를 통해서 배운 내용을 확인하게 했다. 학생들 스스로 부족한 부분을 찾아볼 수 있게 했다. 세계인의 날을 맞이해서 학생들이 전 세계에 있는 여러 문화를 이해하고 존중할 수 있도록 띵커벨을 활용해 퀴즈를 제작했다. 링크만 있다면 우리 반뿐만 아니라 전교생이 참여할 수 있다. 학생들이 잘 볼 수 있는 곳에 간단한 설명과 함께 QR코드를 인쇄하여 붙였다. 전교생 300명이 넘는 학교에서 절반 이상의 학생이 퀴즈에 참여했다.

다양한 범교과학습 주제를 띵커벨이나 구글 설문지 등을 이용해서 퀴즈로 제작했다. 이를 학생들에게 안내했더니 높은 참여도와 흥미도를 보였다. 퀴즈 방식뿐만 아니라 학급 플랫폼이나 패들렛에 관련 인증사진 찍어 올리기, 삼행시 짓기 등의 활동 중심 범교과학습 교육을 할 수 있었다. 자칫 의미 없이 지루한 시간이 될 수 있는 교육에 에듀테크가 더해지니, 학생들의 참여도는 높아졌고 생동감 넘치는 시간이 되었다. 또한, 링크를 공유하면 동학년 뿐만 아니라 전국의 선생님들과 공유를 할 수 있다는 장점도 있다.

<세계인의 날 홍보 팜플렛>

교육과정에서 반영해야 할 범교과학습 및 계기교육 내용이 많다. 따라서 어떤 교육을 몇 차시 해야 할지 헷갈리는 경우가 많다. 교육과정 반영 시수

및 근거를 참고 자료로 제시해 본다. 다만 지역에 따라 차이가 발생할 수 있다.

<범교과학습 교육내용 및 반영 시수>

연번	교육내용	교육내용	에듀테크
1	성교육	연 20시간 이상 (성폭력예방교육 4시간 포함)	학교보건법 제9조
2	성폭력예방교육	6개월에 1회 이상 (연 8시간 이상)	아동복지법 제31조 시행령 제28조 별표 6
3	자살예방교육	(연 4시간 이상)	아동복지법 시행령 제28조 제1항
4	보건교육	연 17차시(최소 1개 학년 이상)	학교보건법 제9조의 2
5	학교폭력예방교육 (어울림수업 포함)	학기당 1회 (연 12시간)	학교폭력예방 및 대책에 관한 법률 제15조
6	지속 가능발전교육	(연 5시간 이상 권장)	전남교육 2020
7	다문화 이해교육	월 1시간 이상 적극 권장(연간 2시간 의무)	교육복지과-2051 (2018. 2. 19.)
8	장애이해교육 및 장애학생 폭력 예방교육	(연 4시간 이상)	아동복지법 시행령 제28조 제1항
9	정보통신윤리교육	(연 10시간 이상)	초중등 정보통신기술교육 운영 지침
10	아동학대 예방교육	6개월 1회 이상 (연 8시간 이상)	아동복지법 시행령 제29조 제1항
11	실종·유괴의 예방·방지 교육	3개월 1회 이상 (연 10시간 이상)	아동복지법 시행령 제28조 제1항
12	감염병, 약물 오남용 예방교육	3개월에 1회 이상 (연간 10시간)	학교보건법
13	재난대비 안전교육	6개월에 1회 이상 (연 6시간 이상)	아동복지법 시행령 제28조 제1항
14	흡연·음주 예방교육	초등 연 2시간	학교보건법
15	교통안전교육	2개월 1회 이상 (연 10시간 이상)	아동복지법 시행령 제28조 제1항
16	독도교육	연 10시간 이상 권장	2015 개정 교육과정

17	인권교육	연 2시간 이상 (학부모, 교직원 연 1회)	인권위원회 권장사항
18	가정폭력 예방교육	연 1회 이상 (연 1시간 이상)	가정폭력 및 피해자 보호 등에 관한 법률 시행령1조의 2
19	안전교육	연간 51시간	학교안전사고예방 및 보상에 관한 법률 제8조
20	영양·식생활교육	연간 2시간 이상	식생활교육지원법 제26조
21	통일교육	연간 10시간 이상 (교과 4, 창체 6)	통일교육지원법 제8조)
22	교육 활동 침해 예방교육	연 1회(학생, 학부모)	교원지위법 시행령 제9조

유튜브 활용하기

선생님들이 온라인 수업을 하면서 가장 많이 활용하는 콘텐츠는 '유튜브'이다. 예전에는 교사 커뮤니티 자료를 주로 활용했다면 요즘은 유튜브를 통해 학습 자료를 찾는 선생님들이 현저히 늘었다. 무궁무진한 자료들이 유튜브 속에 담겨 있기 때문이다.

유튜브를 활용할 때 재생목록을 활용하면 수업 시간에 필요한 영상을 더는 찾지 않아도 된다. 유튜브 재생목록은 유튜브 계정이 있고 자신의 채널이 있으면 누구나 만들 수 있다. 유튜브 채널이 없는 경우에는 유튜브 계정을 클릭하면 채널 만들기가 하단에 뜬다. 클릭만으로 자신의 채널을 손쉽게 만들 수 있다. 내 채널이 있어야 다양한 영상을 업로드하거나 저장하는데 편하다.

재생목록을 만들기 위해서는 유튜브 계정을 클릭한 후, 유튜브 스튜디오로 들어가면 좌측에 재생목록 버튼이 활성화된다. 국어, 수학, 사회, 과학 등, 필요한 과목 이름으로 재생목록을 만들 수 있다. 과목이 광범위하면 각 교과의 단원 이름으로 재생목록을 만들 수도 있다. 필요한 영상을 재생목록에 저장해 활용하면 영상을 매번 검색하지 않아도 된다. 유튜브 영상 조회수 옆에 저장이란 버튼만 클릭하면 원하는 영상을 재생목록에 저장할 수 있다. 학습에 필요한 저장된 재생목록 링크를 학급 플랫폼에 올리면 학생들은 시간과 공간의 제약 없이 영상을 시청할 수 있다. 학습과제 영상이나 심화 및 보충학습 영상들을 재생목록에 저장해두고 활용하면 효과적이다. 교육뿐만 아니라 개인의 취미나, 여가생활과 관련된 영상도 재생목록에 저장한 후 활용하면 이용하기 편리하다.

유튜브에는 다양한 채널과 영상이 있다. 교육용 영상을 찾고자 할 때 활용하기 좋은 유튜브 채널을 하단에 표로 제시해 보았다. 다만 다올책사랑

교육 영상 활용 유튜브 채널

● **EBS클립뱅크**	EBS에서 방송된 프로그램을 짤막하게 주제별로 볼 수 있는 채널
● **참샘스쿨**	비주얼 씽킹 과학, 한국사, 고학년 미술 활동 영상 자료 업로드
● **아꿈선**	과학 실험 영상, 안녕학교와 연계한 실과, 사회, 보건, 미술 등 자료 업로드
● **클래스로그**	계기교육 및 1, 2학년 안전한 생활, 3~6학년 사회, 과학 영상 업로드
● **교육부**	안전교육, 진로교육, 학교폭력 및 성폭력 예방 교육 등 검증된 영상 업로드
● **지니스쿨 역사**	우리나라 역사 속 위인과 사건들을 애니메이션으로 제공
● **나다움교육**	사진퀴즈, 초성퀴즈, 상식 퀴즈 등 자투리 시간 활용 영상 제공
● **다올책사랑방 작은도서관**	1~6학년 연계도서 및 권장도서 영상 업로드

방작은도서관 채널은 아동용으로 영상을 업로드했기 때문에 재생목록이
나 나중에 볼 동영상으로 저장되지 않는다는 점을 참고하시길 바란다.

이 외에도 재생목록을 활용하면 다른 사람과 공동작업을 쉽게 할 수 있
다. 내가 만든 재생목록에 들어가 점점점 버튼을 클릭하면 공동작업 버튼
이 활성화된다. 공동작업을 할 수 있는 링크를 동료 교사나 다른 사람과
공유하면 함께 재생목록을 추가하거나 편집할 수 있는 권한이 동시에 생긴
다. 학급 친구들과 재생목록 공동작업을 통해서 우리 반 뮤직박스를 만들
어 활용할 수도 있다. 기타 유튜브 활용 팁은 하단에 표로 제시했다.

유튜브 활용 팁

- 주소창에 ss를 입력하면 영상 다운 가능(예. www.ssyoutube.com/~)
- 주소창에 gif를 입력하면 움직이는 사진 다운 가능(예. www.gifyoutube.com/~)
- 4K Video Downloader 프로그램을 설치하면 고화질 유튜브 영상 다운 가능
- 크롬 웹스토어에서 AdBlock 설치하면 유튜브 광고 차단 가능
- 유튜브 영상을 공유할 때는 영상 시작 시간을 설정할 수 있음
- 아동용으로 설정된 영상은 댓글을 쓸 수 없으며, 재생목록이나 나중에 볼 동영상으로
  저장할 수 없음

교육과정 재구성과 영상 제작

사이버 폭력, 욕설, 신조어 사용 등의 문제가 해마다 증가하고 있다. 5학
년 국어 시간에 교육과정을 재구성하여 '바른 언어 사용'이라는 주제로 교

육 영상을 제작했다. 학생들이 알고 있는 것을 실천으로 옮기기 위해 국어 시간에는 협업을 통해 시나리오를 작성했다. 미술 시간을 이용해 촬영 담당, 배우, 소품 담당, 감독 등 역할 분담을 했다. 소외되는 학생이 없도록 신경 쓴 후, 영상을 제작했다. 영상을 제작하는 것으로 끝나지 않고 전교생에게 상영하는 시간을 가졌다. 교육과정 재구성 내용은 하단의 표와 같다.

<주제중심교육과정 재구성 내용>

주제명	님아 그 욕을 뱉지 마오!		
주제 설정 배경	이번 주제의 핵심 요소는 '인성'입니다. 신조어와 욕설 등의 사용으로 바른 언어 사용의 필요성이 요구된 가운데, 학생들의 언어 사용 실태를 조사해 보고 바른 언어 사용 캠페인을 바탕으로 존중과 배려의 문화를 조성하고자 합니다. 이를 바탕으로 바른 인성을 함양함으로써 나뿐만 아니라 친구들, 가족, 더 크게는 모든 사람이 함께 공존해야 하는 관계라는 것을 깨닫는 것이 주제 설정 배경입니다.		
주제 관련 핵심 역량	자기 생각과 감정을 효과적으로 표현하고 다른 사람의 의견을 경청하며 존중하는 의사소통 역량		
	공동체의 구성원에게 요구되는 가치와 태도를 가지고 공동체 발전에 적극적으로 참여하는 공동체 역량		
	공감적 이해와 문화적 감성을 바탕으로 삶의 의미와 가치를 발견하고 향유하는 심미적 감성 역량		
주제 관련 교과 및 창의적 체험활동	국어	주제 열기, 6. 말의 영향, 10. 글쓰기의 과정	
	도덕	1. 아름다운 사람이 되는 길	<완성 작품>
	미술	8. 행복한 영상 제작소	
	창의적 체험활동	자율활동(학급 및 전체 다모임)	

바른 언어 사용과 같은 인성적이고 도덕적인 부분과 관련된 수업을 할 때, 학생들이 이론적인 지식은 알고 있지만 실천하지 않는다는 게 가장 큰 고민이었다. 앎이 실천으로 이어질 수 있도록 영상이라는 매개체를 활용해 보았다. 영상은 일회성으로 끝나는 것이 아니라 파일을 지우지 않는 이상 영원히 남기 때문에 학생들의 동기를 부여하고 바른 행동을 실천할 수 있

<주제중심교육과정 세부 교육 활동 내용>

주제명 (시수)	교과	단원 (시수)	성취기준	활동 및 활동 내용(차시)	비고
님아 그 욕을 뱉지 마오! (26)	국어	6. 말의 영향 (8)	•자신의 말이 상대에게 미칠 영향이나 결과를 예상하여 신중하게 말한다. •비속어 사용의 문제점을 인식하고 품위 있는 언어생활을 한다.	•주제 열기(주제 마인드맵, 생각 열기) •말이 미치는 영향에 대하여 알기(2) - 말이 미치는 영향 식물 실험하기 - 좋은 말을 들었을 때와 나쁜 말을 들었을 때 기억력 테스트하기 •듣는 이를 고려하여 신중하게 말하는 방법 알기(2) - 듣는 이에게 미칠 영향 생각하며 말할 내용 정하기 - 말하는 의도와 마음 드러나게 표현하기 •듣는 이를 고려하여 신중하게 말하기(2) - 모둠별 상황극을 바탕으로 듣는 이를 고려하여 신중하게 말하기(★수행평가) •바른 언어 사용의 중요성을 알리는 UCC 만들기(2) - 역할 분담 및 소품 준비	카메라
	국어	10. 글쓰기의 과정(6)	•쓰기의 과정을 이해하고 과정에 따라 글을 쓴다.	•글을 쓰기 위하여 내용을 떠올리는 방법 알기(2) - 자신의 경험 떠올리기 - 떠오르는 생각 모두 쓰기 - 생각 그물로 표현하기 •글의 내용을 조직하는 방법에 대하여 알기(2) - 처음, 가운데, 끝부분에 쓸 내용 생각하기 •'바른 언어 사용의 중요성' 시나리오 쓰기(2) (★수행평가)	시나리오
	도덕	7. 아름다운 사람이 되는 길 (4)	•참된 아름다움의 의미와 중요성을 명확하게 이해하고, 생활 속에서 아름다운 마음을 기르고 바람직한 생활을 위해 노력하는 일관된 태도를 지닐 수 있다.	•아름다움의 뜻과 중요성 이해하고 아름다운 사람 찾아보기 - '아름다움' 마인드맵 - 우리 주변의 아름다운 사람 조사하여 발표하기 •아름다움의 가치를 판단하며 참된 아름다움의 의미 새기기 - 외면적 아름다움의 중요성 - 내면적 아름다움의 중요성 - 도덕적 삶의 아름다움의 중요성 •'바른 언어 사용' UCC 제작을 바탕으로 생활 속에서 아름다운 마음을 기리고 바람직한 생활 실천하기(2) (★수행평가)	이미지카드
	미술	8. 행복한 영상 제작소 (6)	•평면, 입체, 영상 등 다양한 표현 형식의 특징을 안다. •시각 이미지를 활용하여 의미를 전달할 수 있다.	•영상 촬영 기법 익히기(2) - 사진과 동영상 기법 알아보기 •UCC 찍어보기(4) - '바른 언어 사용' 동영상으로 표현하기(★수행평가) - 표현한 내용 홍보하기	카메라
	창체	자율활동(2)		•영상 발표회 및 실천 다짐	

는 매개체가 된다. 그리고 학생들이 직접 영상의 주인공으로 등장해 바른 언어 사용을 홍보하기 때문에 누구보다도 앞장서 바른 언어를 사용하는 모습을 볼 수 있었다. 세부적인 교육내용은 앞의 표와 같다.

뮤직비디오 만들기

유튜브를 통해 학생들이 만든 뮤직비디오를 본 적이 있을 것이다. 교과서에 수록된 노래나 학생들이 좋아하는 가요의 가사에 맞게 그림을 그려서 이어붙이는 영상 제작 방법을 설명하고자 한다.

먼저 학생들이 만들고 싶은 뮤직비디오의 노래를 정한다. 우리 반을 대표하는 곡이나 음악 시간에 배운 노래, 어버이날과 관련된 노래 등, 상황에 따라 알맞은 곡을 선택한다. 특히, 어버이날 활용하기 좋은 음악은 김진호의 가족사진, 김건모의 가족, 싸이의 아버지, 라디의 엄마 등이 있다.

곡을 선택했으면 포털 사이트에서 해당 곡을 검색해서 가사를 복사한다. 가사를 한글이나 파워포인트에 붙여넣기하고 학생 수에 맞게 가사를 나눈다. 가사는 문서 하단에 워드로 작성할 수도 있고, 학생들이 빈 종이에 직접 쓸 수도 있다. 단, 가사를 입력하거나 쓸 때는 순서에 맞게 번호를 부여하는 게 좋다. 그래야 나중에 학생들의 작품을 순서대로 모아 사진을 찍을 때 유용하다. 학생들은 자신이 그리고 싶은 가사를 선택하고 가사에 어울리는 그림을 그린다. 이때 가사뿐만 아니라, 시작하는 부분, 끝나는 부분에 우리 학급을 대표하는 그림을 그려 넣는 것도 좋다. 아니면 학생들이 그림을 그리는 모습을 사진이나 영상으로 촬영하여 시작과 끝부분, 아니면 간주 부분에 넣으면 영상의 내용이 훨씬 풍부해진다. 학생들이 작품을 모두 그렸으면 교사는 학생의 작품을 사진으로 찍는다. 이때는 스캐너 앱을 활용하면 좋다. 불필요한 부분을 자동으로 잘라주고 사진의 밝기도 조절할 수 있다. 학생 작품 사진이 준비되면 음악 파일을 준비한다. 교과서 음악이라면 전자저작물 파일에서 활용할 수 있다. 단, 음악 파일은 저작권 문제가 있으므로 유튜브에 올리거나 다른 사이트에 공유하는데 제한이 있다.

사진과 음악 파일이 준비됐으면 영상을 편집할 프로그램을 선택해야 한다. 키네마스터나 파워디렉터 같은 핸드폰 앱을 활용할 수도 있다. PC에서는 뱁믹스나 곰믹스 프로그램을 활용할 수 있다. 일단 영상편집 프로그램에 뮤직비디오에 사용할 사진을 순서대로 나열한다. 사진 사이사이에 전환 효과를 주거나 스티커 등을 붙여 꾸미는 효과를 줄 수도 있다. 그다음 음악 파일을 편집 프로그램에 삽입한 후, 가사에 맞게 사진의 길이를 조절한다. 음악에서 나오는 가사와 사진의 내용이 맞으면 작품을 파일로 변환한다.

<뮤직비디오 만들기 활동에 참여하는 학생의 모습>

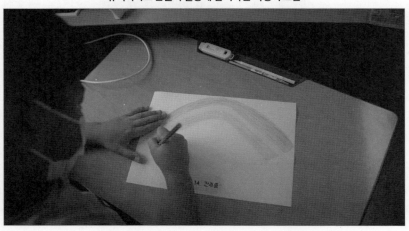

뮤직비디오 만들기 활동은 학생들의 작품을 사진으로 찍은 다음 편집 프로그램을 활용해야 하는 번거로움이 있다. 하지만 학급 구성원들이 협력하여 하나의 작품을 만든다는 데 의의가 있고 학급의 응집력과 결속력을 키울 수 있다. 그리고 어버이날, 어린이날, 학예회 등 각종 행사 활동과 연계하면 의미 있는 활동이 될 수 있다.

상상을 현실로, 코스페이시스

"모처럼 학교 왔는데 사회적 거리 두기 때문에 모둠 활동도 제대로 못 하고 매번 개인 활동만 하게 해서 아쉽지?"

"아니에요. 어차피 학교 끝나고 게임에서 만나서 괜찮아요."

'메타버스 시대 아이들답다. 보이는 것보다 서로 가까이 있었구나.'

원격수업으로 가정에 머물다 모처럼 등교를 한다 해도 사회적 거리 두기 때문에 모둠 활동 운영이 제한되었다. 교사로서 너무나 안타까운 마음이었다. 그런데 학생들은 오프라인에서 멀어진 거리를 온라인으로 다시 좁히는 중이었다. '온라인에서 만나!'라는 개념에 익숙한 아이들. 그들은 이미 '메타버스' 시대의 시민인 것이다.

메타버스는 '가상', '초월' 등을 뜻하는 영어 단어 '메타'(Meta)와 우주를 뜻하는 '유니버스'(Universe)의 합성어이다. 현실 세계와 같은 사회·경제·문화 활동이 이뤄지는 3차원의 가상세계를 뜻한다. 메타버스는 가상현실보다 한 단계 더 진화한 개념으로, 아바타를 활용해 단지 게임이나 가상현실을 즐기는 데 그치지 않고, 실제 현실과 같은 사회·문화적 활동을 할 수 있다는 특징이 있다. 특히 메타버스는 팬데믹 상황과 5G 상용화의 흐름 속에서 주목을 받기 시작했다. 그렇다면 학교는 무엇을 할 수 있을까? 학생들의 멀어진 물리적 거리를 극복하기 위해 메타버스를 수업 속에 활용해 볼 수는 없을까? 나는 학생들이 메타버스의 소비자로만 머무르지 않고 생산자가 되어보는 경험을 만들어주고 싶었다. 그래서 '코스페이시스(CoSpaces)'로 수업을 해보았다.

코스페이시스는 VR, AR을 학생들이 직접 만들어 체험할 수 있는 사이트인데, 오디오나 영상, 사진을 넣을 수도 있고, 심지어 작품 내에서 코딩까지 할 수 있다. 이런 점 때문에 다양한 교과 활동에 활용할 수 있는 장점이 있다.

코스페이시스 시작하기

1. 코스페이시스에 가입하기

2. 학급 개설하기

학급을 개설할 수 있을 뿐만 아니라, 소그룹을 만들 수 있어 쉽게 모둠 활동으로 전환할 수도 있다. 단, 무료 버전은 학급을 하나만 개설할 수 있다. 한 학급에 30명 이하만 수용할 수 있다. 우리 반의 경우에도 30명이 넘는 학급이라 교사 계정을 두 개 만들어서 무료 버전으로 진행했었다. 무료 버전의 경우에는 코딩을 위한 코드블록과 외부 파일을 불러오는 것에 제한이 있다. 유료로 사용하면 훨씬 편하고 재미있겠지만, 사이트가 외국 사이트라서 저경력 교사인 나는 어떻게 구매를 해야 할지 몰랐다. 유료 버전을 사용해 보지 못한 점이 못내 아쉬웠다.

3. 학급 코드 안내하기

학급 코드를 통해 학생들을 학급으로 초대할 수 있다. 여섯 자의 간단한 코드이므로 링크를 보내는 수고가 필요하지 않아 간편하다.

4. 기본 조작 방법 연습하기

기본 조작 방법도 사실 별다른 안내가 필요 없을 정도로 쉽고 직관적이라, 로그인만 시켜놓으면 알아서 하고 있을 정도이다.

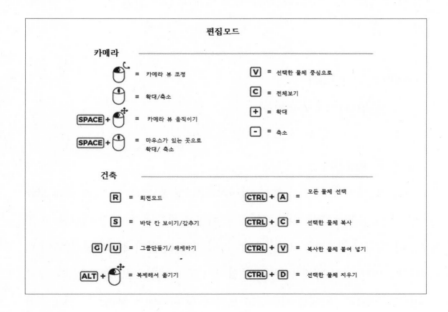

첫 화면에서 하단의 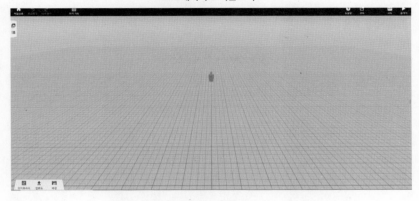(배경)을 클릭하면 기본 배경이 제공된다. 이 중, 원하는 배경을 선택하면 된다. 전체 배경을 선택지 중에서만 고를 수 있어 제한적이지만, 바닥 이미지는 jpg 파일이라면 어떤 것이든 불러올 수 있다. 또 어울리는 음악을 배경음악으로 넣을 수 있어, 마치 3D 뮤직비디오를 보는 것 같은 연출도 해볼 수 있다. (코스페이시스 기본조작 1, 2, 3)

<코스페이시스 기본조작1>

<코스페이시스 기본조작2>

<코스페이시스 기본조작3>

<코스페이시스 기본조작4>

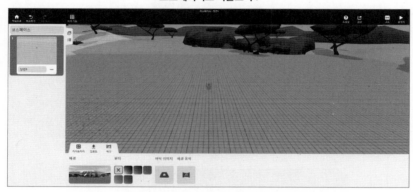

<코스페이시스 기본조작5>

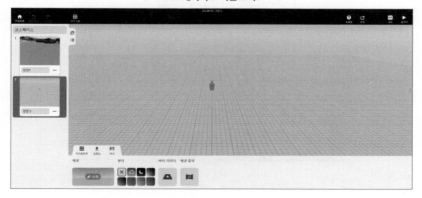

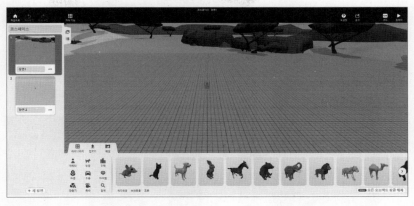
<코스페이시스 기본조작6>

　왼쪽 위의 📖를 클릭하면, 하나의 코스페이시스 파일에 포함된 슬라이드가 보인다. 파워포인트의 슬라이드처럼, 이 슬라이드를 무한대로 추가시킬 수 있다. (코스페이시스 기본조작4) 코스페이시스는 여러 계정이 하나의 코스페이시스 작품에 접속할 수 있다. 공동작업이 가능하므로 여러 슬라이드를 추가해 모둠 활동으로 진행할 수 있다.

　🔳(라이브러리)를 클릭하면 코스페이시스에서 기본 제공하는 다양한 오브젝트를 확인할 수 있다. (코스페이시스 기본조작6) 다만 무료 버전에서는 모든 오브젝트를 쓸 수 없다. 제한적인 환경이라 학생들의 아쉬운 목소리를 들으며 진행해야 한다.

　개체를 클릭하면 다음과 같은 버튼 4개가 보인다. (코스페이시스 기본조작7)
　🔄는 회전모드로 x, y, z 축으로 회전할 수 있다.(코스페이시스 기본조작7-1)
　🖐는 이동 모드로 전후좌우로 이동할 수 있게 한다.
　↕도 이동을 위한 모드이며 개체를 위로 올리거나 아래로 내릴 수 있게

한다.

✥는 개체의 크기를 바꾸는 모드이다.

<코스페이시스 기본조작7>

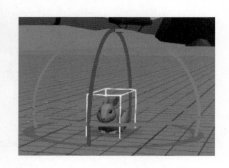
<코스페이시스 기본조작7-1>

5. VR, AR로 만들기

VR은 가상현실, AR은 증강현실을 뜻하는데, VR은 말 그대로 100% 가상의 것이다. AR은 현실과 가상을 중첩시킨 메타버스 개념이다. AR의 대표적인 예가 바로 포켓몬 Go 게임이다. 포켓몬 Go 게임은 카메라를 통해 현실을 보면, 메타버스가 그 현실 위에 한 겹의 가상을 덧입히는 게임 형태라할 수 있다.

VR은 별도의 VR 시청 기기가 필요하다. 게다가 오랜 시간 시청하면 눈의 피로감이 크다. 때때로 메스꺼움, 두통을 느끼기도 한다. 성인인 나도 오랜 시간 VR 시청을 하면 두통이 심해서 어린 학생들에게 선뜻 권하고 싶지는 않았다. 아마 학부모님들도 걱정되는 부분일 것이다. 안정성이 뛰어난VR 기기가 상용화되기 전까진 VR은 꼭 필요한 경우에 한하여 되도록 짧은 시간 동안 사용하는 것이 좋을 듯하다.

반면에 AR은 안전성 문제로부터 자유롭다. 별도의 시청 기기가 필요하지 않아 진입 장벽 또한 훨씬 낮다. 게다가 VR은 1인 체험이지만, AR은 태블릿PC를 두고 친구들과 함께 체험할 수 있다. 이런 장점 때문에 발표 활동이 자연스럽게 이루어진다.

6. 태블릿PC, 스마트폰으로 체험하기(AR), VR 기기를 사용하여 체험하기(VR)

앱스토어를 통해 태블릿PC나 스마트폰에 코스페이시스 애플리케이션을 설치하고 로그인을 하여 자신이 만든 작품을 VR, AR로 체험할 수 있다. VR 체험을 위해서는 VR 입체 안경을 별도로 준비해야 한다. VR 입체 안경은 직접 만들어서 사용하는, 간이 카드보드부터 70만 원대의 일체형 기기까지 선택지가 다양하다. 물론 고가의 일체형 기기라면 따로 스마트폰이 필요하지 않다. 하지만 미리 기기를 충전해두어야 하고, 그 금액을 들일 정도로 교육용 VR 콘텐츠가 풍부하지 않으므로 신중하게 판단하여 구입 여부를 정하는 게 좋다.

코스페이시스로 독서 후 활동하기

언젠가 국어 수업 시간에 학생들에게 말하기, 듣기, 읽기, 쓰기 중에 무엇이 가장 좋은지 선호도 조사를 한 적이 있었다. 압도적으로 말하기가 선호도 1위를 차지했다. "그래, 어쩐지 우리 반이 시끌벅적하더라." 하며 웃었더랬다. 2위는 읽기, 3위는 듣기, 가장 마지막이 쓰기였다.

그만큼 요즘 학생들은 '쓰기'를 참 싫어한다. 하지만 우리 교육 현장에서 가장 자주 하는 독서 후 활동은 무엇인가? 바로 독서 감상문이다. '읽기'는 흥미롭지만 읽은 후에 늘 뒤따라오는 독서 감상문 쓰기는 학생들에게 독서를 싫어하게 만드는 주요 요인이다. 물론 쓰기 활동이 주는 많은 교육적인 장점을 무시할 수는 없지만, 그것 때문에 학생들이 독서를 싫어하게 되는 것은 우리 교사들이 한 번쯤 고민해 봐야 할 문제다.

국어 교육학에서는 학생들의 문학 읽기 과정은 형상화→조합화→동작화→구축화 순서로 상상력을 발휘하며 읽는다고 분석하고 있다. 글로 주어지는 구체적인 대상들을 마음속에 하나하나 그려내는 형상화 단계, 이를 엮어서 장면 전체를 상상하는 조합화 단계를 거친다. 동작화 단계에는 이렇게 만들어 낸 장면들을 연결시켜 마치 영화처럼 움직이게 만든다. 구축화 단계에서는 자신의 경험이나 배경지식에 연결시킨다. 이러한 상상의 단계는 문학 읽기를 풍요롭게 만든다.

그러나 기존에 우리가 해왔던 독서 감상문은 from 글, to 글인 셈이다. 독서 감상문을 쓰라고 하면 많은 학생들이 한숨을 내쉬며 다시 책을 뒤적거린다. 그리고 몇 줄 베껴 쓰는 장면을 흔하게 볼 수 있다. 독서 감상문 쓰기로는 읽기 과정 중 학생들의 마음속에서 이뤄지는 무한한 상상들을 확인해 볼 수가 없다. 특히 글쓰기가 서툰 초등학생의 경우, 내부의 상상력은 무시되었던 게 일반적이었다. 방법이 지극히 어른 중심이니, 당연히 아이들은 지루하고 재미가 없을 수밖에. 나는 읽기 과정 중, 학생들의 내부에서 이뤄지고 있는 상상력을 시각적으로 끄집어내보고 싶었다. 그리고 그것들을 친구들과 함께 나누게 하고 싶어 독서 후 활동으로 쓰기가 아닌 VR 만들기를 해보았다.

학생들은 VR로 자신이 읽어온 책의 장면을 상상한다. 독서 중 자신의 내면에서 진행되는 상상력을 끄집어낼 기회를 맞는 것이다. 책 속의 등장인물과 배경을 글이 아닌 이미지로 불러와 장면을 만든다. 학생들은 내면의 상상을 글로 써 내려가는 어려움으로부터 해방되기 때문에 문학 읽기의 즐거움을 만끽하게 된다. 친구의 독서 후 VR 작품을 감상하게 되면 대부분 그 책에 대해 흥미를 가지게 된다. 내 VR 작품을 친구와 가족에게 보여주며 책에 대해 조잘조잘 이야기하다 보면 책과 더욱 친해지게 된다.

책은 글로 주어지지만, 독자는 이를 글뿐만 아니라 다양한 방법으로 소화하는 주체가 될 수도 있다. 소설을 각색한 영화, 애니메이션, 연극, 게임은 이러한 적극적 독자가 만들어 내는 것이다. 코스페이시스는 아이들에게 쉬운 방법으로 책을 소화하는 적극적인 독자가 되는 경험을 제공한다. 바야흐로 '콘텐츠의 시대'인 오늘날, 이러한 경험은 어릴 적부터 다양하고 풍부하게 경험할 수 있도록 제공되어야 할 것이다.

<걸리버 여행기 독후 감상VR (이선하 작품)>

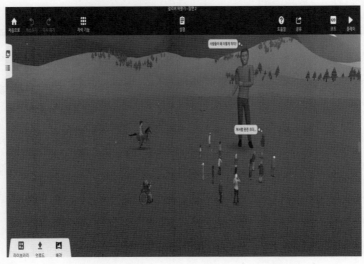

태블릿으로 그려보자

전 색칠만 하면 망해요!

연필, 색연필, 수채 물감, 유화 물감, 아크릴 물감 등 미술 도구는 굉장히 다양하다. 각각의 도구마다 작품에서 보여줄 수 있는 퍼포먼스 또한 전부 다르다. 미술 지도를 할 때 이런 점을 감안해 학생들에게 최대한 많은 도구의 사용을 권하곤 한다. 하지만 수정 불가능한 실수에 대한 걱정도 많아 아이들에게 어느 정도 거부감을 주곤 한다. 하지만 태블릿으로 그림을 그릴 때에는 취소 버튼 하나로 모든 실수를 돌이킬 수 있다. 색칠이 망할까 두려워할 필요도, 새 종이를 달라고 선생님께 부탁을 하는 부담도 사라진다. 그렇기 때문에 학생들은 자신이 맘먹은 대로 과감히 시도해 보고 아니면 지우고 다시 그리면 된다. 이 과정에서 학생들은 아날로그 환경에서보다 더 많은 연습을 축적하게 된다. 그리기 활동에서 이러한 경험은 당연히 미적 감각을 향상시킨다.

태블릿 환경에서의 확대 및 축소 기능은 미세 작업에 용이하다. 그리기 경험이 적은 아이들은 미세 작업을 어려워한다. 그래서 세부 묘사를 시도하지 않게 된다. 관찰력을 기르기 위한 수업에선 치명적인 한계로 작용한다. 하지만 태블릿에선 엄지와 검지만으로 화면을 쭉쭉 키울 수 있으니, 쉽게 세부 묘사가 가능하다. 태블릿 환경은 학생들이 사물을 좀 더 자세히 볼 수 있게 만든다. 확대해서 대충 그려도 축소했을 때에는 그럴싸한 작품이 되기 때문에 아이들은 이 과정에서 그리기에 대한 자신감을 많이 얻게 된다.

또한, 조색에 대한 부담이 사라져 다양한 색상을 활용할 수 있게 만든다.

아이들은 다양한 색을 보며 시각적으로 다르다고 구별할 수 있지만, 아날로그 상에서 주어진 물감과 색연필은 너무나도 제한적이다. 게다가 조색에 대한 경험이 적으니, 조색 감각도 부족해 표현에 답답함을 느끼곤 한다. 하지만 태블릿은 명도, 채도까지 섬세하게 바꿔 주기 때문에 아이들은 단지 선택만 하면 된다. 당연히 아날로그식보다 다양한 색상을 활용한 작품이 산출될 수밖에 없다. 그동안 값비싼 미술 도구는 소모품이기에 학교에서 제공하는 데에 한계가 있었다. 그러나 디지털 드로잉이 가능한 지금은 태블릿 하나로도 재능 있는 학생들에게 기회를 충분히 줄 수 있게 되었다. 장인은 도구를 탓하지 않는다지만, 학생에게는 도구가 중요하다. 오히려 때때로 좋은 도구가 장인을 만들기도 한다.

바쁘다, 바빠! 미술 수업!

사실 태블릿으로 하는 미술 수업은 학생보다 교사가 체감하는 이점이 클지도 모른다. 아날로그식 미술 수업에서는 교사가 정말 바쁘지 않은가? 수업 전에 연습 종이, 도화지, 밑에 깔 신문지를 준비하고, 수업 중에도 엎지른 물감 치우고, 바탕은 칠하냐, 크레파스 써도 되냐, 이름은 어디에 쓰냐, 질문 폭격을 맞느라 정신이 없다. 수업이 끝나면 또 어떤가! 덜 마른 작품은 말린 후 수합해야 하며, 산더미처럼 쌓인 청소 거리에 한숨이 나지만, 아직 덜 그린 학생들은 시간을 더 달라고 아우성이다. 이에 반해 태블릿으로 하는 미술 수업은 훨씬 안정적이다. 첫째로 준비물이 간단하다. 태블릿과 전용 펜슬만 있으면 모든 미술 준비는 끝나기 때문에 소모되는 시간이 거의 없다. 미술 교과 전담이 없는 초등학교의 경우에 이러한 경제성은 엄청난 장점이다. 둘째로 작품 보존과 평가가 안정적이다. 공작 활동이 많은 초등학교는 학기 말이 되면 작품이 잔뜩 쌓이기 마련이다. 태블릿을 이용하면 산더미 같은 작품을 뒤적이며 평가하지 않아도 된다. 이메일로 작품을 제출만 하면 되기 때문에 평가도 편리하다. 이를 온라인 전시회로 만들어 산출물을 학생뿐만 아니라 학부모와도 쉽게 공유할 수 있다.

갤럭시탭이라면, 펜업(Pen-Up)

앱스토어에 접속하면 다양한 드로잉 애플리케이션이 있다. 각 학교가 보유하고 있는 태블릿PC의 기종에 따라 사전에 호환성을 꼭 확인해야 한다. 본교는 삼성전자의 갤럭시탭과 S펜을 보유하고 있어서 갤럭시탭의 기본 애플리케이션인 '펜업(Pen-Up)'을 활용하였다.

'컬러링' 탭에서는 수많은 도안이 공유되어 있다. 학생들은 각자 자신이 원하는 도안을 선택할 수 있다. 그리기 능력은 학생마다 수준 차이가 크다. 일괄적으로 컬러링 도안을 인쇄해 나눠주면 어렵다고 하기 싫어하는 아이들, 쉬워서 지루해하는 아이들이 생길 수밖에 없다. 펜업을 통한 컬러링 활동에서는 이런 단점을 보완할 수 있다. 각자가 자기 수준에 맞는 도안을 선택할 수 있어서 모든 학생이 즐겁게 참여할 수 있다. 컬러링이 끝나면 갤러리에 저장할 수 있고, 이메일로 작품을 전송할 수도 있다. 본인의 이메일로 보내서 카카오톡 프로필 사진, 줌 수업 프로필로 해놓은 아이들도 있었다. 온라인상에서는 학생들이 교사보다 더 적극적으로 한술 뜨곤 한다.

'라이브 드로잉' 탭에서는 1 대 1 그리기 과외를 경험할 수 있다. 그리기 능력자들의 펜업 작업 영상이 색 바꾸기, 펜 도구 바꾸기 등 단위 작업별로 올라와 있다. 라이브 드로잉 자체에서 원본 작업자가 선택한 색을 알려준다. 조색이 서툰 학생들도 쉽게 따라 그려보며 성취감을 느낀다. 그리기에 대한 흥미를 갖게 된다.

<펜업 컬러링 작품(심지환 작품)>

정확한 자세를 알려주는 인공지능, 하우핏

인공지능과 스포츠

2020 도쿄 올림픽은 코로나19로 인하여 연기되어 2021년에 치러졌다. 이번 도쿄 올림픽을 보면서 과학 기술의 발전을 곳곳에서 느낄 수 있었다. 우리나라의 효자 종목인 양궁 경기에서 선수들의 심박수를 실시간 화면으로 보여줬는데, 이는 센서 장치가 아니라 카메라로 모니터링하는 기술이 활용되었다. 또한 축구, 야구 등 다양한 종목에서 영상 과학 기술이 심판을 보조해 빈번히 활용되는 모습을 볼 수 있었다. 야구에선 스트라이크 판정에 대한 인간 심판의 불만이 높아 인공지능 심판 도입이 자주 거론된다. 이미

미국은 인공지능 심판을 야구 경기에 도입한 적도 있다.

인공지능 트레이너의 신체 활동에 대한 코칭 능력은 여러 분야의 스포츠에서 인정을 받고 있다. 이러한 인공지능의 코칭 능력은 웬만한 교사보다도 정확하다. 특히 1대 1 개별 코칭을 충분히 제공하기 어려운 과밀학급 경우, 인공지능 트레이너는 매우 반가운 존재이다.

우리 학급은 체육 수업에 '하우핏(HowFit)' 애플리케이션을 활용하여 자세 코칭을 받도록 했다. 하우핏에는 다이어트, 근력 강화, 유연성 증진 등 다양한 목적의 운동 프로그램이 있다. 각 차시의 성취기준에 맞는 프로그램을 선택하여 활용할 수 있다. 태블릿이나 스마트폰에 하우핏을 설치한 뒤에 프로그램을 선택하면 다음과 같은 화면이 보인다.

<하우핏 화면의 모습>

왼쪽에는 학생들이 보고 따라 할 운동의 영상이 제공된다. 오른쪽에는 학생들의 모습이 카메라로 보인다. 학생들의 신체 동작을 인공지능 프로그램이 분석하여 정확한 자세이면 Perfect와 Good, 어설프면 Not Bad가

화면에 실시간으로 띄워져 피드백을 받을 수 있다. 마치 게임을 하는 것처럼 피드백을 즐겁게 받을 수 있으므로 학생들은 재밌는 체육활동을 할 수 있다.

신체 활동을 할 수 있는 충분한 공간과 안정적인 무선망이 갖춰져 있다면 어디서든 활용 가능하다. 다만 이 애플리케이션은 교육용이 아닌 상업용 애플리케이션이기 때문에 무료 버전에서 횟수 제한이 있다는 점이 아쉽다. 교육부나 문화체육관광부 등의 공공기관에서 이러한 인공지능 트레이너 애플리케이션을 교육용으로 개발한다면 활용도가 매우 높을 것이라 예상된다. 인공지능 기반 사회를 대비하기 위해 인공지능 교육에 대한 관심이 큰 만큼, 이러한 인공지능 활용에 대한 아낌없는 투자가 기대된다. 교사들도 새로 등장하는 인공지능 교수 학습 도구들에 관심을 가져야 한다. 학교 현장에 적용하는 실천적 전문가로서 많은 활약을 했으면 좋겠다.

연주도 작곡도 쉽게 할 수 있는, 크롬뮤직랩

악기도, 음악실도 없는 학교

교육대학교에서 수많은 악기를 익힐 때만 해도, 학교 현장에서 학생들과 즐거운 연주를 할 수 있을 것이라 기대했다. 하지만 첫 발령을 받아 온 신설학교는 악기가 전혀 없었다. 교실 또한 부족해 음악실마저도 학급으로 쓰는 상황이었다. 결국, 악기도 없고 음악실도 없어, 일반 교실과 거리를 두고 음악 수업을 해야만 했다. 당연히 마스크를 쓰고 있기에 리코더나 멜로디언처럼 부는 악기는 사용할 수 없었다. 그렇다고 매번 초등학생에게 감상 수업, 이론 수업만 할 수는 없지 않겠는가? 즐거운 음악 수업, 함께하는 음악 수업을 꿈꾸며 '크롬뮤직랩'을 활용해 보기로 했다.

같이 연주하자, Shared Piano

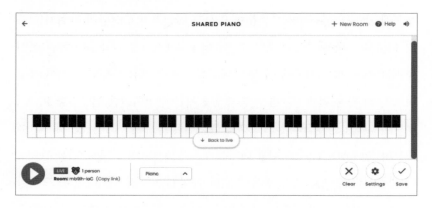

Shared Piano는 여러 명이 악기를 함께 연주할 수 있는 탭이다. 왼쪽 아래의 Copy link를 클릭하면 연주방 링크가 복사된다. 이를 공유하면 누구나 연주방에 초대할 수 있다. 젓가락 행진곡을 피아노로 함께 연주해서 녹화할 수도 있다. 두 사람이 교대로 간단한 선율을 연주하고 똑같이 따라 연주하는 작곡 배틀을 하며 작곡과 친해질 수도 있다. 피아노뿐만 아니라 드럼, 마림바, 신시사이저, 우드윈드 등의 몇몇 악기가 더 제공되기에 서로 다른 악기를 맡아 모둠 친구들과 합주를 해볼 수도 있다.

악보 까막눈도 괜찮아, Song Maker

나는 악보를 보아도 음이 절대 떠오르지 않는 음치 교사다. 그렇기에 학생들에게 작곡을 가르치는 건 감히 엄두도 못 냈다. 그렇지만 아무리 악보 까막눈이더라도 악상은 충분히 떠오를 수 있다. 실제로 비틀즈의 모든 멤버는 악보 까막눈임에도 불구하고, 기타 코드만으로 대중음악계의 전설적인 곡을 작곡해냈다. 오히려 그들이 악보 까막눈이기에 창의적인 음악이 탄생했다는 의견도 있다. 어려운 작곡 이론을 배우는 어린 초등학생들도 Song Maker를 통해서라면 얼마든지 내면의 악상을 끄집어낼 수 있다.

낮은 음은 아래 칸을, 높은 음은 위 칸을 클릭만 하면 되는 직관적인 구성이라 누구나 금방 익숙해진다. 제공되는 선율악기도 마림바, 피아노, 기타, 우드윈드, 신시사이저로 다양하다. 원하는 분위기에 어울리는 악기를 선택할 수 있다. 악기 선택만으로도 아이들은 흥미를 느낀다. 선율악기와 함께 리듬악기도 일렉트로닉, 블록, 드럼키트, 콩가 중에 원하는 악기를 선택할 수 있다. 선율 칸 아래 삼각형, 원을 클릭해서 연주할 수 있다. 선율과 리듬을 만든 다음, Tempo를 자유롭게 바꿀 수 있어 빠르기에 따라 달라지는 분위기를 쉽게 느껴볼 수 있다.

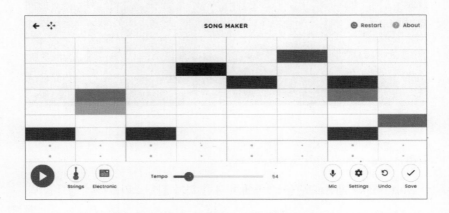

너의 목소리가 보여, Spectrogram

국악 가창 수업에서 지도하기 까다로운 것이 바로 '시김새'이다. 굵게 떠는 소리, 꺾는 소리, 흘러내리는 소리 등은 대중가요를 주로 듣는 요즘 학생들의 귀에도 낯설다 보니 흉내 내기도 어렵다. 학생들의 목소리를 눈으로 보여주고 싶다는 생각이 간절한 순간이다. Spectrogram은 마이크로 전달되는 소리의 파동을 그려주는 탭이다. 특히 굵게 떠는 소리를 지도할 때는 소리 그래프가 일렁이는 것이 신기한지, 학생들은 경쟁적으로 굵게 떠는 소리를 내 난처한 적도 있었다. 그만큼 참여도가 수직 상승하곤 했다.

또한, 음정을 정확하게 내기 어려워하는 학생들은 자신의 목소리 그래프를 확인하며 음정을 쉽게 고쳐 부를 수 있다. 가창이 슬슬 쑥스러워지는 초등학교 고학년 학생들도 방법을 달리하면 금세 흥미를 가지고 참여했다.

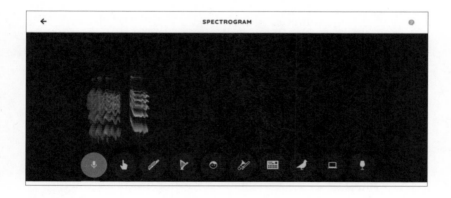

그리는 대로 소리가 난다면, Kandinsky

Kandinsky 탭은 그림을 작곡에 비유한 화가 칸딘스키로부터 영감을 받아 만들어졌다. 선, 원, 삼각형, 또는 아무 의미 없는 낙서도 이 탭에서는 그럴싸한 소리가 된다. 화면의 위쪽에 그리면 높은 음을, 아래쪽에 그리면 낮은 음을 낼 수 있다. 자동완성 프로그램이기에 서툰 원이나 삼각형도 바르게 보정되어 그려진다. 원은 사람 목소리, 삼각형은 트라이앵글 소리 등 제작자의 소소한 유머도 흥미롭다.

수업 전에 학생들을 모아 자유롭게 그림을 그리도록 한다. Play 버튼을 누르면 아이들이 눈이 금세 반짝거리며 집중한다. 앉으라고 엄하게 큰 소리 내지 않아도, 날카로운 종을 연신 쳐대지 않아도 즐겁게 웃으며 수업을 시작할 수 있다. 연주되는 음악을 따라 부르며 교사도 학생도 행복해진다.

파형 합주해 보자, Oscillators

소리의 3요소인 소리의 세기, 높낮이, 맵시는 각각 소리라는 파동의 진폭, 진동수, 파형에 해당한다. 진폭이 크면 큰 소리가, 진동수가 높으면 고음이, 파형에 따라 음색이 다르게 나타난다. Oscillators 활동을 통해 소리의 3요소를 쉽게 알아볼 수 있다.

Oscillators는 서로 다른 주파수를 발진할 수 있는 '발진기' 탭이다. 캐릭터를 위로 당기면 진동수가 높아지며 고음이, 아래로 당기면 진동수가 낮아지며 저음이 난다. 또한 사각파, 톱니파, 삼각파, 싸인파 캐릭터를 선택해

서로 다른 소리를 들어보면 파형에 따라 소리가 달라짐을 알 수 있다. 모둠별로 캐릭터를 나누어 합창 활동을 해보면 같은 진동수임에도 불구하고 파형이 다르면 소리의 맵시가 다름을 아이들 또한 쉽게 알게 된다.

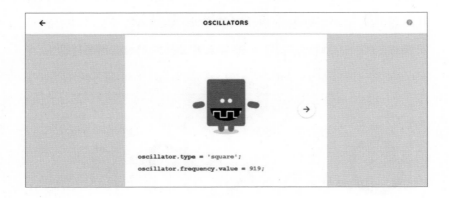

적극적 감상자가 되자, 구글 아트 앤 컬쳐

적극적 감상 교육을 위하여

요즘 미술관은 관람객이 함께 참여하는 프로그램을 기획하여 전시 운영하곤 한다. 미술 감상 수업은 단순히 자신의 느낌을 이야기하거나 글로 쓰는 소극적 감상뿐만 아니라, 작품을 주제로 여러 가지 활동을 하는 적극적 감상까지도 포함하고 있다. 미술과 친해지는 경험을 제공하려는 시도가 다채롭게 요구되어지고 있다. '구글 아트 앤 컬쳐'는 적극적 감상 활동 콘텐츠를 다양하게 제공하는 유용한 애플리케이션이다.

친구와 함께 맞추는 명화 퍼즐, Puzzle Party

　서점에 가면 명화 맞추기 퍼즐을 쉽게 찾을 수 있다. 퍼즐 조각 하나를 뚫어지게 바라보면서 어디에 놓을까 생각하고 있노라면, 그냥 눈으로 볼 때는 놓쳤던 디테일한 묘사를 발견하는 재미가 있다. 이런 재미를 학생들에게도 느껴보게 하고 싶었지만, 퍼즐 조각 보관도 까다롭고, 수업 시간 내에 끝나지 못하면 혼란 속에서 아쉽게 정리해야 하는 상황이 뻔히 예상돼 엄두를 내지 못했다. Puzzle Party는 이런 단점들을 한꺼번에 없애주었다. 무료로 퍼즐을 즐길 수 있다. 하단의 ✦를 눌러 여러 사람이 함께 퍼즐을 맞출 수 있다. 모둠별로 명화를 선택하여 빨리 맞추기 게임을 해보아도 좋다. 지루한 감상이 아니라 놀이와 함께 감상하는 경험을 통해 아이들은 한층 미술과 친해질 것이다.

재미있게 미술 상식 쌓기, Visual Crosswords

　미술 작품 감상에 있어서 개인의 내면에서 일어나는 감정도 중요하지만, 미술가와 미술사에 대한 사전 지식도 못지않게 중요하다. 그 중요성만큼 교육과정에서도 성취기준을 설정하여 강조하고 있다.

[4미 03-01]	다양한 분야의 미술 작품과 미술가들에 관심을 가질 수 있다.
[4미 03-02]	관심 있는 미술 작품과 미술가에 대하여 설명할 수 있다.
[6미 03-02]	미술 작품이 시대적 배경과 관련된다는 것을 이해할 수 있다.

하지만 미술에 대한 지식을 교사의 일방적인 설명으로 전달하는 방식은 학생들에게 거부감이 들게 한다. 이러한 경험이 미술에 대한 딱딱한 인상을 남기게 된다. Visual Crosswords는 기존의 미술 이론 수업이 가진 한계를 극복할 수 있게 돕는다. 시대적 배경이 같은 작품끼리 묶기, 관련된 미술가 작품 크로스퍼즐 등, 다양한 게임에 미술 작품을 녹여냈다. 게임을 통해 즐겁게 미술적 지식도 쌓을 수 있다. 작품을 확대하여 자세히 들여다볼 수도 있다. 관련 정보가 궁금하면 바로 연결된 정보를 클릭하기만 하면 된다. 자연스럽게 미술 작품을 깊이 있게 이해할 수 있게 된다.

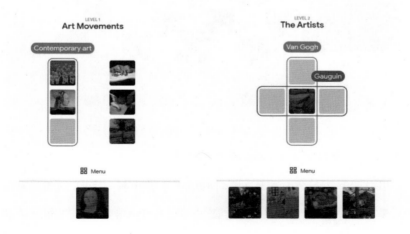

　미술 감상법 중, 자주 수업에서 활용하는 미술 감상법이 '6색 감상법'이다. 6색 감상법이란 여섯 가지의 색을 통해 미술 작품을 읽는 방법이다. 빨간색은 작품의 첫 느낌, 흰색은 주요색이나 재료 등의 보이는 모습, 노란색은 표현이 잘된 점, 검은색은 아쉬운 점, 초록색은 새롭게 표현하고 싶은 점, 파란색은 작품의 종합적인 느낌으로, 다양한 관점에서 작품을 감상할 수 있다. 쉽고 재미있는 감상법이지만, 아쉬운 점은 새롭게 표현하고 싶은 점을 단순히 밝히는 수준에서 그치고 만다. 새롭게 표현하고 싶은 점을 실제로 바꾸어 표현해 볼 수 있다면 더욱 적극적인 감상 수업이 되지 않을까?

　Art Coloring Book은 이런 아쉬움을 해결해 준다. 명화의 색을 자신이 선택하여 재창조하는 활동을 해볼 수 있다. 같은 작품을 다른 색으로 재창조해 보며 색이 주는 느낌을 직접 체험해 볼 수 있다. 나만의 작품으로 재창조하다 보면 학생들은 더욱 적극적인 감상자로 거듭날 것이다.

정리 활동에서는 어떻게 활용할까?

선택형 활동지로 보충 및 심화 학습하기

고교학점제, 자유학기제 등, 교육에서 학생의 선택권이 중요시되고 있다. 단위 차시에서도 학생들이 배우고 싶거나, 하고 싶은 활동을 선택할 수 있도록 패들렛을 활용해 다양한 활동지를 제공하고 있다.

수학이나 영어를 지도할 때 보면, 학생들의 수준차로 인해 활동지나 학습지를 해결하는 능력차가 크다. 쉽게 해결할 수 있는 친구들은 시간이 남아서 문제고, 활동지가 어려운 친구들은 시간이 부족하거나 흥미가 없어서 문제다. 이와 같은 문제점을 해결하기 위해 학생들이 하고 싶은 활동지를 선택해서 해결할 수 있도록 했다. 수업을 시작하기 전 교사는 학생들의 흥미나 난이도에 따라 다양한 활동지를 준비한다. 수업을 시작하면 학습에 대한 개념 및 이론을 설명하고 활동지 내용에 대해 간단히 안내한다. 학생들은 교사의 설명을 바탕으로 자신이 해결하고 싶은 활동지를 선택하고 결과를 학급 플랫폼에 올린다. 같은 활동지를 선택한 친구들끼리 소회의를 구성하여 상호작용을 할 수도 있다.

일단, 패들렛을 이용해 선택형 활동지를 만든다. 학생들에게 수업의 난이도에 따라 활동지 3개를 제시했다. 수업의 난이도는 활동지 밑에 별점으로 표시했다. 학생들은 자신들이 해결하고 싶은 활동지를 골라 문제를 해결하면 게시물로 제출한다. 시간이 남은 학생은 다른 활동지를 해결할 수도 있고, 다른 친구들을 도와줄 수도 있다.

선택형 활동지를 이용한 수업은 심화, 보충학습 자료를 제공하거나, 수학, 영어 같은 수준차가 큰 수업을 할 때 유용하다. 사전에 교사가 학생 수준에 맞는 다양한 학습 자료를 준비한다면, 상황에 따라 학습 선택권을 학생들에게 주는 것도 효율적인 수업 방법이다.

<패들렛을 활용한 선택형 활동지 수업>

복습 공책으로 배운 내용 확인하기

"선생님, 오늘도 복습 공책 쓰나요?"

"궁금한 내용을 복습 공책에 올릴게요."

"복습 공책에 자기 평가와 동료 평가를 해봅시다."

온라인 수업은 대면 수업보다 상호작용과 피드백이 약하다. 게다가 학생 개개인의 학습 과정 또한 섬세하게 살펴볼 수 없다. 이를 보완하기 위해 복습 공책을 활용해 봤다. 하루 동안 학습을 마무리하고 그날 배웠던 핵심 낱말을 작성해 보게 했다. 그리고 과목별로 배운 내용을 복습 공책에 간단하게 작성해 보도록 했다. 친구들과 협력 활동을 하거나 결과물을 공유할 때는 복습 공책에 자기 평가와 동료 평가를 함께 할 수 있도록 했다. 공부하다가 궁금한 내용은 복습 공책에 쓰게 했다. 마지막으로 자신에게 힘이 되는 격려의 말을 적으며 학교 공부를 마무리하게 했다. 복습 공책을 통해서 학생들은 배운 내용을 다시 한번 상기하고, 교사는 학생의 부족한 부분과 더 알고 싶은 내용에 대해 피드백을 해줄 수 있었다.

복습 공책은 온라인 수업과 대면 수업 모두 활용할 수 있다. 한글이나 파워포인트를 이용해 간단한 복습 공책 양식을 만들어 인쇄하여 나눠주거나, 티처메이드나 띵커벨 워크시트를 활용해서 온라인용으로 사용할 수도 있다. 고학년 같은 경우는 학생들과 같이 구글 문서나 프레젠테이션 협업을 통해 양식을 만들 수도 있다. 학생들이 학기 초에는 복습 공책을 쓰기 부담스러워하지만, 2~3주 정도만 꾸준히 확인하고 습관 들이면 자연스럽게 복습 공책을 쓰고 있는 학생들의 모습을 볼 수 있다.

복습 공책을 활용하기 부담스러운 경우, 학급 플랫폼에 그날 배운 내용 중 인상 깊은 내용 한두 줄 정도만 간략하게 요약해서 남기는 방법도 괜찮다. 학생들도 부담 없이 참여할 수 있고, 교사도 내용을 확인하고 피드백을 주는 데 오랜 시간이 걸리지 않는다. 아니면 알림장에 그날 배운 내용 중 핵심적인 내용을 퀴즈로 제시하는 방법도 괜찮다. 학생들은 알림장 내용도 확인하고, 퀴즈도 풀면서 배운 내용을 상기시킬 수 있다. 학생들이 정답을 올릴 때는 비공개로 올릴 수 있도록 안내해야 한다.

복습 노트, 두 줄 공책, 학습 퀴즈 등 학생들이 배운 내용을 확인하고 점검할 방법은 많다. 다양한 방법 중 부담 없는 방법을 시도해 보길 추천한다. 하단에는 떵커벨 워크시트를 활용한 나만의 복습 공책 예시 자료이다.

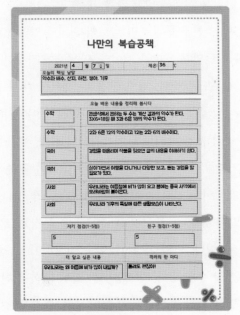

<복습 공책으로 배운 내용 확인하기>

차시 정리 활동에 빙고놀이 활용하기

빙고놀이는 종이와 연필만 있으면 손쉽게 할 수 있다. 수업 시간에도 빙고놀이를 다양하게 응용해서 할 수 있다. 차시나 단원을 정리할 때 활용했던 빙고놀이에 대해 소개하고자 한다.

학생들은 해당 차시나 단원을 학습하고 나서 교과서를 다시 한번 읽는다. 교과서를 읽고 나서 기억나는 낱말을 작성하도록 한다. 대면 수업일 때는 포스트잇에 작성하고 온라인 수업일 때는 띵커벨이나 패들렛같은 에듀테크를 활용한다. 작성한 낱말의 수에 따라 3X3, 4X4, 5X5 등 빙고놀이 규격을 정한다. 학생들은 빙고 칸을 그리고 친구들과 작성한 내용 중 자신이 설명할 수 있는 낱말을 선택해 빙고 칸을 채운다.

다음 그림은 5학년 친구들이 우리 국토의 위치와 영역에 대해 차시 활동을 한 후, 기억나는 낱말을 적어본 것이다. 학생들이 작성한 낱말을 가지고 4X4 빙고 칸을 채우도록 했다. 빙고 칸을 다 채우고 나서 순서를 정해 자신이 말하고 싶은 낱말을 이야기한다. 이때, 낱말만 이야기하는 것이 아니라 해당 낱말을 넣어 문장이 되도록 이야기해야 한다. 예를 들면 '대륙'이라는 낱말을 이야기할 때는 '우리나라는 아시아 대륙의 동쪽에 있다'와 같이 학습 내용과 연계해서 문장으로 이야기해야 한다. 친구의 설명을 듣고 자신에게 해당 낱말이 있거나, 자신이 해당 낱말을 문장으로 설명했을 때는 해당 칸을 지울 수 있다. 번외로 빙고놀이를 시작하기 전, 끝까지 남는 낱말 맞히기 놀이를 할 수도 있다. 빙고놀이가 끝날 때까지 친구들이 부르지 않을 것 같은 낱말을 미리 작성해놓고, 놀이 종료 후 해당 낱말이 살아있으면 보너스 점수를 획득하는 것이다.

이처럼 빙고놀이로 차시 정리 활동을 하면 학습과 놀이를 연계할 수 있다. 빙고놀이를 통해 학생들이 적극적으로 수업에 참여하게 된다. 더불어 배운 내용을 자연스럽게 복습하며 어휘력 또한 신장시킬 수 있다.

<패들렛을 활용한 빙고놀이>

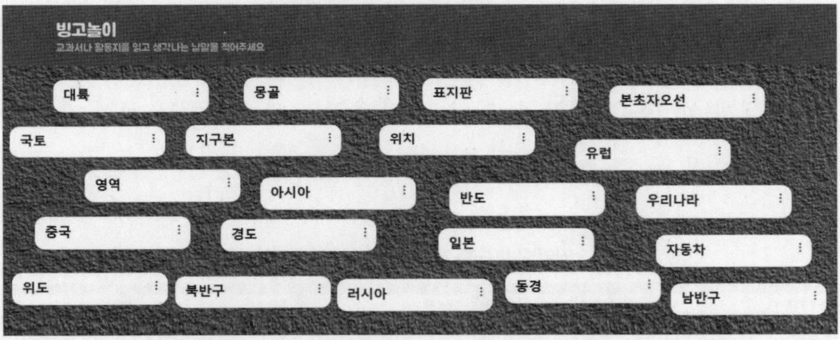

나도 선생님!

"오늘은 제가 만든 문제 풀어봐요."

"선생님, 오늘 말판놀이해요."

"이 문제를 만든 사람이 설명해 줍시다."

학생들이 배운 내용을 정리하는 방법 중 하나는 직접 문제를 만들고 풀어보는 것이다. 배운 것을 응용해서 문제를 만들고 친구들과 함께 푸는 과정에서 학습 효과를 극대화할 수 있다. 패들렛이나 띵커벨 보드 등, 문제를 낼 수 있는 온라인 공간만 제공하면 학생들은 적극적으로 문제를 낸다. 출제는 개인별로 진행할 수도 있고, 모둠별로 진행할 수도 있다. 국어, 수학, 사회 등 과목에 상관없이 차시별, 단원별, 학기별로 자유롭게 진행할 수 있다. 학생들은 자신만이 알고 있는 것을 뽐내고 싶어 하기에 배우지 않은 문제나 지나치게 어려운 문제를 낼 수도 있다. 따라서 시작하기 전에 배운 내용으로 문제를 내야 한다고 안내해야 한다. 또한 자신이 낸 문제는 본인 스스로 풀이 과정을 설명할 수 있어야 한다고 안내해야 한다. 문제를 내는 학생 개개인이 선생님이 되는 것이다. 문제를 풀다 막힐 때는 문제를 출제한 선생님에게 설명을 요청할 수 있다. 온라인으로 실시할 때는 화상 시스템의 소회의실을 구성해서 개별적으로 알려줄 기회를 제공한다.

<띵커벨 보드를 활용해 문제 출제하기>

학생들이 문제를 직접 출제하는 또 다른 방법으로는 말판놀이를 만드는 것이 있다. 비어 있는 말판놀이 활동지를 주면 학생들이 자신에 번호에 해당되는 곳에 문제를 만드는 것이다. 시간적인 여유가 있을 때는 짝이나 모둠별로 말판놀이를 만들 수 있다. 대면 수업을 진행할 때는 말판놀이 활동지를 인쇄해서 나눠주면 학생들이 수기로 적어서 문제를 출제할 수 있다. 사다리를 그리거나 '꽝!'이나 미션을 넣는 등, 게임적 요소를 추가할 수 있다. 에듀테크를 활용할 때는 학급 플랫폼이나 띵커벨 등에 학생들이 문제를 만들어 올리면 교사가 수합해서 말판놀이 판을 완성한다. 완성된 말판놀이는 이미지로 제시하여 소그룹으로 실시하거나 학급 전체가 영상 시스템을 활용해서 실시할 수 있다. 온라인으로 주사위를 던지거나 랜덤으로 번호나 이름을 추첨할 때는 https://kr.piliapp.com 사이트를 활용하면 된다. 구글에 주사위 던지기를 검색해 4, 6, 8, 10, 12, 20면체 등 다양한 주사위 던지기 프로그램을 활용할 수도 있다. 하단에 말판놀이 양식을 첨부했다. 학생 수에 따라 칸의 수를 조정할 수 있다. 학생들은 자신이 만든 문제로 놀이를 하기에 적극적으로 참여하는 모습을 볼 수 있다.

<우리가 만드는 말판놀이 양식>

출발&도착 →	1	2	3	4	5	6	7
20							8
19		우리가 만드는 말판놀이					9
18							10
17	16	15	14	13	12	11	11

멘티미터를 활용해서 단원 정리하기

단원 정리를 할 때 다양한 에듀테크를 활용할 수 있다. 퀴즈앤, 카홋 같은 퀴즈 기반 에듀테크를 활용할 수도 있고, 띵커벨, 패들렛 같은 보드 및 투표 기능 에듀테크를 활용할 수도 있다. 이번에는 멘티미터를 활용해 단원 정리 활동을 했던 내용을 소개하고자 한다. 멘티미터(www.mentimeter.com)는 학생들이 회원가입 없이도 숫자로 된 코드만 입력하면 멘티닷컴(www.menti.com)에 입장이 가능하므로 접근성이 좋다.

멘티미터는 워드클라우드 기능으로 유명하다. 워드클라우드 기능 말고도 투표, Q&A, 선택형 퀴즈, 단답형 퀴즈 등의 기능도 활용할 수 있다. 이런 다양한 기능을 활용해서 단원 정리 활동을 할 수 있다. 무료 버전의 경우 워드클라우드, 투표와 같은 질문지 문항은 2개까지 작성할 수 있다. 선택형이나 단답형 퀴즈는 5문항까지 작성할 수 있다.

하나의 단원을 학습하고 개념과 관련된 내용을 워드클라우드 기능을 통해 확인할 수 있다. 성취기준과 관련된 질문은 서술형 기능을 활용해서 물어볼 수 있다. 학생들의 흥미를 위해서는 퀴즈 기능을 활용하면 좋다. 퀴즈 기능은 정답을 빨리 맞히면 높은 점수를 획득할 수 있다. 학습 내용 중 주요 개념 및 성취기준과 관련된 내용을 4지 선다, 5지 선다 등, 객관식 퀴즈로 낼 수도 있으며 복수 정답도 가능하다. 객관식뿐만 아니라 단답형 문제도 출제할 수 있다. 퀴즈 기능은 정답자 확인이 가능하며 즉각적인 피드백을 제공한다. 멘티미터와 같은 에듀테크를 활용해서 단원 정리를 할 경우, 경쟁적 요소가 가미되기 때문에 흥미를 가지고 적극적으로 수업에 참여하게 된다는 장점이 있다.

<멘티미터를 활용해서 단원 정리하기>

봄 하면 떠오르는 것은?

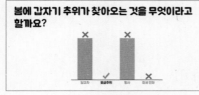

<Word Cloud 기능 활용하기>

봄철 건강을 지키기 위해 할 수 있는 일은?

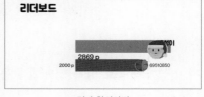

<Open Ended 기능 활용하기>

봄에 갑자기 추위가 찾아오는 것을 무엇이라고 할까요?

<객관식 퀴즈 기능 활용하기>

리더보드

<결과 확인하기>

평가에서는 어떻게 활용할까?

자기 평가와 동료 평가(띵커벨 활용하기)

온라인 수업을 하면서 놓치기 쉬운 부분이 평가이다. 줌이나 구글 미트 등의 영상 시스템으로 쌍방향 수업을 할 때는 학생들과 상호작용하며 소통하느라 정신이 없다. 콘텐츠 활용 중심 수업에서는 EBS나 e학습터 등의 교육 영상 자료를 활용해 학습하는 것에 중점을 두기 때문에 평가를 놓치는 경우가 많다. 사실 원격수업을 하다 보면 수업 과정 중에 평가할 여건이나 시간이 부족하다. 하지만 온라인 수업도 대면 수업과 마찬가지로 평가가 이루어져야 한다. 학습 중간중간 진행 정도를 점검해야 하고, 학생들의 활동을 확인하며, 피드백을 주는 상호작용이 필요하다. 학습 과정에서 확인하는 것이 힘들다면, 학생들이 학습한 후라도 학습 목표 도달 정도를 확인, 점검할 시간을 가져야 한다.

평가는 구글스프레드시트 프로그램에 체크리스트를 만들어 활용하는 방법이 있다. 체크리스트 문항을 확인하면서 학습 목표의 도달 정도를 스스로 점검해 볼 수 있다. e학습터의 평가 문제나 디지털교과서의 마무리 퀴즈를 통해서 학습 목표 도달 여부를 확인해 볼 수도 있다. 패들렛을 이용할 경우, 학습 결과물을 패들렛에 올리고 자신이나 상대방의 결과물에 점수를 부여하거나 별점을 줄 수도 있다. 하지만 점수를 부여하거나 별점을 매기는 것은 경쟁을 유발할 수 있다. 동시에 결과 지향적인 학습 문화를 형성할 수 있다는 단점이 있으니, 교사의 현명한 선택이 필요하다. 이 외에도 하단의 그림처럼, 띵커벨 수직선을 이용해 자기 평가와 동료 평가를 할 수 있다. 수업을 마무리하면서 자신과 친구들의 활동에 만족하는지를 물어보는 시간을 가진다. 부족한 점이나 격려할 점이 있으면 보드판에 글로 남긴다. 띵커벨 보드는 5단 척도나 3단 척도를 이용하는 게 편리하다. 자기 평가 및 동료 평가를 동시에 할 수 있다는 장점이 있다.

<띵커벨을 활용해 자기 평가하기>
자신의 활동(작품)에 만족하나요?

종이 활동지 대신 온라인 활동지 활용하기

대면 수업을 할 때 인쇄된 활동지를 나눠준 경험은 누구나 있다. 이면지를 활용하기도 하지만, 수업 시간에만 쓰이고 버려지는 활동지가 아깝기도 하고, 자원 낭비로 인한 환경 문제가 걱정되기도 한다. 특히나 단원평가나 수행평가를 볼 때는 인쇄하는 종이의 양이 배가 된다.

온라인 수업을 하면서 학생들에게 종이 활동지를 나눠주거나 평가지를 나눠줄 수 없는 문제가 생겼다. 이를 해결하기 위해 가정에서 인쇄할 수 있도록 활동지 파일을 주거나, 그림 파일을 학급 플랫폼에 올렸다. 하지만 이제는 이런 번거로운 일을 하지 않아도 된다. 학생들은 종이 설문지나 활동지 없이도 온라인에서 자신의 활동지를 해결하거나 평가지를 풀 수 있는 방법이 있다.

티처메이드(https://teachermade.com)나 띵커벨 워크시트 기능을 활용하면 누구나 손쉽게 온라인 활동지를 만들 수 있다. jpg, hwp, ppt, pdf 등의 파일을 해당 사이트에 업로드한 후, 학생들이 활동지에 답을 입력할 수 있는 칸만 만들어주면 된다. OX, 선택형, 드롭다운, 단답형, 서술형 등 다양한 정답지를 만들 수 있다. 서술형을 제외한 문항은 배점도 선택할 수 있다. 평가지 같은 경우, 학생들이 정답을 입력하면 설정한 배점에 맞춰 채점까지 해주기 때문에 채점하는 시간을 절약할 수 있다. 학생들은 온라인에서 푼

<띵커벨 워크시트를 활용한 여름방학 안전 퀴즈>

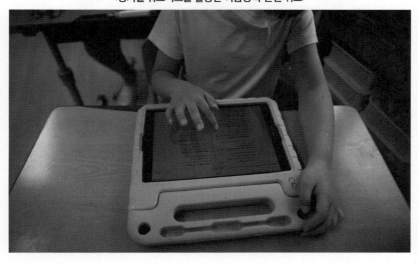

평가지를 바로 채점하고 틀린 부분에 대해 수정이 가능하므로 즉각적인 피드백이 가능하다. 평가지뿐만 아니라 다양한 활동지나 가정통신문도 활용할 수 있다. 학기 초 종이로 된 학급실태조사서를 학생들에게 나눠주고 수합하여 정리하는 일에 많은 시간을 소비한다. 하지만 워크시트를 활용하면 간단하다. 온라인으로 링크만 제공하면 종이를 인쇄하지 않고도 실태조사서 입력이 가능하고 결과까지 정리해서 받아볼 수 있다. 시간도 아끼고 환경도 보호할 수 있는 일석이조의 효과를 거둘 수 있다.

스마트폰 없이도 괜찮아(플리커스 활용하기)

"선생님, 통화 가능하신가요?"

"네, 무슨 일이실까요?"

"오늘 학교에서 띵커벨 시간이 있었는데, 저희 아이는 스마트폰이 아니라서 옆 친구랑 같이했다고 하더라고요. 집에 오더니 속상했는지 시무룩해서 스마트폰 사달라고 해서요."

"아, 죄송합니다. 원격수업 때문에 학교 태블릿이 부족해서 미리 못 챙겼습니다. 다음번에는 이런 상황 없도록 하겠습니다. 죄송합니다!"

학생들은 직접 만든 문제를 모아 띵커벨 퀴즈로 만드는 수고까지 했는데……. 수업 시간에 태블릿이 부족했다. 서른 명 중, 휴대전화가 없는 학생은 서너 명뿐이라서 괜찮겠지 생각했었다. 세심한 배려가 부족해 학생에게 상처를 준 것 같아 미안한 마음이 들었다. 학부모님께서도 혹시 다음 띵커벨 활동이 있으면 공기계라도 챙겨 보내시겠다고 하니 더욱 죄송스러운 마음뿐이었다. 스마트폰 사용 경험의 시기는 늦출 수 있으면 늦추는 것이 당연히 좋다. 하지만 에듀테크의 대부분은 스마트폰이 필요하기에 학생들에게는 스마트폰을 사달라고 조를 수 있는 좋은 구실이 된다. "수업 시간에 나만 빼고 다 스마트폰을 쓴단 말이야!"라는 자녀의 말, 학부모 입장에선 난감하고 원망스러울 수밖에 없다. 즐거운 참여 수업이 될 수 있도록 에듀테크로 이것저것 시도해 보다가도 스마트폰 사용에 대한 민원이 들어오면 주눅이 들고 회의감마저도 들게 된다.

땡커벨 퀴즈가 재미도 있고 평가도 빠르게 할 수 있지만, 몇몇 주의할 점이 있다. 첫째로 땡커벨 퀴즈에 참여할 스마트폰이 모두 있어야 한다. 기기들이 모두 교내 와이파이에 연결되어야 한다. 그렇지 않다면 학교 태블릿이라도 미리 빌려두어야 모두가 참여할 수 있다. 이런 번거로움 때문에 학생들을 컴퓨터실에 데려가 PC로 진행했던 경우도 많았다. 둘째로 땡커벨 퀴즈를 평가에 활용하려면 닉네임을 자기 이름으로 설정하여 입장하도록 미리 안내해야 한다. 닉네임을 별명이나 유행어로 하는 경우에는 평가로 쓰기 곤란하다.

앞선 이유 말고도 여러 이유로 에듀테크를 활용한 수업이 망설여지는 선생님들이 많으실 것이다. 하지만 스마트폰도, 태블릿도 필요 없는 에듀테크가 있다. 바로 플리커스(Plickers)다. 플리커스는 교사의 스마트폰 1대, 문제를 띄워줄 TV, 그리고 플리커스 코드 인쇄물만 준비되면 끝이다. 학생들은 플리커스 종이 한 장만 들고 있으면 된다. 교사 또한 와이파이 연결을 해주느라 시간을 쓰지 않아도 되니, 매우 효율적이고 피로감도 없다.

우선 플리커스 사이트에 접속해서 로그인을 하고 Your Classes-New

Class를 클릭한 다음, 학급을 개설한다.(플리커스1)

<플리커스1>

구글 클래스룸을 이용하는 경우에는 바로 연동해서 사용할 수도 있다. 만약 교과 전담 교사라서, 여러 개의 학급에서 수업을 하는 경우에는 여러 학급을 등록해서 운영한다.(플리커스2)

<플리커스2>

학급 개설 이후에는 학급 명렬표를 복사하여 붙여 넣거나, 학생의 이름을 직접 입력한다.(플리커스3)

이제 New Set을 클릭하고 문항을 출제한다. 키보드가 없으니 모든 문항은 4지 선다형의 객관식으로만 출제할 수 있다.(플리커스4)

출제를 모두 마친 다음, Get Plickers Cards를 클릭해서 학급 인원수만큼 카드를 인쇄한다.(플리커스5)

모든 카드에는 고유번호가 정해져 있으니, 이 번호대로 학생들에게 배부한다. 다음으로 선생님의 스마트폰에 플리커스 애플리케이션을 설치한다. 이전에 만들었던 계정으로 로그인한다.

드디어 사용할 차례다! TV 모니터로 학생들에게 문제를 보여준다. 이제 학생들은 종이카드를 쥔 채로 문제의 답을 골똘히 생각할 것이다. (플리커스6)

다음과 같이 생긴 종이카드를 쥐고, 자신의 답안이 위로 가게 하여 번쩍 든다. 이제 교사는 스마트폰을 들고 플리커스 애플리케이션에 접속해, 학생들의 답지를 카메라로 훑기만 하면 끝이다. 플리커스 애플리케이션은 순식간에 높은 정확도로 학생들의 답을 확인하여, 교사의 스마트폰에 정답 여

<플리커스4>

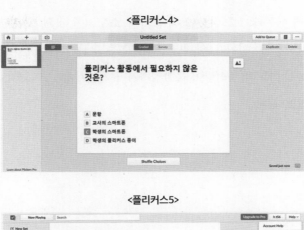

<플리커스5>

<플리커스6>

부를 보여준다. 플리커스에 모든 학생의 답안이 저장되므로 효율적인 평가
도구로 활용할 수 있을 것이다.

수업에서 에듀테크를 적용할 때에 가장 소모적인 것은, 모든 기기를 온라인에 접속시키는 일이다. 하지만 플리커스는 교사의 기기 한 대만 접속시키면 되므로, 학교의 무선망이 불안정하거나 기기가 없는 학교라도 충분히 적용할 수 있다.

3장

생활교육과
이어나가기

생활교육과 어떻게 이어나갈까?

블렌디드 러닝이나 온라인 수업을 하면서 놓치기 쉬운 부분이 생활교육이다. 생활지도라 불렸다. 생활지도는 수직적이고 권위적인 느낌이 강했다. 최근에는 교사와 학생 그리고 교육공동체 모두가 동등한 입장에서 교육적인 측면으로 접근한다는 의미에서 생활교육으로 불리고 있다. 학교는 학생들의 지적 영역뿐만 아니라 사회성 영역도 길러줄 수 있는 중요한 학습의 장이다. 하지만 코로나19로 인해 서로 만날 수 없는 단절된 현실 속에서 사회성을 기르고 키울 수 있는 기회가 줄어들었다. 물론, 서로 만나지 않고, 만나더라도 거리를 두기 때문에 학교폭력 문제나 학교나 학급에서 발생하는 사건·사고가 현저히 줄어든 건 사실이다. 그렇지만 이대로 두는 것이 맞는 것일까?

교과교육과 학력 향상에 신경을 쓰다 보면 생활교육이나 학생들과의 관계적인 측면은 소홀할 수밖에 있다. 사실 정보화 기기를 다루기도 바쁘고, 새로운 환경과 에듀테크에 적응하기도 벅차다. 코로나19 상황에서도 학생들의 학력 격차가 벌어져서는 안 된다. 차별 없는 교육을 받을 수 있도록 수업에 최선을 다하는 것만으로도 많은 열정과 에너지가 소모된다. 하지만 학생의 시선으로 접근했을 땐, 친구들과 관계를 맺고 갈등 상황을 해결하면서 사회성을 기르고 공동체 의식을 함양할 기회를 놓쳐버릴 수 있다. 컴퓨터 앞에 앉아서 수업을 듣고 질문을 하고 활동지를 해결하다 보면, 관계의 부재에서 오는 공허함이 존재할 것이다. 서로 의견을 나누고 조율하는 모습, 학급 규칙을 정하고 지켜나가는 모습, 각자 학급에 필요한 역할을 수행해나가는 모습, 협력하여 문제를 해결해 나가는 모습 등, 사회성을 기르고 민주시민으로 나아가는 모습을 어떻게 되살릴 수 있을까?

　코로나19로 인해 친구들과 자유롭게 이야기를 나누거나 운동장에 나가 신나게 뛰어놀 수는 없지만, 온라인에서도 친구들의 고민을 들어주거나 우리 반의 발전을 위해 학급자치회를 할 수 있다. 학급의 생활을 반성하고 새로운 학기를 맞이하는 학급 반성회를 열 수 있다. 이번 장에서는 학급 소속감을 느끼고 자신들의 자존감을 높이면서 친구들과 교사와의 관계를 증진할 수 있도록 에듀테크를 통한 생활교육 사례를 담았다.

<마스크를 벗고 자유롭게 놀 수 있기를>

에듀테크로 이어지는 학급자치

학급 공동의 목표 정하기!

'이번 학기 우리 반의 목표는 인사 잘하기입니다.'
'이번 달 우리 반의 목표는 우유 잘 마시기입니다.'
'이번 주 우리 반의 목표는 뛰지 않기입니다.'

"우리가 지킬 수 있는 공동의 약속을 정해봅시다"

새 학기가 시작되면 학생들과 학급 규칙을 정하고 학급 목표를 정하는 활동을 한다. 학급 목표는 우리 반 친구들끼리 한 학기, 한 달, 한 주 동안 달성하고 싶은 내용을 정하고 달성 여부를 확인한다. 학급 목표 기간은 학급 특성에 맞게 조정할 수 있다. 학생들은 학급 공동체 속에서 지켜야 할 약속이나 목표 등을 설정하다 보면 학급 구성원으로서 소속감을 느끼게 된다. 또한, 학급 공동의 목표를 실천하다 보면 자연스럽게 공동체 의식이 길러지고 목표 달성의 성취감을 맛볼 수 있다. 대면 수업에서는 포스트잇을 이용하거나 학급자치회를 통해 의견을 모으고 결정할 수 있다. 여러 의견 중 학생들이 가장 달성하고 싶어 하는 목표나 학급 발전에 필요한 의견을 목표로 설정하면 된다. 학급 목표 정하기 활동은 에듀테크를 활용하면 온라인과 오프라인 모두 적용이 가능하다.

우리 반은 띵커벨을 활용해서 학급 목표 정하기 활동을 했다. 목표 설정 기간은 이번 학기, 이번 달, 이번 주로 정했다. 학생들은 띵커벨 보드에 각 기간에 달성하고 싶은 목표를 자유롭게 작성했다. 이번 학기나 이번 달 같은 장기적인 목표는 바른 언어 사용하기, 어려운 공부 도와주기, 서로 격려하기 등의 의견이 나왔다. 이번 주 같은 경우는 일주일 동안 우유 3번 이상 먹기, 일주일에 3번 음식 남기지 않기, 긴 줄넘기 10개 이상 넘기 등의 의견이 나왔다. 학생들은 여러 가지 의견을 살펴보고 자신들이 가장 달성하고 싶은 의견을 하나씩 선정했다. 결정된 의견은 학급 플랫폼이나 교실에 게시하고 지속적으로 확인하고 달성할 수 있도록 했다. 학생들은 함께 설정한 목표를 달성했을 때 큰 보람과 성취감을 맛보게 되고 공동체 의식을 느낄 수 있었다. 이런 상황 속에서 경쟁과 비교보다는 자연스럽게 격려하고 응원하는 학급 문화를 형성할 수 있었다. 물론 공동의 목표를 달성했을 때는 적절한 보상도 제공했다.

목표를 세우는 것도 중요하지만, 공동 목표의 진행 정도 및 달성 정도를 점검해 보는 시간도 꼭 필요하다. 학급자치회 시간을 활용할 수도 있고 간단히 아침 활동 시간을 이용할 수도 있다. 이번 학기 목표는 잘 지키고 있는지, 이번 달 목표는 잘 지키고 있는지 중간중간 확인하고 피드백을 줘야 학생들도 지속적인 관심을 가지고 참여하게 된다.

학생들이 학급에 대한 소속감이나 공동체 의식이 부족할 때, 학급 공동의 목표를 정해 성취감을 맛볼 기회를 제공해 보면 어떨까? 긍정적인 학급 분위기를 형성하고 학교생활에 활력을 불어넣을 수 있는 계기가 될 것이다. 띵커벨을 활용한 학급 공동의 목표 정하기 활동 예시 자료는 하단의 그림과 같다.

<띵커벨을 활용한 학급 공동의 목표 정하기>

에듀테크를 활용한 학급임원선거

"온라인으로 투표하면 좋겠어요."

"공약을 확인할 수 있게 보여주세요."

"우리반 회장에게 바라는 점이 있어요."

학생들은 새 학기가 시작되면 '우리반 학급 임원이 누가 될까?' 하는 궁금증이 생긴다. 요즘은 다수의 학생에게 기회를 제공하고, 수평적인 학교와 학급 문화를 위해 학급 임원선거를 하지 않는 학교들도 늘고 있다. 하지만 코로나19 상황 속에서 학생자치 활성화를 위해 학급 임원선거를 실시하는 학교도 많다. 이에 우리반은 에듀테크를 활용해 학급 임원선거를 실시하기로 했다.

띵커벨 보드를 통해 일정 기간을 두고 후보자 등록을 받았다. 학급 임원 선거에 나가고 싶은 친구는 자신의 공약과 함께 이름을 보드판에 작성했다. 친구를 추천하는 경우에는 추천하는 이유와 친구 이름을 보드판에 작성하기로 했다. 후보자가 모이면 선거 당일 후보자 등록 여부를 결정하고 자신의 공약을 다시 한번 이야기할 수 있는 시간을 가졌다. 학급 친구들은 후보자들의 공약을 확인한 후, 띵커벨의 투표 기능을 이용해서 학급임원을 뽑았다. 예전에는 투표용지를 오리고 개표하고 확인해야 하는 번거로움이 있었지만, 에듀테크를 활용하면 공정하고 신속하게 투표를 하고 결과를 확인할 수 있다. 투표가 끝나면 당선이 된 친구들에게 바라는 점을 보드판에 작성하게 했다. 선출된 학급임원들이 실천할 수 있는 내용들을 확인한 후, 학급임원선거를 끝마쳤다.

대면으로 학급 임원선거를 할 경우, 친구들의 공약을 직접 들을 수 있고 긴장감 속에서 투표와 개표를 할 수 있다는 장점이 있다. 하지만 투표에 많은 시간이 소비되고 친구들의 공약이 금방 잊힌다는 단점이 있다. 에듀테크를 활용해서 선거를 진행하면 학생들의 공약이 온라인상에 남아있어 수시 확인과 점검이 가능하다.

<띵커벨을 활용한 학급임원선거>

코로나19 상황에 대면으로 전교 학생 및 학급임원선거를 진행하기 어려울 때 '멘티미터', '띵커벨' 같은 투표와 보드 기능이 있는 에듀테크를 활용할 수 있다. 단순히 온라인으로 투표만 실시하는 것이 아니라, 후보자 등록, 공약 작성, 투표, 소감 및 다짐의 일련의 과정을 실시할 수 있다. 대면투표의 단점을 많은 부분 보완할 수 있다.

민주시민교육의 첫걸음, 학급자치회

"내가 많이 부족하잖아. 그때 항상 도와줘서 고마웠어. ^_^"

"6월은 친구들이 사물함 정리를 잘했다."

"9월은 친구들이 우유를 잘 마시면 좋겠다."

"운동장에 자주 나가면 좋겠어요."

미래사회를 대비하기 위해 자기 주도적 문제해결력을 기르는 것이 중요하다. 예전에는 학교나 학급에서 발생하는 문제가 학교나 교사 중심으로 해결됐다면, 이제는 학생 중심으로 패러다임이 옮겨가고 있다. 학생들이 학급에서 일어나는 생활문제를 스스로 진단하고 해결할 수 있는 역량을 길러주기 위해 학급 자치문화가 활성화된 것이다. 학생 자치문화의 활성화는 곧 민주시민으로 성장하기 위한 중요한 밑바탕이 된다.

하지만 코로나19로 인해 학급 자치문화를 활성화하는데 제한점이 많다. 그래도 에듀테크를 잘만 활용하면 학급에서 발생하는 다양한 문제에 대해 논의하고 집단지성을 발휘하여 문제를 해결할 기회를 제공할 수 있다. 학급 자치회를 실시하여 학생들이 서로 의견을 나누고 토론할 기회를 제공해야 한다.

학급자치회를 온라인으로 실시하기 위해서는 학급 플랫폼이나 패들렛, 멍커벨처럼 의견을 나눌 공간이 필요하다. 그리고 이런 공간은 즉각적으로 의견을 공유하고 확인할 수 있어야 한다. 줌이나 구글 미트 같은 화상 시스템을 활용해 진행하는 것이 더욱 효과적일 수 있다. 학급자치회는 월별로 진행할 수도 있고 주별로 진행할 수도 있다. 시행 횟수는 학교나 학급 여건에 따라 융통성 있게 운영하면 된다. 단, 일회성 행사로 끝나서는 안 되고 지속적이어야 한다.

학급자치회 진행 방법은 다음과 같다. 학생들은 친구들에게 고마웠던 점이나 격려하고 싶은 내용을 전달하면서 학급자치회를 시작한다. 서로 격려와 감사를 나누는 활동을 어색하고 부담스러워하지만, 3~4회가 지나 절차와 방법에 익숙해지고 나면 학생들이 가장 기다리는 시간이 된다. 격려와 감사를 나누고 나서 이전 회의에서 결정된 내용을 확인하고 점검해 보는 시간을 가진다. 다음으로 학급 플랫폼에 올라온 다양한 안건에 대해 의견을 나누고 해결책에 대해 생각을 나눈다. 학급에 대한 건의사항을 간단히 받은 다음 회의 참여 태도나 방식에 대해 간략히 평가한 후, 학급자치회를 마무리 한다.

온라인으로 학급자치회를 실시하면서 절차와 방법에 얽매일 필요는 없다. 학생들이 학급 구성원으로서 소속감을 느끼고 공동의 문제에 대해 해결책을 마련하는 과정을 경험하게 해주는 것이 중요하기 때문이다. 서로 생각을 공유하고 소통할 수 있는 장을 마련해 주는 것이 교사의 역할이다. 그리고 학급자치회에서 결정된 내용은 교사나 학생 구분 없이 말로만 따르는 것이 아니라 행동으로 실천하는 모습을 보여야 한다.

<학급자치회 진행 절차>

단계	단계별 지침
1. **격려와 감사** **나누기**	•기본 방법-패들렛이나 띵커벨 보드판을 활용해 친구에게 격려와 감사 전달하기 - ○○야, 난 네가 (구체적인 행동)을 해서 고마워/격려하고 싶어 - 비꼬는 투로 감사나 격려를 전달하지 않도록 주의한다. (너밖에 모르는 네가 나에게 사탕을 나눠주니 정말 고마워~) - 상대방을 판단하거나 평가하지 않고 있는 사실을 바탕으로 이야기하기
2. **이전 해결책** **확인하기**	•교사는 학급 플랫폼이나 에듀테크에 이전 안건 게시하기 •이전 회의에서 결정된 해결책이 실제로 문제 해결에 도움이 되었는지를 점검해 보는 단계(띵커벨 가치수직선이나 패들렛 별점 활용) •이전 해결책이 문제 해결에 도움이 되지 못했다면 그 원인을 함께 찾아보고 그에 대한 대안을 재탐색하기
3. **안건 다루기**	•학급 플랫폼에 올라온 순서에 따라 안건을 차례대로 다루기 •안건 다루기의 기본 절차 - 문제 공유 → 해결 방안 탐색 → 해결책 선택 ① 문제 공유 ○안건을 올린 사람이 문제에 대해 설명함 - 학급 플랫폼에 글로 올리거나 화상 시스템을 활용해 설명하기 - 정확한 사실 정보 설명하기, 자신의 감정 이야기하기, 문제 해결에 대한 자신의 노력 이야기하기 ○다른 사람들은 문제에 대한 설명을 경청하고 공감을 표현하기 ○문제에 대한 이해를 높일 수 있도록 질문과 답변의 시간을 갖기 ② 해결 방안 탐색 ○서로 협력하고 도움을 주고받는 과정을 통해 해결 방안을 탐색하기 ○멘티미터나 띵커벨 워드클라우드를 통한 브레인스토밍 권장 ③ 해결책 선택 ○탐색 된 해결 방안 가운데 가장 적절한 것을 선택하기 ○관련성(related)이 있는가, 서로 존중(respectful)하는 방식인가, 합리적(reasonable)으로 받아들일 수 있는가, 도움(helpful)이 되는지 따져보기
4. **계획하기**	•앞으로 있을 학급 활동에 대한 구체적인 계획(ex. 온라인 학습, 체험학습, 바자회, 체육대회 등)을 함께 의논하는 단계 •특별히 계획할 거리가 없으면 생략 가능
5. **회의 평가하기**	•회의 참여 태도나 회의 방식에 대해 스스로 평가하는 단계 •이번 회의에서 회의 규칙을 잘 따랐는지, 회의 방식에 개선할 점은 없는지 등을 함께 점검하기

에듀테크로 이어지는 학급 교육과정 반성회

　교육과정과 연계된 활동을 하고 난 후, 추후 교육을 위해 학생들의 피드백을 받는 것 또한 매우 중요하다. 학교도 한 학기를 보내고 나서 교육과정 반성회를 한다. 사실 학교 교육과정 반성회도 중요하지만, 학급 교육과정 반성회가 선행되어야 한다고 생각한다. 월별로는 학급자치회를 실시한다면, 학기별로는 학급 교육과정 반성회 시간이 필요하다. 코로나19 상황으로 인해 띵커벨을 활용한 온라인 학급 교육과정 반성회를 운영했다. 가장 먼저 워드클라우드 기능을 활용해서 우리반을 대표하는 것에 대해 물어봤다. 나온 낱말들을 살펴보며 우리반의 상징과 가치에 대한 이야기를 나눴다.

<활동1: 우리 반 하면 떠오르는 것은?>

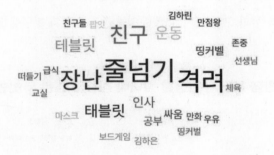

　다음으로 가치수직선을 활용해서 학급 생활에 대한 만족도를 조사했다. 5단 척도를 통해 만족도를 선택하고 그 이유를 적어보도록 했다. 만족스러운 이유도 중요하지만, 만족스럽지 못한 이유에 대해서도 알아보면 다음 학기에 반영하여 학급을 운영할 수 있다. 학급 생활 만족도 조사를 통해 교사가 미처 알지 못하는 학생들의 고민이나 학급의 문제를 파악할 수

도 있다.

<활동2: 학급 생활 만족도 조사>

나는 2학년 1반 생활이 만족스럽나요?

0	0	3	4	15
아주만족스럽지 않다	만족스럽지 않다	보통이다	만족스럽다	아주 만족스럽다

학급 생활 만족도 조사를 한 후, 본격적으로 학급 생활에 관한 이야기를 나눴다. 1학기 생활을 하면서 아쉬웠던 점이나 칭찬할 점에 대해 의견을 작성하고 생각을 나눴다. 학기 초에 세웠던 우리 반 비전을 다시 한번 살펴보고 학생들이 고민하는 부분과 어려워하는 부분이 무엇인지를 파악했다. 1학기 생활 반성을 살펴보면 2학기 학급 운영의 중점 사항과 방향을 알 수 있다.

<활동3: 1학기 생활 반성>

1학기 생활을 하면서 반성할 점이나 칭찬할 점은 무엇인가요?

이서현	김민채	김하린
친구들과놀기	우리반은 인사를 잘해요	반성할점은친구들과싸우기
진유태	서지유	장은서
우리반 화이팅 우리반은 격려도 하고 친하게 지내서 좋다(칭찬)	보드게임할때시끄럽게하지않기	주현이에게날챙겨줘서고마워

1학기 생활 반성을 바탕으로 행복한 2학기 생활이 될 수 있도록 필요한 점을 의논했다. 친구들과 학교생활을 하면서 아쉬웠던 부분, 선생님과 공부를 하면서 부족했던 부분 등을 솔직하게 적어보고 이야기 나누는 시간

을 가졌다. 학생들은 학급의 구성원이라는 소속감과 자신의 의견이 학급의 발전에 영향을 미치는 과정을 경험하면서 민주시민의식을 기를 수 있다.

<활동4: 2학기 생활 다짐>

행복한 2학기 생활을 위해 필요한 점은 무엇이 있을까요?

이서현	김민채	김하린
희망	복도에서 뛰지않기	건강 격려등등...
진유태	서지유	장은서
없어요	재밌게보냈으면좋겠다	거짓말을않하면좋겠다

마지막으로 선생님께 전하는 말을 작성하도록 했다. 학급 생활에 대한 피드백도 중요하지만, 교사를 향한 피드백도 굉장히 중요하다. 자칫 학생의 말에 상처를 받을 수도 있지만, 학생들의 의견을 통해 교사로서 성장할 중요한 기회가 될 수 있다. 민주적이고 허용적인 분위기의 학급이라면, 학생들이 학급의 발전을 위해 솔직한 이야기를 작성할 것이다. 단순히 '없다', '감사합니다'라는 내용부터 '2학기에는 더 재미있게 공부를 하면 좋겠어요.', '우리도 과학을 배우고 싶어요.' 등의 학생들의 다양한 의견을 들을 수 있다.

<활동5: 선생님께 전하는 말>

1학기를 마치고 2학기를 준비하면서 선생님께
전하고 싶은 말이 있으면 적어보세요

조은성	장은서	2
고마쓴니다	선생님 저수학을원래못했는데알려주서서감사합니다	저희를가르쳐주셔서감사하고고맙습니다
김하경	배지환	김인준
선생님재미있어서좋았어요	없다	감사합니다

대면으로 학급 교육과정 반성회를 실시할 때는 서로 의견을 주고받으며 즉각적인 소통과 상호작용이 가능하다는 장점이 있다. 그리고 온라인보다는 정확한 의사전달이 가능하다. 하지만 일부 자기주장이 강한 친구들만 회의를 주도하는 모습을 보이기도 한다. 즉, 일부 영향력 있는 학생 개인의 의견이 학급 전체의 의견으로 몰아가게 되는 경우가 발생하기도 한다. 반면, 에듀테크를 통해 교육과정 반성회를 실시할 때는 상황에 따라 익명성이 보장되기 때문에 소극적인 학생들도 학급에 대한 다양한 의견을 제시한다. 그리고 결과물을 따로 정리하지 않더라도 자동으로 서버에 저장된다. 때문에 필요할 때마다 확인할 수 있고 내용 수정이 편리하다. 그리고 링크만 가정으로 전송하면 되기 때문에 가정과도 공유가 쉽다.

학생들은 학급자치회나 교육과정 반성회를 통해서 자신이 학급의 발전에 공헌하는 경험을 맛보게 된다. 소통과 협력을 통해 공동체 의식을 함양하고, 사회적 관심을 증진시키는 것은 민주시민으로 성장하기 위한 밑바탕이 될 것이다.

선생님 고민 있어요!

"집에서 언니랑 사이가 좋지 않아요."

"답답할 때 마스크를 벗는 친구가 한 번씩 있어요."

"요즘 잠이 잘 오지 않아요."

"친구가 소리를 지를 때가 있어요."

    온라인으로 수업을 할 때는 학생들과 개인적인 이야기를 나눌 기회가 많지 않다. 래포(신뢰와 유대감)가 형성되어 있지 않은 상황에서 학생들의 마음속 이야기를 듣는 것은 쉽지 않다. 게다가 코로나19로 인해 온라인 학습이 늘어나게 되니, 소외되거나 상처가 있는 학생들을 놓치기 더 쉬워졌다. 이런 문제를 해결하기 위해 에듀테크를 활용해서 학생들이 고민을 털어놓고 마음속 이야기를 할 수 있는 온라인 공간을 마련했다. 단순하게 띵커벨 보드에 '선생님, 고민 있어요!'라는 게시판을 만들었다. 띵커벨이 아니더라도 다양한 에듀테크를 활용해서 온라인 게시판을 만들 수 있다. 학생들이 언제든 자유롭게 자신의 마음속 이야기를 남기면, 선생님이나 친구들이 답변을 달아줄 수 있는 공간이다. 학생들은 비슷한 고민을 하는 친구의 이야기에 귀 기울이기도 하고 정성스럽게 친구의 고민에 댓글을 달아주기도 한다. 학생들은 본명을 밝혀도 되고, 아니면 익명으로 고민을 남겨도 된다. 처음에는 교사가 답변을 달아주는 경우가 많았다. 하지만 시간이 지날수록 또래 상담가인 친구들이 함께 고민하고 해결해 주는 경우가 늘어났다. 학생들은 가정 이야기, 학급 이야기, 친구 이야기, 학업 문제 등, 다양한 고민을 함께 나누고 해결하면서 공감하고 소통하는 능력을 키워나갔다. 대면에서는 어색하고 부끄러웠을 고민들이었지만, 온라인이라는 공간 속에서는 서로 솔직하고 부담 없이 털어놓을 수 있었다.

<선생님, 고민있어요 게시판>

떵커벨 이외에도 학생들이 고민을 나눌 수 있는 온라인 공간을 활용하는 방법은 많다. 요즘은 학급 플랫폼에 익명게시판을 만들 수 있는 기능들이 활성화돼 있다. 온라인 고민 게시판은 학생들의 접근성이 편리하고 익명성이 보장되어야 한다. 클래스팅 같은 경우도 익명게시판을 통해 학생들의 고민을 듣기도 하고, 학교폭력 및 개인적인 문제를 확인하는 창구가 되기도 한다.

온라인 게시판이라 할지라도 자신의 속마음을 표현하기 어려워하는 친구들이 많다. 마음속 이야기를 잘 표현하지 않는 친구들을 위해서는 문장 완성검사를 이용해 보는 방법도 좋다. 대면 수업을 할 경우, 활동지를 인쇄해서 학생들에게 나눠주고 결과를 확인하면 학생의 고민이나 삶의 우선순위 등을 쉽게 확인할 수 있다. 온라인에서도 적용할 수 있게 워크시트 기능을 활용했다. 티처메이드나 띵커벨 워크시트를 활용해서 문장완성검사 활동지를 만들었다. 학생들에게 링크를 제공하고 온라인으로 문장을 완성할 수 있도록 했다. 결과물이 자동으로 저장되기 때문에 오프라인보다 결과를 확인하기도 편리하다.

세월이 흐를수록 마음에 무거운 짐을 안고 살아가는 학생들이 늘어나는 것 같다. 이러한 학생들에게 학교란 안전한 곳이며, 주변에는 도와줄 수 있는 친구와 선생님이 있다는 것을 다양한 에듀테크를 통해 알려주고 싶다. 비록 코로나19로 인해 학생들과의 관계는 멀어질 수 있지만, 교사의 작은 관심과 행동이 서로의 관계를 끈끈하게 이어줄 수 있다.

<문장완성검사 양식>

<문장완성검사 예시 자료>

다음의 낱말로 시작되는 문장을 완성해 보세요. 자기의 솔직한 마음을 그대로 말해야 하며 빠뜨리지 말고 문장을 모두 써 주세요. 쓴 내용은 반드시 비밀이 보장됩니다.

1. 내가 가장 즐거울 때는 _____
2. 나는 친구가 _____
3. 다른 사람들은 나를 _____
4. 우리 엄마는 _____
5. 나는 _____ 상상을 자주 한다.

6. 내가 가장 좋았던 일은 _____

7. 내가 가장 걱정하는 것은 _____

8. 내가 어른이 된다면 _____

9. 내가 가장 좋아하는 사람(은) _____

10. 내가 가장 싫어하는 사람(은) _____

11. 우리 아빠는 _____

12. 내가 가장 무서워하는 것은 _____

13. 내가 가지고 있는 것 중에서 제일 아끼는 것은 _____

14. 내가 가장 가지고 싶은 것은 _____

15. 나의 좋은 점은 _____

16. 내가 꾼 꿈 중에 제일 좋은 꿈은 _____

17. 나의 나쁜 점은 _____

18. 나를 가장 슬프게 하는 것은 _____

19. 우리반은 _____

20. 선생님들은 _____

21. 나를 가장 화나게 하는 것은 _____

22. 나는 공부 _____

23. 내가 꾼 꿈 중에 제일 무서운 꿈은 _____

24. 우리 엄마 아빠는 _____

25. 나는 커서 _____이(가) 되고 싶다.

　　왜냐하면 _____

26. 내 소원이 마음대로 이루어진다면,

　　첫째 소원은 _____

　　둘째 소원은 _____

　　셋째 소원은 _____

27. 내가 만일 동물로 변할 수 있다면 _____이(가) 되고 싶다.

　　왜냐하면 _____

함께 격려하는 우리들

'넌 유튜버가 될 수 있는 자격이 충분해. 끝까지 꿈을 향해 힘내!'

'우리반 모두 다른 특징이 있어서 즐거워!'

'친구야 실수해도 괜찮아, 아직 기회가 있어!'

'너는 꿈을 향해 달려가고 있어. 그 모습이 멋져!'

'선생님, 내년에도 저희 선생님이 돼 주세요!'

아직도 상벌, 경쟁과 비교의 학교 문화 속에서 학력 위주의 학업을 수행하는 학생들이 많다. 이로 인해 자신의 실수를 두려워하게 된다. 결국 자신의 부족한 면을 수용하지 못한 채 낙담하며 학교생활을 하는 경우가 많다. 이런 문제를 해결해 보고자 했다. 있는 그대로를 존중하고 공동체를 위해 협업하는 학급 분위기를 조성하기 위해 노력했다. 거기에는 '격려'라는 응원을 학급 운영에 활용하기로 했다. 격려는 글자 그대로 '용기를 북돋아 주는 것'을 의미한다. 격려를 통해 자기효능감이 향상되고 자존감이 확립되는 것을 볼 수 있다. 학생들을 있는 그대로 존중해 주자. 완전한 결과를 추구하기보다는 성장과 발전에 주목하자. 그러면 학생들도 자신의 부족한 면을 수용하고 타인을 신뢰하고 공헌하는 모습을 볼 수 있을 것이다. 이를 위해 먼저 학급 구성원들이 격려의 의미를 이해해야 했다. 그리고 난 후, 기술과 과정을 학습하였다. 서로를 인격적으로 존중하고 신뢰하는 분위기를 만들었다. 결과보다는 과정에 중점을 두도록 했다. 학생들은 서로를 비교하고 경쟁하지 않게 했다. 자율성과 책임감을 바탕으로 학급 공동체의 성장과 발전에 공헌할 수 있는 분위기를 조성했다.

위의 대화를 읽어보면 마음이 따뜻해지고 용기와 힘을 북돋워 준다. 어른들도 하기 힘든 격려를 초등학교 2학년 학생들이 자연스럽게 전한다. 온라인으로 수업을 할 때도 서로의 결과물을 비교하거나 점수를 매기지 않았다. 관찰할 수 있는 사실을 바탕으로 격려할 수 있도록 도와주었다. 그리고 친구들에게 격려할 시간과 기회를 많이 제공해 주었다. 예를 들면 초등학교 2학년 통합교과 시간에 자신이 살고 싶은 집을 그림으로 그리고 학급 플랫폼에 올리도록 했다. 수업 마무리 시간에 친구들의 그림을 함께 살펴보고 댓글을 달아보도록 했다. 격려하는 학급 문화가 형성되기 전에는 누가 잘했고 못 했는지 비교하는 피드백이 많았다. 하지만 격려하는 학급 문화가 형성되면서 친구의 작품에서 특징 있는 부분에 관해 이야기하거나, 인상 깊은 점에 대해 피드백을 주는 방식으로 동료 평가가 바뀌었다.

학생들은 서로 격려를 주고받으면서 자신의 강점을 찾을 수 있었고, 자존감이 향상되는 모습을 볼 수 있었다. 에듀테크를 활용해 추가로 자유롭게 서로 격려할 수 있는 온라인 공간을 만들어주었다. 격려가 필요하거나 감사의 말을 전하고 싶을 때는 자유롭게 글을 적을 수 있도록 했다.

교사 또한 격려가 많이 필요하다. 학생들을 평가하거나 서열을 매기지 않고, 있는 그대로의 모습을 인정해 주고 존중해 주는 모습을 보여줄 때,

학생들도 자연스럽게 격려하는 모습을 볼 수 있다. 그리고 교사의 격려가 학생들의 학교생활에 큰 원동력이 되듯이, 학생들의 격려도 교사에게 큰 힘이 된다. 지쳐있는 마음에 위로가 된다. 학교뿐만 아니라 코로나19로 인해 지쳐있을 모두에게 전하는 격려의 한 마디는 큰 용기와 희망을 줄 수 있다. 지금 당장 주변의 사람에게 용기 내 격려의 말을 전해보는 것은 어떨까?

<패들렛을 활용한 함께 격려하는 우리들 게시판>

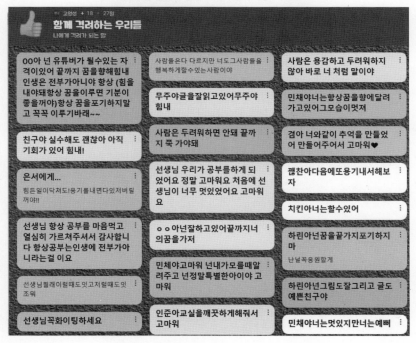

4 장

체험과
이어나가기

체험과 어떻게 이어나갈까?

"선생님, 우리도 유튜버 될래요!"

"저는 어떤 직업이 어울릴까요?"

"이번에는 체험학습 어디로 가요?"

"우리가 직접 만들어볼래요!"

학교에서는 교과 수업뿐만 아니라 다양한 활동들이 이루어진다. 학생들끼리 모여 동아리를 운영하기도 하고, 진로활동 시간을 통해 다양한 진로를 인식하고 탐색하기도 한다. 교과와 자율활동을 연계해 체험학습을 가기도 한다. 이처럼 창의적체험활동 시간에도 활동 주제와 연계하여 다양한 에듀테크를 활용할 수 있다. 학교에서 에듀테크를 활용할 수 있는 영역이 넓어졌다.

초등학교에서도 선생님 도움 없이 학생들끼리 동아리 부서를 개설하고 운영할 수 있다. 학생들이 원하는 자율 동아리 부서를 만들고, 강사를 섭외하거나 선생님들이 학생 지도에 도움을 줬다. 이제는 유튜브에 관련 주제만 검색하면 수많은 동영상이 나온다. 댄스부 학생들은 자신들이 원하는 안무를 찾아 연습할 수 있고, 공예부 학생들은 재료만 준비되면 영상을 보고 다양한 공예 기술을 익힐 수 있다. 만화부 학생들도 그리기 기술이나 스토리 구성 등을 유튜브를 통해 배울 수 있는 시대가 됐다. 학생들이 영상 제작부를 운영하고 싶다면, 기본적인 기능만 알려주면 뛰어난 역량을 발휘할 수 있다.

체험영역에서 다양한 에듀테크를 활용하면서 학생들이 학교 활동에 참여할 기회와 체험활동 선택의 폭이 넓어졌다. 체험학습 장소를 선정하는 데도 학생들이 직접 장소를 찾고 교육내용과 연결 지을 수 있다. 과거에는 종이 설문지를 통해 표준화 검사를 한 후, 몇 달이 지나야 결과를 볼 수 있었다. 하지만 지금은 하루 만에 결과까지 확인할 수 있는 시대가 됐다.

학생 참여형 활동, 학생 중심의 학교 문화가 에듀테크를 통해 한 발 더 가까이 다가왔다. 이번 장에서는 교사 중심의 활동과 프로그램이 아닌, 학생의 요구와 의견을 반영한 교육 및 체험활동, 학생의 흥미와 관심을 고려한 다양한 프로그램 운영 사례들을 담았다. 그리고 에듀테크를 활용한 놀이 활동 사례도 제시했다. 코로나19로 인해 학생들이 모여서 뛰어놀 수는 없지만, 에듀테크를 활용해서 다양한 놀이를 즐기고, 규칙을 지켜나가며, 여러 가지 체험을 할 수 있는 사례를 제시했다. 몇 가지 활동을 하면서 학생들이 새로운 아이디어를 제시하기도 하고 기존의 활동을 수정·보완하면서 새로운 놀이를 만들기도 했다. 자투리 시간이나 교과 시간, 또는 창의적 체험활동 시간에 활용해 볼 수 있는 에듀테크 활용 놀이 사례를 담았다.

에듀테크를 사용하는 것이 불편하고 어색할 수 있지만, 작은 것 하나부터 시도하다 보면 적극적으로 참여하는 학생들의 모습을 만나볼 수 있다. 새로운 보람과 도전의식을 느낄 수 있다.

나는 무슨 직업이 어울릴까?

- - - - - - - - - - - -

"선생님, 저는 '탐험이'래요."

"선생님, 저는 '뚝딱이'래요."

"선생님, 저는 '멋쟁이'래요."

새 학기가 되면 대부분 학교에서 학생들 표준화 검사를 한다. 예전에는 업체를 통해 큰 비용을 지불하고 일회성으로 표준화 검사를 하는 경우가 많았다. 하지만 요즘은 온라인에서 무료로 이용할 수 있는 질 높은 표준화 검사가 많다. 특히 커리어넷(https://www.career.go.kr)에는 초등학생, 중학생, 고등학생 등 학교급별로 다양한 진로 심리검사를 제공하고 있다. 한글을 읽기 어려운 초등학교 저학년 학생들을 위한 주니어 커리어넷(https://www.career.go.kr/jr)도 제공되고 있다. 쉽게 접근 가능하기에 아이들의 진로 흥미 탐색 검사에 활용할 수 있다. 초등학교 2학년인 우리 반 학생들도 회원가입 없이 태블릿을 활용해 쉽게 진로 흥미 탐색 검사를 했다. 저학년 진로 흥미 탐색 검사는 홀랜드 진로 탐색 검사를 기반으로 만들어졌다. 이를 통해 학생들은 자신의 강점을 찾을 수 있었고, 자신과 비슷한 성향의 친구들이 누구인지 알 수 있었다. 나와 결과가 다른 친구들을 보며 다양한 성향의 친구들이 있다는 것도 이해할 수 있었다. 교사 또한 학부모 상담이나 학생 이해 자료로 유용하게 활용할 수 있다. 이제는 스마트 기기만 있으면 교실이든 가정에서든 누구나 쉽게 자신의 진로를 인식하고 탐색할 수 있다. 커리어넷에서 이용할 수 있는 심리검사는 다음의 표와 같다.

＜커리어넷 활용 심리검사 종류 및 내용＞

대상	심리검사명	예상시간	총 문항	비고
초등생용	저학년 진로흥미 탐색	10분	18문항	직업의 중요성, 자기 이해, 나의 다짐
	고학년 진로흥미 탐색	30분	48문항	직업군별 6개 유형별 흥미 정도 평가
중·고생용	직업 적성검사	20분(중)/30분(고)	66개(중)/88개(고)	직업과 관련된 잠재 능력 함양 정도 파악
	직업 흥미검사(K)	15분	96개	직업과 관련하여 어떤 흥미가 있는지 검사
	직업 흥미검사(H)	20분	141개(중)/130개(고)	직업과 관련하여 어떤 흥미가 있는지 검사
	직업 가치관검사	10분	28개	직업과 관련한 다양한 가치 중에서 주요하게 만족시키고 싶은 가치 확인
	진로성숙도검사	20분	64개	진로를 계획하고 준비하는데 필요한 태도나 능력을 얼마나 갖추고 있는지 파악

커리어넷은 로그인을 하지 않아도 사용할 수 있다. 중·고등학생용 심리검사는 학생이 커리어넷 회원가입한 후, 온라인 검사를 수행하면 나이스와 연계하여 교사나 학부모가 학생 결과를 조회할 수 있다.

대부분의 진로검사는 일회성으로 끝나는 경우가 많다. 하지만 일회성 진로교육을 실시하기보다는 지속적으로 학생들이 자신에 대해 이해하고 자신의 꿈을 탐색해 나갈 수 있도록 해야 한다. 그런 이유로 띵커벨 보드를 활용해 개인별 포트폴리오를 만들어보도록 하였다. 진로탐색 결과를 바탕으로 어울리는 직업을 찾아보고 다양한 미래 직업에 대해 조사도 했다. 학생들은 시간과 공간에 상관없이 자신들의 직업과 관련된 생각이나 내용이 떠오를 때마다 포트폴리오를 추가해 나갔다. 그리고 교과 및 창의적체험활동과 연계한 진로교육 활동 결과도 함께 누적해 나갔다. 예전에는 부모님과 공유를 하기 위해서는 학생들의 결과물을 하나하나 출력하거나 사진을 찍어서 보내야만 했다. 하지만 이제는 포트폴리오 링크만 보내면 소통과 공유가 가능하다. 학생들은 자신이 관심 있는 진로 분야뿐만 아니라 친구들의 결과물도 참고하여 진로 인식 및 탐색의 폭을 넓힐 수 있다.

<나만의 꿈 포트폴리오>

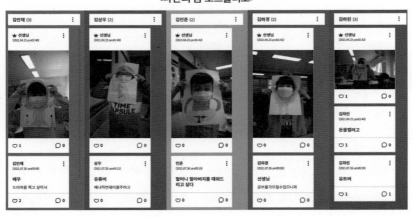

체험학습 장소 우리가 정해볼래요

"선생님, 체험학습 어디로 가요?"

"놀이공원 가고 싶어요!"

"체험학습 장소 우리가 정하면 안 돼요?"

학생들이 좋아하는 것 중 하나는 현장체험학습이다. 답답한 교실을 벗어나 학교 밖을 나갈 수 있고 다양한 체험도 할 수 있기 때문이다. 학기 초부터 체험학습을 어디로 가는지, 언제 가는지 등을 물어보는 학생들이 많다. 사실 체험학습도 하나의 교육 활동이다. 교실이나 학교에서 실행하기 어려운 활동을 학교 밖에서 체험을 통해 학습하는 것이다. 이러한 배경을 학생들에게 설명해 주고 자신들이 가고 싶은 장소를 조사해서 장소를 선정한다. 체험학습뿐만 아니라 수학여행도 학생들이 사전에 원하는 장소를 선정하고 관련된 교육적 요소와 활동 거리를 찾아볼 수 있다. 이제는 학교나 교사 중심의 일방적인 교육이 아닌, 학생에게 선택권을 주고 있다. 책임과 자율성을 중시하는 학생 중심 교육으로 패러다임이 변했다.

학생들에게 자신들이 원하는 장소를 팀별로 선정하고 발표할 시간을 갖도록 했다. 이때는 구글 프레젠테이션을 효율적으로 활용할 수 있다. 구글 프로그램의 특징은 협업과 공유라고 볼 수 있다. 학생들이 링크만 있으면 하나의 화면을 같이 채우고 꾸밀 수 있다. 이미지 파일도 바로 검색, 드래그 해서 가져올 수 있으므로 편리하다. 체험학습이나 수학여행은 장소가 들어 가기 때문에 지도를 활용할 수 있는 에듀테크를 활용하는 것이 좋다. 특히 패들렛의 지도를 활용하면 원하는 장소를 검색해서 게시물을 작성할 수 있 다. 하단의 그림은 패들렛을 활용해서 체험학습 장소를 조사한 내용이다. 저학년 같은 경우는 체험학습으로 가볼 만한 장소 몇 가지를 제시해 주는 것이 좋다. 학생들은 자신이 원하는 장소를 검색해 보고 가고 싶은 이유, 활동 내용, 비용 등을 조사하여 친구들과 공유할 수 있다.

<패들렛을 활용한 체험학습 장소 조사하기>

3D프린터를 어떻게든 써보겠다고(띵커캐드 활용하기)

3D프린터가 생기다

4차 산업혁명 시대의 교육을 논할 때 빠지지 않는 것이 바로, '메이커스 교육'이다. '상상을 현실로'라는 구호 아래 메이커스 교육을 접하다 보면, 내가 학생으로 다녔던 학교와 지금의 학교가 얼마나 다른지 실감하게 된다. 단순히 발명품, 상상화 그리기로 상상력을 뽐내보라 했던 학교에서 이제는 상상한 것을 현실로 구현해 내는 것까지 목표로 하게 되었다. 이러한 목표를 달성하기 가장 적합한 교구로 등장한 것이 바로 3D프린터다.

보급형 3D프린터가 많아지면서 학생 중에서도 한두 명은 이미 집에서 3D프린터를 사용해 본 경험이 있었다. 매체를 통해 3D 프린팅 영상을 자주 보아온 학생들은 학교에 3D프린터를 들여오자마자 사용하고 싶어 신나했다. 반면 신규교사인 나는 3D프린터를 사용해 본 적이 없었다. 실제로 보는 것 자체가 처음이라 3D프린터가 도착한 순간부터 걱정이 컸다. 업체 홈페이지 설치 튜토리얼을 참고하여 힘겹게 프린터를 조립해 나갔다. 마지막 출력 버튼을 누르고 퇴근을 하려 하니 이미 밖은 어두워져 있었다. 다음 날, 출근 후 긴장감을 안고 프린터를 열어봤다. 맙소사! 출력이 반절도

안 되어 있었다. 무척이나 당황스러웠다. 다행히 출력 중, 학교 전기 스위치가 내려간 모양이었다. 어쨌든 나는 반쪽짜리 첫 출력물이 부끄러워 아무도 모르게 집에 가져가 버린 기억이 있다. 그만큼 3D프린터는 나에게 낯선 존재였다.

일단 갖고 놀아보자, 띵커캐드

띵커캐드(Tincker CAD)는 어린 학생들도 쉽게 3D 모델링을 할 수 있는 무료 사이트이다. 학생들도 쉽게 익힐 수 있을 정도로 조작 버튼이 직관적이다. 게다가 교육용으로 활용하기 좋게 클래스를 개설할 수 있다는 점이 매력적이다.

상단의 5개 탭 중에, 가장 앞에 있는 '수업'을 클릭하면 '새 수업 만들기'로 클래스를 구성할 수 있다. 단, 계정을 교사 역할로 만들어야 가능하니, 프로필 설정에서 역할을 반드시 교사로 설정해두어야 한다.

강의실 특성을 작성한 뒤, '학생 추가'에서 이름을 다음과 같이 입력하면 자동으로 별칭이 생성된다.(*학생들은 별칭으로 참여하게 된다.)

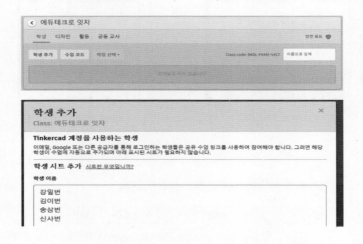

학생은 팅커캐드에 접속하여 '수업 참여'→'수업 코드 입력'→'별칭으로 참여'하도록 한다. 교사는 이때 학생들의 별칭을 TV 화면으로 공유해 주거나 미리 안내한다. 이제 교사는 생성된 클래스에 접속하여 모든 학생의 작업물을 실시간으로 확인할 수 있다. 저장해서 이메일로 보내는 시간이 필요

하지 않아 효율성이 높다.

<학생 '수업 참여'>

<학생 '수업 코드 입력'>

<학생 '별칭으로 참여'>

기본 조작 방법에서 학생들이 많이 하는 질문과 답변

질문	아이콘	답변
1. 시점을 바꾸고 싶어요!	평면도 / 정면도	평면도를 클릭하여 돌리거나, ctrl을 누른 채로 작업 평면을 드래그 한다.
2. 축척을 조절하고 싶어요!	⊕ ⊖	+ -를 클릭하거나, 마우스를 스크롤 한다.
3. 회색 도형은 뭐죠?	상자 / 원통	회색 도형으로 구멍을 내줍니다.

4. 도형 클릭했는데 안 나와요!	상자	상자를 드래그해서 작업 평면에 두면 나오게 됩니다.
5. 도형 크게(작게) 하고 싶어요.		도형을 클릭해 보세요. 그러면 여러 가지 점과 화살표들이 나오죠? 모서리 위에 있는 검은색 점을 클릭한 상태에서 움직여보면 모서리를 그 방향으로 줄이거나 늘일 수 있어요. 꼭짓점 위에 있는 하얀색 점을 클릭한 상태에서 움직여보면 면을 그 방향으로 줄이거나 늘일 수 있지요. 길이 ─○ 40.31 폭 ─○ 40.31 높이 ·○ 25.37 박스 안에 있는 '길이', '폭', '높이'로도 크기를 바꿀 수 있어요.
6. 도형 위에 있는 원뿔은 뭐죠?		원뿔을 잡고 올리면 도형이 위로 올라갑니다. 내리면 당연히 내려가게 됩니다.
8. 실수했는데 처음부터 해야 돼요?		위에 있는 아이콘 중 왼쪽을 향하는 화살표를 누르면 취소할 수 있어요. 선생님도 실수를 자주 하는데요, 빨리 취소하려면 ctrl과 Z를 동시에 누르면 됩니다.
9. 도형 색깔도 바꿀 수 있나요?		도형을 누르고, 솔리드를 클릭해 보세요. 사전 설정된 색을 사용할 수도 있고, 사용자 지정에서 원하는 색을 아무거나 정해볼 수도 있어요. 하지만 3D프린터로 프린트했을 때에 꼭 저 색이 다 나오는 것은 아니에요. 한 가지 색으로 나오기 때문에 직접 색을 칠해야 한답니다.

인공지능으로 이어지는 우리들

선생님, 인공지능이 뭐예요?

"선생님, 인공지능이 뭐예요? 우리 학교 인공지능 선도학교라던데!"

"야, 선도학교가 뭐야?"

"어디에 나와, 그거?"

'갑자기? 지금 우리 혼합계산 풀고 있는데? 곱셈부터 계산은 하고 있니?'

2021 인공지능 선도학교로 선정이 되면서, 인공지능이라는 단어가 생소하고 신기했는지 교실 안이 한동안 소란스러웠다. 호기심은 많지만 아직은 혼합계산 순서를 배우고 있을 뿐인 아이들에게 인공지능이 무엇인지 알려주고 싶었다. 그래서 나는 1차 산업 혁명부터 4차 산업 혁명까지의 역사를 알려주어야만 했다.

인공지능을 왜 가르쳐야 할까?

인공지능을 처음 접하는 5학년 학생들을 대상으로 어떤 목적을 가지고, 어떤 방식으로 수업을 해야 할 것인가 고민이 컸다. 우선 인공지능 교육을 크게 5개로 나눴다. '인공지능에 대한 교육', '인공지능을 통한 교육', '인공지능에 의한 교육', '인공지능 윤리 교육', '인공지능 진로교육'으로 나눴다. 그리고 이를 교과 및 창의적체험활동에 어떻게 반영해나갈지 구상하였다.

'인공지능에 대한 교육'은 인공지능의 의미를 이해하는 것으로, 4차 산업 혁명이 이전의 산업 혁명과 질적으로 어떤 차이를 보이는가에 대해 고찰했다. 그 과정을 통해 의미를 구체화한 후, 인공지능 교육을 시작하였다. 둘째 '인공지능을 통한 교육'은 인공지능을 활용한 다양한 활동을 직접 해보며 인공지능의 활용 방법을 창의적으로 생각할 수 있도록 유도하는 과정이다. 이 과정을 통해 인공지능 시대의 능동적인 주체가 되기를 희망한다. 셋째 '인공지능에 의한 교육'은 다인수 학급에서 어쩌면 가장 필요한 것일지도 모른다. 인공지능을 평가, 피드백에 활용하여 개별 학습자에게 맞춤형 교육을 제공하는 것을 의미한다. 넷째 '인공지능 윤리 교육'이란 기술의 발달에 의한 신종 범죄의 종류를 알고 이를 예방하는 교육이다. 아노미 현상을 슬기롭게 극복할 수 있는 도덕성을 갖추도록 중심을 잡는 교육이다. 마지막으로, '인공지능 진로교육'이란 인공지능 교육의 종착역인 셈이다. 인공지능과 함께 살아갈 미래사회에서, 인공지능을 능동적으로 활용하는 주체로 성장하기 위한 방향성을 제시하는 교육이다.

그렇다면 왜, '대한민국 교육'은 인공지능을 품어야 하는가? 대한민국은 '도서 벽지', '다문화' 뿐만 아니라, 내가 근무하는 학교와 같이 신도시의 '인구 과밀'이 공존하는 곳이다. 그만큼 다양성의 스펙트럼이 넓은 대한민국이다. 도서벽지의 한계를 극복해야 한다. 다양한 성향과 서로 다른 수준의 학생들을 위한 맞춤형 교육이 제공되어야 한다. 한 아이도 포기하지 않는 교육! 그것을 실현하기 위한 유일한 방법은 '인공지능'이다.

인공지능과 잇는 수업

동아리로 인공지능 잇기

"선생님, 동아리에서 쓰신다고 태블릿 여섯 대 빌리셨는데 언제 주시나요? 저희 원격수업해야 하는데 태블릿 없어서 빨리 주셔야 될 거 같아서 왔어요."

'하……, 아니 태블릿도 없이 인공지능 체험을 어떻게 하라는 건데요. 인공지능 선도학교면서 왜 인공지능 동아리가 제일 후 순위인 거냐고요!'

교직에서 맡은 첫 동아리는 '인공지능 연구 동아리'였다. 동아리 운영을 위해서는 태블릿이나 노트북이 반드시 필요했으나, 1200여 명이 다니는 학교에 태블릿은 단 14대, 노트북은 아예 없었다. 심지어 원격수업 날에는 긴급 돌봄으로 등교해서 학교 태블릿으로 원격수업을 듣는 학생들에게 그 태블릿이 대여되고 있었다. 인공지능 동아리 활동이 있는 날이면 나는 일찍 출근해서 미리 빌려두어야만 했다. 그마저도 눈치가 보여서 내 개인 노트북 2대와 태블릿 3대를 들고 다녔다. 신설학교라 모든 것이 부족했다. 이러한 극단적인 환경 속에서도 어떻게든 동아리를 운영하기 위해 애를 썼다.

2015 교육과정에서 동아리활동의 영역은 총 4가지로 제시되었다. 그중 학술 문화 활동의 목표는 다음과 같다.

'다양한 학술 분야와 문화에 대해 관심을 가지고 체험 위주의 활동을 통하여 지적 탐구력과 문화적 소양을 기른다.'

이를 반영한 인공지능 연구 동아리의 활동 목표를 다음과 같이 정했다.

'인공지능의 원리와 활용 분야에 대해 관심을 가지고 체험 위주의 활동을 통하여 인공지능에 대한 이해와 인공지능 시대의 주체로서의 소양을 기른다.'

인공지능이 적용된 많은 프로그램을 직접 체험한 후, 그것을 바탕으로 기존 프로그램에서 부족한 부분을 찾아, 수정·보완할 창의적인 아이디어를 구상해 보는 것을 연구 동아리의 목표로 설정했다.

<동아리 차시 전개>

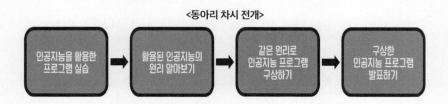

동아리의 차시 전개는 위와 같은 4단계로 구성하였다.

우선 '인공지능을 활용한 프로그램 실습'이다. 일단 초등학생들은 시작이 재미없거나 매력 없으면 집중하지 않는다. 그런 이유로 체험해 보는 것을 우선적으로 제시하여 학생들을 몰입시켰다.

두 번째는 '활용된 인공지능의 원리 알아보기'이다. 이 단계는 교사 입장에서는 꽤나 어려운 부분이다. 초등학생이 이해할 수 있는 말로 복잡한 원리를 풀어 설명해야 할 뿐만 아니라, 지루하지 않도록 매력적인 설명 방식을 연구해야 하기 때문이다. 이 단계를 어느 정도 이해하고 넘어가면, 인공지능을 체험하는 것에서 끝나지 않고 인공지능에 대한 폭넓은 이해가 가능해진다.

다음으로는 '같은 원리로 인공지능 프로그램 구상하기'이다. 사실, 인공지능 연구 동아리를 시작하기 전에는 초등학생이 인공지능 프로그램 구상을 제대로 할까 의구심이 컸다. 인공지능 관련 책, 영상에 대해 접한 나도 인공지능 프로그램 구상을 해보라고 하면 막막하기만 했다. 단 몇 분의 짧은 활동 시간 동안 초등학생들이 어떻게 프로그램을 구상하겠나 싶었다. 하지만 기우였다. 이 단계를 진행하면서 학생들의 구상안을 접한 나는 우리나라의 인공지능 미래가 무척 밝다고 느꼈다. 초등학생들은 창의적 발상에 거칠 것이 없었다. 매력적인 발상을 너무나 쉽게 하는 존재였다.

마지막으로 '구상한 인공지능 프로그램 발표하기'이다. 이 단계는 주변 친구들의 피드백을 참고하여 자신이 구상한 프로그램을 수정•보완하는 단계이다. 또한, 다른 친구의 인공지능 프로그램에서 영감을 받아 새로운 인공지능 프로그램을 생각해 내기도 한다. 이런 과정을 체험하고 나면, 이제 아이들은 더 이상 인공지능 시대의 수동적인 존재가 아니다. 창의적인 구상을 인공지능으로 실현해 내는 인공지능 주체로 성장할 수 있다.

한 해 동안 열심히 조사하고 프로그램을 구상했던 학생들의 활동이 인공지능 시대에 맞춰 주체성을 갖는 계기가 됐길 진심으로 바란다. 나에겐 그것만으로도 과분한 보상이라 생각한다.

<동아리 차시 전개>

DAUM 꽃 검색으로 꽃의 이름 알아내기

사비를 털어 기념일도 아닌데 꽃다발을 산 것은 처음이었다. 아침 일찍 꽃을 잔뜩 들고 와서, 사물함 위에 종류별로 펼쳐두고 '만지지 마세요.' 쪽지도 야무지게 붙여두었다. 동아리 시간이 시작되고, DAUM 꽃 검색을 사용하는 방법과 활동 순서를 안내하고, 모둠별로 태블릿을 하나씩 나눠주었다. 꽃 검색 자체가 카메라로 꽃을 찍기만 하면 끝이라, 초등학생들이 하기에도 쉬웠다.

이미지 인식의 원리 알아보기(언플러그드 활동)

기존의 SW 교육에서 많이 활용하던 컴퓨터의 이미지 인식 원리 이해 활동이다. 제일 먼저 맞춘 사람에게 과자 준다고 하니, 대단한 속도를 보여주었다.

인공지능의 이미지 인식을 활용한 프로그램 구상하기 단계를 본격적으로 시작하기 전에, 이미지 인식을 이용한 다양한 프로그램을 소개하였다. 이미지 인식 기술에 관련된 영상, 사진 자료와 함께 제시해 주면 학생들의 구상에 훨씬 동기 부여를 받는다.

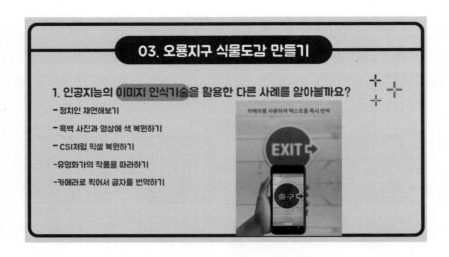

03. 오룡지구 식물도감 만들기

1. 인공지능의 이미지 인식기술을 활용한 다른 사례를 알아볼까요?

- 정치인 재연해보기
- 흑백 사진과 영상에 색 복원하기
- CSI처럼 픽셀 복원하기
- 유명화가의 작품을 따라하기
- 카메라로 찍어서 글자를 번역하기

카메라를 사용하여 텍스트를 즉시 번역

EXIT ↱

출구 ↱

"저는 수업 시간에 찬성·반대 손들라고 했을 때, 맨날 숫자 세는 동안 손들고 있는 것이 팔이 아파서 인공지능이 손든 사람을 이미지 인식해서 세어줬으면 좋겠어요."

"나는 원격 수업할 때, 무슨 교과서가 필요한지 헷갈려서 그냥 모든 교과서 다 가져가는데. 가방이 너무 무거워서 힘들었어. 가방 속에 인공지능이 있어서 교과서를 이미지 인식한 다음에, 시간표랑 비교해서 필요한 책인지 판단까지 해주면 좋겠다."

"나는 맨날 선생님이 글씨 개발새발이라고 하니까, 스마트폰 카메라로 보면 인공지능이 내 글씨 갑자기 완전 잘 쓴 것처럼 바꿔줬으면 좋겠다. 그럼 선생님이 나한테 글씨 바르게 쓰기 숙제도 안 내줄 거 아니야?"

"야, 그러면 나는 아예 인공지능 안경 만들어서, 선생님이 그거 쓰면 교실 완전 더러워도 깨끗해 보이게 해서 일인 일 역 안 할래!"

"그럼 청소는 누가 하냐!"

'얘들아, 그만 싸움을 멈춰주세요……'

지극히 자신의 불편을 해결하기 위한 인공지능 프로그램 구상이지만, 그래서 훨씬 창의적이고 재미있다. 사실 발명 자체가 '불편'에서 출발하는 것이라는 점에서 학생들의 이러한 구상들은 적극적으로 장려할 만한 것이라고 할 수 있겠다.

특히 인공지능 활용에 대한 자유로운 브레인스토밍 분위기를 조성해야 한다. 모든 학생이 저마다 자신의 사소한 불편을 인공지능으로 어떻게 해결할 수 있을지 생각하는 과정이 인공지능 교육에서는 반드시 포함되어야 한다. '바른 인성을 갖춘 창의 융합형 인재'라는 2015 교육과정의 목표는 이러한 인공지능 교육을 통해 효과적으로 달성될 수 있을 것이다.

인공지능으로 재능 잇기

"작품 제목은 뭐로 할까요?"

"봄?"

"노잼. 레인보우 샤베트 어때?"

"하하하하하 그러게 레인보우 샤베트 같다"

*레인보우 샤베트: 베스킨라빈스31의 아이스크림 품명

'제법…… 느낌 있네?'

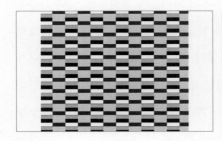

왼쪽은 엑셀을 사용하여 만든 학생의 테셀레이션 작품이고, 오른쪽이 인공지능 프로그램 deepdreamgenerator을 사용하여 제작한 작품이다. 첫 번째 차시에는 컴퓨터실에서 엑셀로 테셀레이션 작품을 만드는 방법을 배우고 만들었다. 두 번째 차시에는 인공지능 프로그램에서 원하는 그림 스타일을 선택하여 완성품을 감상하였다. 구글 설문을 활용하여 학부모님께도 전시 작품 선정에 참여하실 수 있도록 하였다. 학생들의 투표와 합산한 결과로 위 작품이 대표 전시 작품으로 채택되었다.

대표 전시 작품의 제목도 학급 학생들에게 공모하여 선정하였다. 초등학생다운 발상으로 작품의 특성을 잘 나타내는 재미있는 제목을 붙여 교사로서 인상적인 경험이었다. 또한 작가 이름에 '학생 이름'만 올려야 할지, '인공지능'이라고 올려야 할지, 아니면 '학생, 인공지능'이라고 올려야할지 열띤 토론을 벌였다. 인공지능 저작권과 관련한 중요한 생각거리가 자연스럽게 학생들에게 스며드는 순간이었다.

인공지능 저작권과 관련해 토론된 구체적 의견들은 다음과 같다. 엑셀로 원본 작품의 색을 조합한 것도, 바꿀 그림의 스타일을 선택한 것도 학생이니, 작가는 학생이라는 의견 하나. 얼른 보면 자신의 작품인 줄도 본인이 몰랐을 정도로 학생이 작품에 기여한 정도가 적으니, 작가는 차라리 인공지능 프로그램이나 인공지능 프로그램을 만든 사람이라는 의견 하나, 그리고 둘 다 일리가 있으니 둘 다 올려야 한다는 의견들이 치열하게 맞부딪쳤다. 이 정도로 말을 잘하는 학생들이었나 하고 새삼 놀랐다. 그동안 수업에서 해왔던 토론이 학생들에게 피부로 와닿지 않았던 반면, 이 수업 토론은 '자연발생적'이었다. 우여곡절 끝에 작가는 결국, '학생, 인공지능'으로 결정되었다. 사실 선정 작품의 작가인 학생은 평소에 미술이 재미는 있지만, 소질

은 없다고 하던 학생이었다. 이번 수업을 계기로 스스로에 대한 자신감이
커졌다.

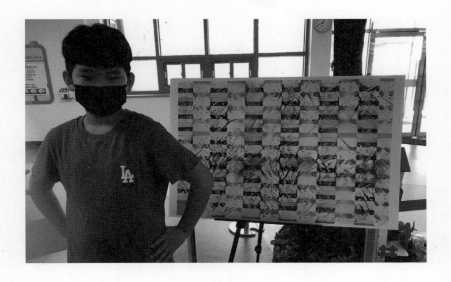

"제 이름만 올랐으면 더 좋긴 할 텐데, 그래도 뭐 인공지능 걔도 열심히 했으니까 같
이 했다고 하죠, 뭐!"

-우리 반 작가님의 제작 발표 중에서

5장

영상 제작과
이어나가기

영상 제작과 어떻게 이어나갈까?

"선생님, 저는 크리에이터가 되고 싶어요?"

"제가 찍은 영상 친구들 보여줄 수 있어요?"

"뮤직비디오 만들어 보면 좋겠어요!"

텍스트보다는 미디어에 익숙한 학생들과 학교생활을 하다 보면 '영상편집을 잘했으면 좋았을 텐데'하는 생각이 들 때가 많다. 학생들과 함께 한 학교생활 모습을 영상으로 찍어 남기고 싶기도 하고, 수업 시간 학습 활동을 영상으로 제작하고 싶기도 했다. 찍은 영상을 가정과 공유하고 싶을 때도 많다. 하지만 영상을 찍을 수는 있었지만, 편집이 어려워 시도조차 하지 못하고 포기했을 때가 많았다. 코로나19로 인해 온라인 수업을 할 때도 원격수업 영상을 찍고 싶은 마음은 간절했다. 하지만 방법을 몰라 도전조차 못 했던 선생님도 많았다. 이런 어려움과 영상 제작의 부담감을 조금이라도 덜어주고 싶어 이번 장을 마련했다. 영상 제작 수업 내용, 편집프로그램 사용 방법, 그리고 라이브 방송 방법 등을 이번 장에서 다루고자 한다.

사실 영상 제작이나 편집은 교사보다 학생들이 더 능숙할 수 있다. 초등학교 고학년 학생이라면 영상편집을 접해본 학생들이 많다. 이미 개인 유튜브 채널을 운영하는 학생들도 있다. 이런 학생들이 재능기부 형식으로 학급 친구들에게 영상편집 방법을 소개하면 된다. 아니면 유튜브만 검색해도 다양한 영상편집 프로그램과 편집 방법 등에 대한 안내가 자세히 나와 있다. 영상편집 방법은 컷 편집, 자막, 효과음만 넣으면 80%는 끝난다고 볼 수 있다. 프로그램 대부분의 사용법이 비슷하니, 하나의 프로그램만 익히더라도 다른 프로그램을 쉽게 사용할 수 있다.

학급 활동에서 영상 제작을 활용하면 학생들과의 관계를 좁히는 데 큰 도움이 된다. 영상 제작은 학급 구성원 수와 상관없이 한 명도 소외되지 않고 모두 참여할 수 있다. 감독, 촬영, 소품 담당, 배우 등, 각자 하고 싶은 역할에 참여할 수 있다. 합심해 만든 작품 결과물을 감상하다 보면, 자연스럽게 공동체 의식과 함께 보람을 느낄 수 있다. 또한, 결과물을 가정과 공유하다 보면 소통의 창구로 활용될 수도 있다. 즉, 영상 제작은 학생과 교사, 그리고 학부모와의 관계를 이어줄 수 있는 매개체가 될 수 있다. 무엇보다도 영상을 제작하다 보면 즐거워하는 학생들의 모습, 적극적으로 참여하는 능동적인 모습을 볼 수 있다. 물론 영상 제작을 시작하기까지는 많은 용기가 필요하다.

결과에 중점을 두기보다는 과정 자체에 의의를 두고, 짧은 영상부터 도전해 보는 것을 추천한다. 딱히 편집을 하지 않더라도 학생들의 활동 모습이나 결과물 등을 영상으로 찍어보는 것도 추천한다. 나중에 영상으로 만들고 싶더라도, 사진이나 동영상 자료가 없어서 만들지 못하는 경우가 있기 때문이다. 학생들 사진이나 동영상을 하나씩 찍어두는 것이 영상 제작의 첫걸음이라고 할 수 있다. 학교뿐만 아니라 개인 일상 속에서 기억 남는 것들을 사진이나 영상으로 남겨둬도 좋다. 시간이 된다면 이런 자료를 가지고 짧은 영상을 하나 만들어 보자. 개인의 소중한 추억이 영상 속에 영원히 저장될 것이다.

우리도 유튜버가 될래요!

"선생님, 저는 크리에이터가 꿈이에요."

"선생님, 우리 동영상 찍어 봐요."

"제가 친구들 한 번 찍어볼래요."

"우리가 찍은 거 유튜브에 올려요!"

몇 년 전까지만 해도 생소했던 크리에이터가 이제는 학생들의 장래희망에 빠지지 않고 등장한다. 우리 반 학생들과 미래 직업에 대해 이야기를 나눌 때도 20명의 학생 중, 6명의 학생이 크리에이터가 꿈이라고 했다. 과거에는 일상생활이나 학교에서 텍스트가 중요한 학습 매체였다. 하지만 이제는 미디어가 일상인 시대가 되었다.

국어 시간에 '딱지 따 먹기' 노래를 불러보고 친구들과 딱지치기 활동을 했다. 아이들이 딱지 치는 모습을 사진으로 담고 있었다. 한 학생이 "선생님, 딱지 넘기는 장면 영상으로 찍어주세요"라고 말했다. 다른 아이들도 자기가 하는 모습을 영상으로 찍어달라고 했다. 딱지치기 활동 후, 찍은 영상을 아이들과 함께 보는데, 한 아이가 뮤직비디오로 만들어 보자는 의견을

냈다. 아이들은 너 나 할 것 없이 환호성을 질렀다. 순식간에 아이들은 자신의 역할을 정했다. 소품을 만드는 친구, 실감 나게 표정을 연기하는 친구, 감독 역할을 맡은 친구 등, 각자 자신의 역할에 맞게 뮤직비디오를 만드는 활동에 적극적으로 참여했다. 그렇게 우리 반의 첫 번째 뮤직비디오가 탄생했다. 안타깝게도 편집을 할 수 있는 학생은 없었다. 편집에 능숙하지 못한 교사가 직접 해야 했기에 많은 어려움이 있었다. 그래도 고학년쯤 되면 편집 능력이 뛰어난 학생들이 많이 존재한다. 학생들에게 편집을 맡겨도 질 높은 작품이 나올 수 있다.

아이들은 자신들이 만든 뮤직비디오를 보면서 즐겁게 노래를 따라 불렀다. 자신들의 작품이 무척이나 흡족했는지, 한 친구가 우리 반 뮤직비디오를 유튜브에 올려보자고 했다. 다른 반 친구에게 소개하고 부모님에게도 보여주고 싶다고 했다. 아직은 조회수가 50밖에 되지 않지만, 아이들은 서로 크리에이터가 됐다며 기뻐했다.

학교 행사나 학급 활동을 영상으로 제작해야 하는 경우가 생긴다. 처음에는 어떻게 해야 할지 막막한 경우가 많다. 하지만 누구나 손쉽게 따라 할 수 있는 앱들이 많이 나와 있다. 대표적으로는 '키네마스터', 'Quik', 'VLLO', '파워디렉터' 등이 있다. 편집프로그램을 하나 선정한 후 유튜브를 통해 기능을 익혀보자. 교직 생활을 하면서 유용하게 쓰일 때가 많을 것이다.

<딱지 따 먹기>

영상 제작 어떻게 시작할까?

영상 제작 수업 운영하기

영상 제작 관련 동아리를 운영하거나 교과 및 창의적체험활동과 연계한 영상 제작 수업을 할 경우, 쉽게 활용할 수 있는 이론 및 수업 과정을 제시해 본다.

크리에이터 알아보기

가. 크리에이터란?

크리에이터란 무엇이든 새롭게 만드는 사람을 일컫는다. 일반적으로 유튜브와 같은 동영상 플랫폼에 자신이 제작한 동영상을 올리는 창작자를 '크리에이터(Creator)'라고 칭한다. 번역하면 '창작자'라는 뜻이다. 1인 방송 제작자에게 크리에이터라는 명칭을 쓰는 것은 단순히 동영상의 창작자일 뿐만 아니라, 자신이 만든 동영상을 매개로 자신의 커뮤니티를 만들어 가는 창조자 역할도 동시에 수행하기 때문이다.

나. 진로 관련 정보

□ 크리에이터 유사 직업: 드라마 프로듀서, 라디오 제작 프로듀서, 스포츠 프로듀서, 방송 프로듀서 등

□ 크리에이터가 되기 위한 과정: 자신만의 개성이나 색깔을 가진 콘텐츠를 영상으로 제작해 공유하고자 하는 사람이라면 누구든지 도전해 볼 수 있다. 나이, 성적 등과 무관하지만 대사, 기획, 촬영, 편집 등을 혼자 처리해야 하므로 동영상 제작에 대한 기본적인 지식과 기술이 필요하다. 무엇보다 새로운 콘텐츠에 대한 호기심이 많아야 하고, 인기 콘텐츠를 자세히 분석해서 적용하기 위한 남다른 노력이 필요하다. 최근에는 크리에이터 강연, 영상 강연 등이 많이 생겨나고 있다. 또한, 꼭 교육이 아니더라도 유튜브 채널을 통해 영상을 편집하는 방법에 대해 배워두는 것이 좋다.

□ 도움이 되는 활동: 크리에이터가 되기 위해서는 영상과 사진을 많이 찍어보는 활동이 필요하다. 물론, 영상 편집도 해보는 것이 좋다. 그리고 연극 활동도 추천한다. 카메라 앞에서 연기한다고 생각하면, 조금 더 자연스럽고 편하게 영상을 제작할 수 있다.

다. 방송직의 종류의 역할

프로그램의 제작에 참여하는 사람들을 '방송인'이라고 부른다. 하지만 최근 유튜브가 활성화되면서 방송인의 범위가 상당히 넓어졌다. 방송사에서 일하는 인력은 크게 세 가지로 나눈다. 제작 인력, 기술 인력, 출연진이다. 제작 인력은 크게 PD, AD, 작가 등을 말한다. 기술 인력은 보통 크루라고 부르며 카메라맨, 엔지니어, FD 등이 속한다. 출연진은 실제 방송에 등

장하는 사람으로 아나운서, 배우, MC, 리포터 등이 속한다.

□ PD: Producer, 또는 Product Director의 줄임말로 제작자로서 방송국의 프로그램 기획자로 작품의 선정, 출연진 관리, 예산 통제를 담당한다. 방송에 참여하는 모든 사람을 움직여 프로그램을 책임지고 제작하는 제작 총책임자이다.

□ AD: Assistant Director의 줄임말로 연출자의 지휘 아래 영화나 프로그램의 제작 및 연출을 도와주는 역할을 담당하며 조연출이라고도 한다.

□ 구성작가: 스크립터라고도 불리며 라디오나 TV 프로그램에서 프로듀서와 함께 기획, 구성, 섭외, 원고에 이르는 모든 부분을 담당한다.

□ FD: Floor Director의 줄임말로 무대 연출을 담당하는 사람을 말한다. 연출자의 메시지를 출연자에게 전달하며 야외 촬영 준비와 스튜디오 제작 환경을 점검하고 준비한다.

□ 촬영기사: 영화나 드라마 등의 영상물을 제작하기 위해 카메라를 사용하여 인물이나 대상을 촬영하는 사람으로 촬영 목적과 영역에 따라 TV 촬영기사, 영화 촬영기사, 광고 촬영기사 등으로 나뉠 수 있다.

□ 무대 분장사: 영화, 연극, 방송국 작품의 내용과 인물의 성격에 어울리도록 배우를 분장시키는 역할을 수행한다.

□ 영상물 번역가: 외국에서 제작된 영화, 드라마, 다큐멘터리 등의 영상물에 자막을 넣기 위해 대사를 해당 언어로 번역한다.

□ 아나운서: 라디오·텔레비전 방송국에 속하여 행사, 뉴스 등을 진행 및 전달하는 것을 주 임무로 하는 사람 또는 그 직업을 의미한다. 아나운서는 바른 언어 사용 및 올바른 표준말을 구사해야 한다.

- 기상캐스터: 날씨와 관련된 기사를 작성하고 편집하여 방송에서 보도하는 직업이다.
- 스포츠캐스터: 각 방송 매체를 통해 스포츠 경기의 진행 상황을 실시간으로 전달해 주는 역할이다.
- 리포터: 취재를 위해 사건 현장에 직접 가거나 관련된 사건 당사자들을 인터뷰하는 역할이다.
- DJ: '디스크자키(Disk Jockey)'의 줄임말로 방송에서는 보통 라디오를 진행하는 직업을 의미한다.
- VJ: '비디오 저널리스트(Video Journalist)'의 줄임말로 자신이 카메라를 가지고 다니면서 현장을 취재하고 영상을 촬영하며 편집, 해설에 이르는 모든 작업을 처리하는 사람으로 영상기자라고도 한다.
- MC: 'Master of Ceremonies'의 줄임말로 어떤 의식이나 행사, 대담과 좌담 프로그램 등의 진행자 역할이다.
- 성우: 라디오, 텔레비전, 영화 등에서 목소리를 연기하는 임무를 수행한다. 외국 영화 더빙, 만화 영화 더빙, 다큐멘터리 해설 등 활동 영역이 다양하다.
- 탤런트: 영화, 드라마, 연극 등의 등장인물로 출연하여 감독의 연출과 작가의 대본에 따라 연기를 하는 사람으로 배우라고도 한다.
- 스턴트맨: 스턴트맨은 영화나 드라마 등에서 등장인물을 대신하는 역할로 출연한다. 등장인물을 대신하여 달리는 자동차에서 뛰어내리거나, 액션 장면 등의 위험한 연기를 한다.

가. 기획이란?

영상작품을 제작하기 위하여 사전에 명확한 계획을 수립하는 것

나. 영상 제작 전 생각 할 것들

항목	내용	예시
제작 목적	무엇을 위해, 누구를 위해, 왜 제작하는가?	실험, 홍보, 공익광고 등
주제(콘텐츠)	전달하고자 하는 메시지, 즉 주제는 무엇인가?	언어, 환경, 인권, 과학 등
시청 대상	누구에게 보여줄 것인가?	가족, 친구, 학생 등
제작 형식	어떤 형식으로 만들 것인가?	광고, 영화, 다큐멘터리 등
제작 일시	언제까지 완성할 것인가?	일주일, 방학 중 등

다. 영상 용어와 기호

용어와 기호	내용
S#(Scene Number)	장면 번호
NAR.(Narration)	해설, 등장인물이 아닌 사람에게서 들려오는 설명조의 대사
F.I(Fade In)	화면이 차차 밝아짐
F.O(Fade Out)	화면이 차차 어두워짐
C.U(Close Up)	어떤 대상이나 인물이 두드러지게 화면에 확대되는 것

라. 샷의 크기에 따른 촬영

샷	내용
익스트림 롱 샷 (Extreme Long Shot)	주요 인물이나 사물은 작게 보이고 배경이 크게 보이는 샷으로 전체적인 상황이나 분위기, 배경을 설명함
롱 샷 (Long Shot)	익스트림 롱 샷보다는 작은 사이즈의 샷이지만 카메라가 포착하는 범위가 넓기 때문에 등장인물의 행동이나 장소를 살피기 쉬움

풀 샷 (Full Shot)	인물의 머리부터 발끝까지 몸 전체를 보여주는 샷으로 등장인물의 행동에 초점을 둠
니 샷 (Knee Shot)	인물의 무릎 윗부분을 보여주는 샷으로 과거 서부 영화에서 총을 넣거나 빼는 장면에서 자주 사용함
미디엄 샷 (Medium Shot)	피사체의 허리부터 머리까지 나온 샷으로 주위 배경보다는 인물이나 피사체가 더 많은 화면을 채움

마. 카메라의 위치에 따른 촬영

위치	내용
아이레벨 (Eye Level)	의자에 앉아 이야기할 때 바라보는 시선의 높이로 촬영한 것으로 편안함과 안정감을 느끼게 함
하이앵글 (High Angle)	카메라가 피사체를 위에서 아래를 내려다보는 각도로 촬영한 것으로 피사체의 나약하고 왜소한 상황을 연출할 때 많이 사용함
로우앵글 (Low Angle)	카메라가 피사체의 아래에서 위를 바라보는 각도로 촬영한 것으로 등장인물의 우월감, 힘, 권위 등을 표현할 수 있음
더치앵글 (Dutch Angle)	카메라가 비틀어서 피사체를 촬영하는 기법으로 불안함과 흥미, 역동성을 표현할 수 있음
조감도 (Bird's eye view)	실외 높은 곳에서 피사체를 똑바로 내려다보는 촬영 기법으로 자연의 웅장함이나 인간의 나약함, 왜소함 등을 표현할 수 있음

바. 콘텐츠 제작 단계

용어와 기호	내용
기획하기	영상의 목적, 주제, 내용 정하기
⇩	
스토리보드 작성	각 장면의 그림, 자막, 음악 구성하기
⇩	
촬영하기	영상 제작에 필요한 사진과 영상 촬영하기
⇩	
편집하기	영상편집 프로그램을 이용하여 편집하기
⇩	
공유하기	완성된 영상을 유튜브, 페이스북 등에 올리기

사. 기획서 만들기

작품 정보(예시)	
작품 주제	학교 소개
작품 제목	자랑스러운 ○○초등학교
작품 내용	우리 학교 소개 - 학교와 교실의 모습 - 선생님 인터뷰 - 학생 인터뷰 - 우리 학교의 자랑거리 소개(체육관, 운동장, 급식실)
필요한 자료	스마트폰, 태블릿, 삼각대, 이어폰
역할분담	• 촬영: 김○○ • 소품준비: 고○○ • 스토리보드: 이○○ • 배우: 박○○, 김○○, 정○○ · 편집: 모두

- 영상 시간 및 기타 내용: 2분 이내의 동영상 제작

작품 정보(실습)	
작품 주제	
작품 제목	
작품 내용	
필요한 자료	
역할분담	

- 영상 시간 및 기타 내용:

아. 스토리보드 만들기

〈영상 내용〉	〈스케치〉	〈자막, 내레이션〉

초등학교 교육과정과 영상 제작

가. 1~2학년군

교과	성취기준	주제
국어	[2국 01-06] 바르고 고운 말을 사용하여 말하는 태도를 지닌다.	• 슬기로운 학교생활 - 줄임말, 욕설 사용의 문제점 - 학교폭력 예방 - 친구와 사이좋게 지내기 - 안전한 학교생활
통합 교과	[2바 01-01] 학교생활에 필요한 규칙과 약속을 정해서 지킨다.	
안전한 생활	[2안 01-01] 교실과 특별실에서 활동할 때 질서를 지켜 안전하게 생활한다.	
국어	[2국 05-05] 시나 노래, 이야기에 흥미를 가진다.	• 에너지 절약 뮤직비디오 만들기 - 기후변화와 관련된 노래, 이야기 듣기 - 에너지를 절약할 수 있는 여름철 생활 도구 살펴보기 - 에너지 절약송 뮤직비디오 만들기
통합 교과	[2바 04-01] 여름철의 에너지 절약 수칙을 알고 습관화한다. [2슬 04-02] 여름에 사용하는 생활 도구의 종류와 쓰임을 조사한다.	
통합 교과	[2즐 03-01] 가족 구성원이 하는 역할을 고려하여 고마운 마음을 작품으로 표현한다.	• 어버이날 감사 영상 만들기 - 부모님께 전하는 말 포스터 그리기 - 영상편지 - 노래 가사에 어울리는 배경 그림 그리기
통합 교과	[2바 07-02] 다른 나라의 문화를 존중하고 공감하는 태도를 기른다. [2즐 07-04] 다른 나라의 노래, 춤, 놀이를 즐기고 그 느낌을 다양하게 표현한다.	• 세계는 하나 - 세계 각국의 노래와 춤 배워 영상으로 제작하기 - 지구촌 문화의 존중과 공감의 메시지 전하기 - 세계 각국 친구들에게 영상편지 쓰기
통합 교과	[2바 08-02] 생명을 존중하며 동식물을 보호한다. [2슬 08-03] 동식물의 겨울나기 모습을 살펴보고, 좋아하는 동물의 특성을 탐구한다. [2즐 08-03] 동물 흉내 내기 놀이를 한다.	• 동물과 식물은 소중한 내 친구 - 멸종 위기 동물과 식물 알아보기 - 동물과 식물의 입장 되어보기 - 생명존중의 중요성 역할극으로 표현하기

나. 3~4학년군

교과	성취기준	주제
국어	[4국 01-04] 적절한 표정, 몸짓, 말투로 말한다.	• 나도 배우다 - 시간의 흐름에 따라 사건과 행동이 드러나게 시나리오 작성하기 - 역할 선정을 통해 적절한 표정, 몸짓, 말투로 연기하기 - 영상에 사용할 효과음과 배경음 선정하고 느낌 나누기 - 주제를 정해 한편의 단편 영화 제작하기
	[4국 03-02] 시간의 흐름에 따라 사건이나 행동이 드러나게 글을 쓴다.	
음악	[4음 03-01] 음악을 활용하여 가정, 학교, 사회 등의 행사에 참여하고 느낌을 발표한다.	
국어	[4국 03-05] 쓰기에 자신감을 갖고 자신의 글을 적극적으로 나누는 태도를 지닌다.	• 바른 언어 사용 UCC - 바른 언어 사용 UCC 시나리오 작성하기 - 한글을 소중히 여겨야 하는 이유 - 친구들 간의 바른 언어 사용 - 바른 언어 사용 캠페인 UCC 제작하기
	[4국 04-05] 한글을 소중히 여기는 태도를 지닌다.	
도덕	[4도 02-02] 친구의 소중함을 알고 친구와 사이좋게 지내며, 서로의 입장을 이해하고 인정한다.	
국어	[4국 05-03] 이야기의 흐름을 파악하여 이어질 내용을 상상하고 표현한다.	• 남북 분단의 슬픔 - 이산가족 이야기를 읽고 이어질 내용 상상해서 표현하기 - 통일의 필요성 알아보기 - 아리랑 플래시몹 영상으로 제작하기
도덕	[4도 03-03] 남북 분단 과정과 민족의 아픔을 통해 통일의 필요성을 알고, 통일에 대한 관심과 통일 의지를 기른다.	
음악	[4음 01-02] 악곡에 어울리는 신체표현을 한다.	
사회	[4사 01-03] 고장과 관련된 옛이야기를 통하여 고장의 역사적인 유래와 특징을 설명한다.	• 우리 고장 홍보 UCC 만들기 - 우리 고장의 유래 - 우리 고장의 문화유산 - 우리 고장의 관광지 - 우리 고장을 홍보하는 UCC 제작하기
	[4사 01-04] 고장에 전해 내려오는 대표적인 문화유산을 살펴보고 고장에 대한 자긍심을 기른다.	
사회	[4사 03-03] 우리 지역을 대표하는 유⊠무형의 문화유산을 알아보고, 지역의 문화유산을 소중히 여기는 태도를 갖는다.	• 자랑스럽고 소중한 우리 고장 - 우리 고장의 역사와 문화유산 - 우리 지역의 인물 - 소중한 우리 고장 - 우리 고장의 역사와 전통 UCC 제작하기
	[4사 03-04] 우리 지역과 관련된 역사적 인물의 삶을 알아보고, 지역의 역사에 대해 자부심을 갖는다.	

다. 5~6학년군

교과	성취기준	주제
국어	[6국 01-02] 의견을 제시하고 함께 조정하며 토의한다. [6국 03-01] 쓰기는 절차에 따라 의미를 구성하고 표현하는 과정임을 이해하고 글을 쓴다.	• 위기탈출 넘버원 - '안전한 학교생활'이라는 주제로 토의하기 - '안전한 학교생활'이라는 주제로 제안하는 글 쓰기 - 우리나라 지형과 기후에 따라 발생할 수 있는 안전 문제 알아보기 - 운동 상해의 원인과 예방 방법 알기 - 안전한 학교생활을 위한 글자 그림 그리기 - 안전한 학교생활을 위한 UCC 제작하기
사회	[6사 01-04] 우리나라 자연재해의 종류 및 대책을 탐색하고, 그와 관련된 생활 안전 수칙을 실천하는 태도를 지닌다.	
체육	[6체 05-01] 운동 시 발생할 수 있는 응급 상황(출혈, 염좌, 골절 등)의 종류와 특징을 조사하고 상황에 따른 대처법을 탐색한다.	
미술	[6미 01-02] 대상이나 현상에서 시각적 특징을 발견할 수 있다.	
국어	[6국 02-06] 자신의 읽기 습관을 점검하며 스스로 글을 찾아 읽는 태도를 지닌다. [6국 05-05] 작품에 대한 이해와 감상을 바탕으로 하여 다른 사람과 적극적으로 소통한다.	• 바르고 떳떳하게 - '자전거 도둑' 온 작품 읽기 - 이야기 속에서 정직의 의미와 중요성 알아보기 - 정직한 삶을 위한 올바른 판단하기 - 정직한 삶을 위한 시나리오 작성하기 - 바르고 떳떳한 삶을 위한 UCC 제작하기
도덕	[6도 01-03] 정직의 의미와 정직하게 살아가는 것의 중요성을 탐구하고, 정직과 관련된 갈등 상황에서 정직하게 판단하고 실천하는 방법을 익힌다.	
미술	[6미 02-03] 다양한 자료를 활용하여 아이디어와 관련된 표현 내용을 구체화할 수 있다.	
사회	[6사 02-01] 인권의 중요성을 인식하고 인권 신장을 위해 노력했던 옛사람들의 활동을 탐구한다. [6사 02-02] 생활 속에서 인권 보장이 필요한 사례를 탐구하여 인권의 중요성을 인식하고, 인권 보호를 실천하는 태도를 기른다.	• 틀림이 아닌 다름 - 인권의 의미와 생활 속 인권 침해 사례 알아보기 - 학교 및 학급 인권 규칙 선언하기 - '아름다운 세상' 노래 가사를 바꾸어 인권송 만들기 - '인권송'에 맞는 그림을 통해 뮤직비디오 완성하기
음악	[6음 03-02] 음악이 심신 건강에 미치는 영향에 대해 발표한다.	
미술	[6미 02-02] 다양한 발상 방법으로 아이디어를 발전시킬 수 있다.	

영상 감상 관점

영상을 제작하는 것도 중요하지만 감상하는 태도를 기르는 것도 중요하다. 영상 제작은 자칫 제작 과정은 생략된 채 결과물 위주의 평가가 될 수 있다. 제작 과정과 결과를 통해 작품의 감상 관점을 키워나가는 것이 올바른 미디어를 접하고 제작할 수 있는 중요한 밑거름이 된다.

□ 역할분담: 한편의 영상이 완성되기까지 각자의 역할에 따른 헌신과 희생이 숨겨져 있다. 다양한 역할분담을 통해 하나의 작품이 완성된다는 과정을 이해하고 공동체 의식을 기를 수 있다. 영상을 감상할 때 전체 작품을 보는 관점도 중요하지만, 각자의 분야에서 맡은 역할을 생각하며 부분과 전체의 결합 과정을 이해하는 것도 필요하다.

□ 작품의 제작 의도: 작품의 제작 의도는 제작자가 영상을 통해 전달하고자 하는 주제라고 생각하면 된다. 작품의 제작 의도는 작품 전체적으로 일관되게 흐르는 제작 방향이 되므로 매우 중요하다. 작품의 제작 의도에 따라 주제 의식이 잘 드러나기 위해 뮤직비디오, 광고, 드라마, 공익광고 등의 형식으로 제작방법과 장르가 달라진다. 한편의 작품을 감상하면서, 제작 의도가 작품 속에 제대로 반영돼 있는지를 확인하는 것도 필요하다.

□ 작품의 흐름과 구성: 영상은 주어진 시간 동안 시청자에게 흥미와 관심을 이끌어내고 감동적인 이야기를 만들어 좋은 반응을 이끌어내야 한다. 이를 위해 장면을 적절히 배치하고 연결하는 데 어떤 짜임새 있는 전개 방식으로 흐름을 이어가는지 살펴보아야 한다.

□ 영상의 구도, 색조 및 음향: 영상작품은 크게 비디오 부분과 오디오 부분으로 이루어져 있다. 주제를 정확하고 효과적으로 전달하기 위한 화면의 구도, 화면의 분위기가 무엇인지 눈여겨볼 필요가 있다. 또 영상 전체의 분위기를 아우르며, 영상 전개에 활력을 불어넣어 주는 배경음악, 내레이션 등의 적용도 분석해 보아야 한다.

□ 자막의 사용: 타이틀은 영상의 흐름을 효과적으로 보조해 주고 이어 주는 역할을 한다. 주제를 부각시켜 주는 타이틀의 의미, 이미지, 타이틀의 크기와 위치 등을 어떻게 활용했는지 감상해 본다. 각각의 영상을 보면서 자막의 크기나 내용 및 배치 등이 어떻게 활용되었는지 감상해 본다.

키네마스터로 영상 편집하기

모바일 기기를 활용해서 영상을 편집할 때 사용할 수 있는 앱이 다양하다. 여러 가지 앱 중에서 학생들이 많이 사용하고 직관적으로 익히기 쉬운 '키네마스터'를 활용하여 영상 편집하는 방법을 소개하고자 한다. 대부분의 편집 방법은 사용 방법이 비슷하므로 하나의 프로그램만 익혀도 다른 앱들도 쉽게 활용할 수 있다. 다만, 키네마스터는 무료 버전의 경우 영상을 제작하고 나면 작품에 워터마크가 남는다는 단점이 있다.

키네마스터란?

키네마스터는 안드로이드와 아이폰, 아이패드 이용자들을 위한 모든 기능을 갖춘 동영상 편집기이다. 키네마스터를 통해 멀티레이어, 녹음, 크로마키, 속도 조절, 장면전환 효과, 자막 입력, 특수 효과 등의 다양한 기능을 쉽게 이용할 수 있다.

영상을 쉽고 무료로 만들 수 있는 장점 때문에 YouTube, 틱톡, 인스타그램의 크리에이터들이 키네마스터를 이용하고 있다. 하지만 무료로 이용 시 동영상의 우측 상단에 워터마크가 있으며, 프리미엄 에셋과 일부 기능을 이용할 수 없다는 단점이 있다.

키네마스터의 주요기능

- **멀티 레이어**   동영상, 이미지, 스티커, 특수 효과, 텍스트, 손글씨를 한 화면에 넣을 수 있다.

- **혼합 모드**   아름다운 효과들을 만들 수 있다.

- **오디오 기능**   녹음, 배경음악, 그리고 음향 효과를 영상에 추가할 수 있다.

- **편집 툴**   동영상을 자르고, 붙이고 편집할 수 있다.

- **에셋 스토어**   다양한 음악, 글꼴, 스티커, 장면전환 효과 등의 다양한 에셋이 매주 업데이트된다.

- **저작권 걱정 없는 음악**   에셋 스토어에 업데이트되는 모든 음악 에셋들을 저작권 걱정 없이 이용할 수 있다.

- **속도 조정**   타임 랩스와 슬로우 모션 동영상을 만들 수 있다.

- **오디오 조정**   자동 볼륨 조정, 음상 변조 기능을 이용하여 실감 나는 오디오 편집을 할 수 있다.

- **키 프레임 기능**   애니메이션 툴을 이용해서 레이어에 모션을 추가할 수 있다.

- **다양한 해상도 지원**   SD부터 4K까지 원하는 해상도의 동영상을 만들 수 있다.

키네마스터 사용법

키네마스터 다운받기

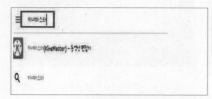

플레이스토어 또는 앱스토어에서 키네마스터 다운로드 및 설치하기

키네마스터 시작화면 살펴보기

① 새로 만들기: 새롭게 동영상을 만들 때 클릭

② 프로젝트 받기: 텍스트, 인트로, 뮤직비디오 등 키네마스터에서 만들어 놓은 프로젝트 받기

③ 에셋 스토어: 효과, 장면 전환, 스티커, 배경음 등 다운

새로 만들기 클릭 → 화면 비율(16:9) 및 사진 배치(화면 채우기), 사진 길이(5초) 설정

키네마스터 영상 만들기

화면구성 및 기능 소개

영상 제작에 쓰일 사진 또는 동영상 선택
(드래그&드롭으로 사진의 순서 조정 가능)

타임라인의 사진이나 영상을 클릭하면 다양한
기능이 활성화됨

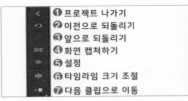

① 프로젝트 나가기
② 이전으로 되돌리기
③ 앞으로 되돌리기
④ 화면 캡처하기
⑤ 설정
⑥ 타임라임 크기 조절
⑦ 다음 클립으로 이동

메뉴상자 기능 소개

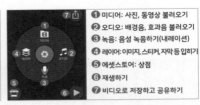

① 미디어: 사진, 동영상 불러오기
② 오디오: 배경음, 효과음 불러오기
③ 녹음: 음성 녹음하기(내레이션)
④ 레이아: 이미지, 스티커, 자막 등 압히기
⑤ 에셋스토어: 상점
⑥ 재생하기
⑦ 비디오로 저장하고 공유하기

효과 창 기능 소개

① 해당 클립 시간
② 전체 클립 시간
③ 이미지
④ 자막(텍스트)
⑤ 이미지
⑥ 효과
⑦ 스티커
⑧ 손글씨
⑨ 배경음
⑩ 화면 미리보기

타임라인 창 소개

키네마스터로 영상 편집하기

| 화면 비율 및 사진 배치, 사진 길이(5초) 설정 후 원하는 사진과 영상 가져오기 | 사진 및 영상 순서 조정(원하는 사진 및 영상을 꾹 누른 후 원하는 위치로 변경) |

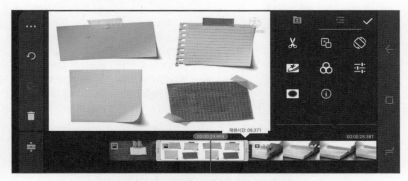

사진 길이 변경 시 타임라인의 사진 클릭 후 노란색으로 활성화되면 원하는 길이만큼 드래그

사진 편집하기(타임라인에서 편집할 사진 클릭)

① 트림/분할: 사진의 길이 조절
② 펜&줌: 사진의 시작 크기와 끝 크기 조절(클로즈업 효과)
③ 회전/미러링: 좌우, 상하 반전, 또는 회전
④ 클립 그래픽: 사진/영상에 그래픽 효과 주기
⑤ 필터: 사진/영상에 필터 입히기(따뜻한, 차가운, 흑백)
⑥ 조정: 밝기, 명도, 채도 조절하기
⑦ 비네트: 화면 중앙 부분 강조하기(과거 회상, 꿈 등)

동영상 편집하기(타임라인에서 편집할 동영상 클릭)

① 트림/분할(컷편집): 영상의 왼쪽, 오른쪽, 가운데 자르기
② 펜&줌: 영상의 시작 크기와 끝 크기 조절(클로즈업 효과)
③ 믹서(볼륨): 영상의 볼륨 조절
④ 클립 그래픽: 영상에 그래픽 효과 주기
⑤ 속도: 영상의 속도를 빠르거나 느리게 하기
⑥ 리버스: 영상을 반대로 재생하기
⑦ 회전/미러링: 영상의 좌우, 상하 반전, 또는 회전
⑧ 필터: 사진/영상에 필터 입히기(따뜻한, 차가운, 흑백)
⑨ 조정: 밝기, 명도, 채도 조절하기
⑩ EQ: 영상의 음질 바꾸기
⑪ 상세볼륨: 영상의 볼륨을 세분화하여 조절
⑫ 잔향효과: 영상의 소리를 메아리치듯 변경
⑬ 음성변조: 영상의 소리를 다양하게 변조
⑭ 비네트: 화면 중앙 부분 강조하기(과거 회상, 꿈 등)
⑮ 오디오 추출: 동영상에서 영상과 음향을 따로 분리

컷 편집하기(동영상에서 필요한 부분만 잘라내기)

① 영상 자를 부분에 타임라인 막대 놓기
② 가위 클릭하기
③ 왼쪽 트림(영상 뒷부분을 쓸 경우) 또는 오른쪽 트림(영상 앞부분을 쓸 경우) 선택하기

해당 영상 클립의 왼쪽이나 오른쪽을 드래그해서 필요한 부분만 남기기

자막 만들기

| 자막 넣을 위치에 타임라인 막대 두기 → 레이어 → 텍스트 | 자막에 들어갈 내용 입력 | 자막의 크기, 위치 조정 및 다양한 효과 주기 |

배경음 및 효과음 넣기

| 배경음(효과음) 넣을 위치에 타임라인 막대 두기 → 오디오 | 음악 선택 후 +버튼 누르기 | 배경음의 길이, 위치 조정 및 다양한 효과 주기 |

영상 추출하기

영상 편집이 끝나면 우측 상단의 내보내기 클릭   원하는 해상도와 프레임 선택 → 저장

유료 버전 건너뛰기   휴대전화 갤러리에서 완성된 영상 확인

특수 기능 1. 모자이크 효과 주기(인물이나 특정 부분을 가릴 때 사용)

모자이크 효과 넣을 위치에 타임라인 막대 두기 →
레이어 → 효과

기본 효과 → 모자이크 → 크기 및 위치 조절

특수 기능 2. 장면전환 효과 주기(클립과 클립 사이를 자연스럽게 연결할 때 사용)

클립과 클립 사이의 + 버튼 클릭

원하는 장면전환 효과 선택 후 재생해 보기

특수 기능 3. 크로마키 효과 주기(다른 배경에 사진이나 영상을 합성할 때 사용)

배경이 될 영상이나 사진 준비 → 레이어 →
미디어에서 단색 배경에서 찍은 영상이나 사진
준비 → 크로마키 클릭

화면 크기 및 위치 조절, 색감 조절

프리즘 라이브 스튜디오로 라이브 방송하기

    코로나19로 인해 학교 행사나 공개수업 등을 대면으로 실시하지 못한 경우들이 많다. 이럴 때 이용할 수 있는 것이 라이브 방송이다. 대표적인 라이브 방송은 유튜브, 밴드, 카카오톡, 페이스북 등이 있다. 밴드 라이브 방송은 최대 2시간까지 가능하며 밴드 구성원과 구독자에게 실시간 중계가 가능하다. 유튜브는 라이브 방송을 하기 위해선 구독자가 천 명이 넘어야 한다. 유튜브는 자체적으로 스트리밍 프로그램을 지원해 주지 않기 때문에 방송 송출을 위한 스트리밍 프로그램이 필요하다. 대표적인 프로그램으로는 OBS나 프리즘 라이브 스튜디오가 있다. 스트리밍 프로그램을 활용한다면 구독자가 1000명이 넘지 않아도 실시간 라이브 방송을 할 수 있다. 이번에는 네이버에서 만든 프리즘 라이브 스튜디오를 활용해서 실시간 라이브 방송하는 법을 다뤄보고자 한다.

    프리즘 라이브 스튜디오 프로그램을 다운받고 계정을 만들어 로그인한다. 방송을 송출할 채널을 선택하고 방송에서 사용할 장면과 소스를 준비한다. 화면과 음향을 확인하고 준비가 되면 방송 시작 버튼을 누르고 방송을 시작하면 된다. 구체적인 사용법은 다음 장에 표와 그림으로 제시했다.

프리즘 라이브 스튜디오

　프리즘 라이브 스튜디오는 최대 4K 해상도의 실시간 영상을 네이버TV, 밴드, 유튜브, 페이스북 등 다양한 플랫폼에 최대 6개까지 동시에 송출이 가능하다.

　복잡한 장비 없이도 방송 화면에 사진, 동영상, 플레이 중인 게임 등을 라이브로 방송할 수 있다.

프리즘 라이브 스튜디오 사용법

프리즘 라이브 스튜디오 다운받기

인터넷 또는 앱에서 프리즘 라이브 스튜디오 검색 후 다운 → 다양한 계정으로 로그인 가능

프리즘 라이브 스튜디오 기능 살펴보기

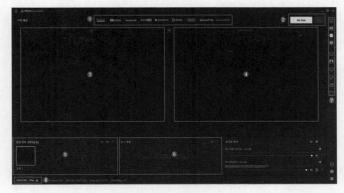

① 라이브 방송 송출 채널: twitch, youtube, Facebook, 네이버쇼핑 라이브, 네이버TV, VLIVE, 아프리카
   TV, customRTMP 중 송출할 채널 선택
② 방송 시작: 라이브 방송 시작 및 종료, 라이브 방송 녹화 선택
③ 편집자 화면: 편집자 화면으로 라이브 방송에는 등장하지 않음. 우측 상단에 →를 누르면 라이브 방송
   화면으로 화면전환
④ 라이브 방송 화면: 실제 라이브 방송에 등장하는 화면
⑤ 장면 목록 탭: 라이브 방송에 송출할 장면 추가
⑥ 소스 탭: 각 장면에 추가할 소스 선택
⑦ 부가기능 탭: 채팅창, 알림, 뷰티 이펙트, 가상 배경, 스티커 등 사용
⑧ 해상도 및 프레임 설정: 출력 해상도 및 프레임 값, 단축키 등 설정

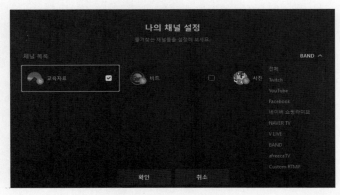

① 라이브 방송 송출 채널: 송출할 채널 선택 후 계정과 연동해서 나의 채널 설정(최대 6개까지 선택 가능),
   송출할 채널의 계정이 있어야 라이브 방송 송출 가능

⑤ 장면 목록 탭: 라이브 방송에서 활용할 시작 화면,
   방송자 웹캠, 교육 자료, 휴식 시간 등 사용할 장면
   목록 추가 및 배치

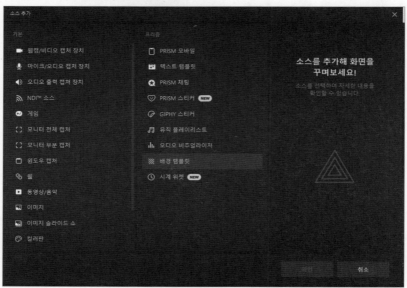

⑥ 소스 탭: 각 장면에 사용할 화면이나 이미지 등을 선택, 하나의 장면에 여러 가지 소스를 추가하여 배치

온라인 수업영상 제작하기

2020년 코로나19로 인해 개학이 연기되면서 4월에 원격수업 운영 계획이 발표됐다. 원격수업은 실시간 쌍방향 수업, 콘텐츠 활용 중심 수업, 과제 수행 중심 수업, 학교장이 별도로 인정하는 수업 등으로 수업의 방향이 결정됐다. 실시간 쌍방향 수업은 줌, 구글 미트, e학습터 같은 실시간 원격교육 플랫폼을 활용한 교사·학생 간 화상 수업을 통해 진행되었다. 실시간 소통 및 즉각적인 피드백이 가능한 장점이 있었다. 콘텐츠 활용 중심 수업은 지정된 녹화 강의나 콘텐츠를 학생들이 시청하고 제시된 활동을 하는 방식이었다. 교사는 학생들의 학습 활동에 피드백을 제공했다. 과제 수행 중심 수업은 학생 스스로 할 수 있는 성취기준 중심의 과제를 제시하면 교사는 과제에 대한 피드백을 제공했다. 학교마다 환경과 여건이 다르기 때문에 적용하는 원격수업 방법은 달랐다. 교사들도 콘텐츠를 찾고 영상 시스템을 다루며 직접 수업 영상을 제작하기도 했다. 수업 영상을 제작하는 방법은 다양했다. 간략하게 경험했던 몇 가지 제작방법을 다루고자 한다.

수업 영상 제작 장비 준비하기

유튜브가 발달하면서 개인 방송 장비들이 다양해지고 간편해졌다. 수업 영상을 제작할 때도 제작을 위한 장비가 필요하다. 크게는 카메라, 마이크, 삼각대만 있으면 웬만한 영상을 촬영할 수 있다. 이 외에도 조명, 블루 스크린, 드로잉 패드 등이 있으면 질 높은 수업 영상을 제작할 수 있다. 카메라 같은 경우는 컴퓨터에 부착하는 웹캠을 활용할 수도 있다. 아니면 DSLR이나 스마트폰을 활용할 수도 있다. 컴퓨터로 영상을 촬영할 경우엔 웹캠을 활용하는데, 요즘 시중에 나온 제품 중 FHD 이상의 화질을 선택하면 어려움 없이 수업 영상을 제작할 수 있다.

수업 영상을 제작할 때 놓치기 쉬운 부분이 마이크이다. 마이크 없이 영상을 제작했을 때와 마이크를 사용하여 영상을 제작했을 때의 차이는 분명하다. 마이크 종류도 굉장히 다양하지만, 단순히 핀 마이크만 사용해도 교실이나 가정의 웬만한 잡음은 제거해 줄 수 있다. 핀 마이크가 없다면 핸드폰 이어폰에 달려있는 마이크를 사용해도 된다. 스마트폰이나 DSRL로 영상을 촬영할 경우엔 삼각대가 필요하다. 단순히 교과서를 놓고 촬영을 할 때는 수직 촬영 거치대나 자바라 거치대가 편리하다. 움직이는 영상을 촬영할 때는 짐벌을 활용하면 흔들리지 않고 안정적으로 영상을 촬영할 수 있다.

이 외에도 수업자를 부각시키고 싶다면 조명을 활용할 수도 있다. 수업 영상에서 가상의 배경을 활용하고 싶을 때는 블루 스크린을 사용해서 크로마키 효과를 줄 수 있다. 장비도 없고 촬영하는 기술도 부족하다면 먼저 스마트폰을 이용해 수업 영상을 촬영해 볼 것을 추천한다.

수업 영상 제작하기

수업 영상 제작 장비가 준비됐다면 본격적으로 영상 제작 과정으로 들어간다. 영상 제작 과정은 크게 5단계로 나눠진다. 물론 여기서 설명하는 단계는 예시의 과정일 뿐, 학교나 교사 상황에 따라 융통성 있게 운영할 수 있다.

수업 영상을 제작하기 위해서는 가장 먼저 수업에서 활용할 자료를 준비해야 한다. 수업자료는 PPT, PDF, 교과서나 학습지 등 교사나 학생의 선호 및 학습 내용에 따라 알맞은 자료를 준비한다. 단순히 사진 몇 장을 가지고 수업을 진행할 수도 있다. 유튜브나 e학습터의 영상을 활용할 수도 있다. 초등학교 같은 경우에는 지도서 전자저작물 USB 속에 대면 수업 및 온라인 수업에서 활용할 수 있는 다양한 자료가 담겨있다. 수업자료가 준비됐으면 간단히 원고를 작성한다. 원고를 작성하면 수업의 흐름을 한눈에 읽을 수 있다. 촬영 때 실수를 최소화할 수 있다. 수업 시작 전, 간단한 지도안을 작성해 보는 것이라 생각하면 된다. 온라인 수업 영상 제작이 익숙해지면 핵심어 위주로 원고를 작성해서 촬영 때 활용할 수도 있다. 아무튼 원고가 작성되면 본격적으로 촬영에 들어간다. 촬영은 칠판 맞은편 삼각대 위에 스마트폰이나 DSLR을 거치해둔 후, 본인이 수업하는 모습을 찍으면 된다. 좀 더 간편한 방법은 수직 촬영 거치대를 활용해서 영상을 촬영하는 방법이다. 교과서나 활동지를 책상에 두고 스마트폰 거치대를 활용해 위쪽에서 촬영하면 된다. 그리고 수업 영상을 제작할 때는 마이크 사용을 적극적으로 권하고 싶다. 마이크를 사용하게 되면 질 높은 영상을 만들 수 있기 때문이다. 파워포인트를 이용해서도 수업 영상을 제작할 수 있다. 2013

버전 이상부터는 슬라이드 쇼 녹화 버튼을 누르면 파워포인트 화면을 녹화할 수 있다. 그리고 2019버전부터는 수업자 화면도 동시에 녹화 가능하다. 파워포인트는 영상 컷 편집도 가능하므로 촬영과 편집을 동시에 진행할 수 있다. 단, 수업자료를 파워포인트로 활용해야 한다는 제한점이 있다. 이 외에도 아이캔노트 프로그램을 활용해서 수업영상을 제작할 수도 있다. 아이캔노트는 무료 이용이 가능하다. PDF, HWP, JPG, PPT 등, 다양한 수업자료를 띄워놓을 수도 있고 화면을 녹화할 수도 있다. 그 화면 위에 판서할 수 있는 기능까지 제공된다. 스마트폰을 사용하여 수업 영상을 촬영할 경우에는 화면 녹화 앱을 다운받아 활용하는 것도 좋다.

<수직촬영 거치대 활용하여 수업영상 촬영하기>

촬영이 끝났으면 영상편집을 해야 한다. 영상편집은 키네마스터, 파워디렉터, 멸치, VLLO등, 스마트폰 영상편집 앱을 활용할 수 있다. 아니면 스마트폰 자체에 있는 기능을 활용해서 컷 편집을 할 수도 있다. 컴퓨터를 활용할 경우, 곰믹스, 뱁믹스, 반디컷, 프리미어, 파워디렉터 등의 프로그램을 이

용할 수 있다. 촬영했던 영상에서 필요 없는 부분을 지우고 간단한 효과음이나 배경음을 추가할 수 있다. 편집할 때는 교사의 목소리 크기를 반드시 확인해야 한다. 수업 영상에서 크게 신경 써야 할 것은 교육 자료가 들어있는 화면, 교사의 목소리, 자막이다.

편집이 끝났으면 완성된 영상을 학급 플랫폼에 올려 학생들이 수업 시간에 활용할 수 있도록 한다. 개인 유튜브 채널을 이용할 수도 있고, 구글 클래스룸, 클래스팅, e학습터 등에 링크를 제공할 수도 있다. 지금까지 설명한 수업 영상 제작의 과정은 하단의 그림과 같다.

<수업영상 제작과정>

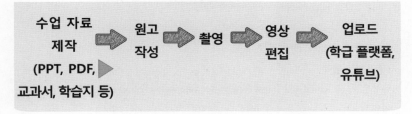

수업 영상 제작 관련 도구

수업 영상을 제작하다 보면 부가적으로 필요한 몇 가지 기능들이 있다. 영상을 시작할 때 사용되는 인트로 화면 만들기, 영상 파일의 용량 줄이기, 저작권 등의 문제가 발생할 수 있다. 이런 문제점을 해결해 보고자 온라인 수업이나 수업 영상을 제작할 때 참고할 사이트를 다음 장에 표로 제시해 본다.

- 센드애니웨어(https://send-anywhere.com)
  - 스마트폰, PC, 태블릿 등 다양한 기기에서 간편하게 파일 전송 가능
  - 1회 10GB까지 무료로 업로드 및 전송 가능

- ZoomIt(https://zoomit.kr.uptodown.com)
  - 마우스 휠이나 키보드 단축키를 이용해 화면을 확대 또는 축소할 수 있는 도구

- 마우스 하이라이트
  - 윈도우 마우스 설정 기능을 통해 마우스 커서의 크기 및 색 조정
  - 윈도우 → 마우스 설정 → 마우스 커서 크기 조정 → 포인터 크기, 색 변경

- 이미지 배경 제거(https://www.remove.bg)
  - 사진의 배경 제거하여 수업 영상 및 자료에 활용

- 사진 및 동영상 용량 줄이기
  - 이미지프레소: https://imgpresso.co.kr
  - 비디오프레소: http://www.videopresso.co.kr
  - 포토스케이프X: http://x.photoscape.org
  - 샤나인코더: https://shana.pe.kr

- 저작권 없는 음악
  - 유튜브 오디오 라이브러리: https://www.youtube.com/audiolibrary
  - 자멘도: https://www.jamendo.com
  - 프리뮤직아카이브: https://freemusicarchive.org/static
  - 프리사운드: http://freesound.org
  - 씨씨믹스터: http://ccmixter.org
  - 나눔뮤직: https://tv.naver.com/nanumsound

- 다양한 인트로 영상
  - 무료 인트로 양식: www.velosofy.com
  - 무료 온라인 디자인 제작 툴: https://www.canva.com
  - 유튜브 무료 인트로 템플릿 공유 채널
    - Top Intro Ideas
    - 나눔 NANUM
    - RKMFX

6장

놀이와
이어나가기

놀이와 어떻게 이어나갈까?

"국어 시간에 초성게임해요."

"오늘 배운 내용으로 스피드 퀴즈 해요."

"오늘 급식실 가는 순서는 행운의 여신으로 뽑아요."

"점심시간에 음악 퀴즈 만들어 놓을게요."

'코로나19 속에서도 활기와 에너지가 넘치는 교실을 어떻게 만들 수 있을까?'

학생들에게 기억에 남는 하루 일과를 물었을 때, 학습과 관련된 내용을 이야기하는 친구들은 많지 않다. 대신 쉬는 시간에 친구랑 놀았던 기억처럼 놀이와 관련된 이야기가 자주 거론된다. 놀이는 학생들에게 흥미를 주고 서로 좋은 관계를 형성할 수 있는 매개체이기 때문이다. 이런 점을 착안해 학습과 놀이를 연계한다면 학생들의 수업 참여도는 높아지고 공부에 대한 흥미도 또한 증가될 것이다. 하지만 불행히도 코로나19로 인해 서로 웃고 떠들며 놀이 활동을 하는 모습을 찾아보기 힘들다. 신체적인 접촉은 할 수 없기에 최근에는 에듀테크를 활용한 다양한 참여 놀이 활동들이 등장했다.

이번 장에서는 수업 자투리 시간이나 원격수업 시간 등에 활용할 수 있는 놀이 사례를 담았다. 놀이는 단순히 경쟁을 바탕으로 일회성 활동으로 끝날 수도 있다. 하지만 활용 방법에 따라 다양한 교육적 효과를 맛볼 수 있다. 학생들은 놀이를 통해서 서로 협력하고 규칙을 준수하는 태도를 배울 수 있다. 또한, 상대방을 배려하고 결과를 인정하면서 친구들을 격려하는 모습도 볼 수 있다. 코로나19로 인해 단절된 학생 사이의 거리를 어쩌면 놀이가 쉽고 재미있는 방법으로 줄여주지는 않을까 하는 생각을 해본다.

단, 놀이할 때는 몇 가지 주의할 점이 있다. 첫째로 교사는 지나친 경쟁을 유발해서는 안 된다. 특히 개인이나 모둠전을 할 때는 학생들이 승패에 지나치게 집착하는 경향이 있다. 이 땐 학생들에게 승부의 결과보다는 과정을 중요하시고 놀이를 즐기는 태도의 중요성을 알려줘야 한다. 승부의 결과를 학급 공동의 목표로 제시하는 것도 한 방법이다. 예를 들면 게임에서 가장 높은 점수를 획득한 친구가 이기는 것이 아니라, 우리 반 전체가 목표 점수 이상을 획득하면 승리하는 방식으로 변경하는 것이다. 학급 공동의 목표를 정하고 달성했을 때, 학생들은 학급 구성원으로서 공동체 의식을 갖게 되고 성취감을 맛보며 자연스럽게 협력하는 모습을 볼 수 있다.

두 번째는 놀이를 시작하기 전에는 반드시 규칙을 정해야 한다. 특히 상대를 비난하거나 무시하는 행동, 지나치게 경쟁을 강조하는 행동, 승패에 연연하는 행동 등의 문제점을 학생들과 이야기 나눈 후 놀이를 시작해야 한다. 문제 행동이 나왔을 때는 개인의 책임이 아닌, 학급 구성원 모두가 책임을 지고 놀이를 중단하도록 한다. 학생들이 서로를 비난하거나 무시하는 행동을 보일 때도 놀이를 지속한다면, 학생들은 자연스럽게 경쟁과 결과 위주의 문화를 습득하게 되고 말 것이다.

마지막으로 놀이가 단순히 놀이로 끝나지 않게 학습과 연계하는 방법, 아니면 규칙을 변경해 학생들이 새로운 놀이를 만들어 볼 기회를 제공해야 한다. 학생들이 제안한 다양한 아이디어들이 모여 새로운 놀이가 탄생하기도 한다. 학생들은 자신들이 만든 놀이이기 때문에 더욱 적극적으로 참여하게 된다. 창작이라는 것이 그리 어려운 게 아니라는 것을 깨닫게 된다. 그리고 놀이와 학습이 혼연일체 됐을 때 학생들의 수업 참여도와 흥미도가 극대화되어 더 큰 시너지 효과를 얻을 수 있다.

이번 장에서는 패들렛과 쌍방향 수업 때 꼭 필요한 화상 시스템을 활용한 놀이의 사례를 제시해 본다. 누구나 쉽고 재미있게 따라 할 수 있다. 패들렛을 이용해 할 수 있는 놀이는 QR코드로 양식을 제공하고 있으니 프로그램에 접속해 복제하여 사용할 수 있다. 패들렛 상단에 복제 버튼을 누르면 해당 양식이 자신의 패들렛에 저장된다. 복제하지 않고 사용하면 다른 사람들이 변경된 양식을 사용해야 하므로 꼭 복제해서 사용하는 것이 좋다. 복제한 양식은 학급 특성에 맞게 자유롭게 변경해서 사용해도 된다.

패들렛을 활용한 학급 놀이

　　교실에서 친교 활동으로 학생들과 다양한 놀이를 했다. 놀이는 학생들 간의 관계를 형성하고 친밀감을 쌓는 중요한 도구이다. 경쟁적 요소가 있기에 성공에 대한 성취감을 맛볼 수 있고 적절한 긴장감과 흥미를 유발한다. 특히 놀이를 학습과 연계했을 때는 학생들의 참여도와 흥미도가 급격하게 증가한다. 인터넷을 잘 살펴보면 학습에 활용할 수 있는 놀이 형태의 에듀테크들이 많다. 퀴즈앤, 카훗, 띵커벨 같은 프로그램은 퀴즈 기반 에듀테크로서 학생들과 퀴즈형 놀이를 즐길 수 있다. 이런 퀴즈형 놀이는 단원이나 차시를 정리할 때 학습과 평가를 연계해 활용하면 좋다.

　　놀이를 학습과 연계해서 활용하는 것이 교육적 효과를 얻기에 가장 좋지만, 학습 이외의 시간에도 활용할 수 있다. 쉬는 시간, 차시 수업 후 시간적 여유가 있을 때, 학생들이 지쳐있을 때 등, 학습 시간 이외에도 놀이를 활용할 수 있다. 학생들은 놀이에 참여하는 것만으로도 규칙과 질서를 배우고 놀이 예절을 자연스럽게 학습하게 된다. 미션을 달성했을 때는 성취감도 맛보게 된다.

　　다음으로 학습 이외에 자투리 시간이나 방과후 시간에 패들렛을 활용한 놀이 몇 가지를 소개하고자 한다. 패들렛은 학생들의 회원가입이 필요 없고 접근성이 용이하다. 초등학교 저학년 학생들도 쉽게 활용할 수 있다. 교사 또한 동료 교사와 양식을 공유하기가 쉽다. 링크로 양식만 복제해서 활용할 수 있으므로 학급 특성이나 상황에 따라 다양하게 변형해서 활용할 수 있다. 그리고 스마트폰, 태블릿, PC 등 다양한 스마트 기기에서 활용할 수 있다는 장점도 있다.

패들렛은 담벼락, 스트림, 그리드, 셸프, 지도, 캔버스, 타임라인의 7가지 양식이 있다. 놀이에서는 셸프와 캔버스 양식을 주로 사용한다. 판뒤집기, 퍼즐 맞추기, 초성 게임, 텔레파시 게임 등 다양한 놀이를 패들렛 양식을 활용해서 만들 수 있다. 오프라인에서 누구나 해봤던 놀이를 온라인에서도 패들렛을 통해서 쉽게 활용할 수 있다.

패들렛을 활용해서 놀이할 때는 주의사항이 몇 가지 있다. 먼저 학생들이 스마트폰이나 태블릿을 활용할 경우, 모바일 기기에 패들렛 애플리케이션이 설치돼 있어야 한다. 둘째, 놀이 양식이 있으면 그대로 사용하지 않고 복제해서 활용해야 한다. 복제하지 않고 사용한다면 일회성 게임으로 끝나버린다. 다음에 활용하고자 할 때는 똑같은 놀이 양식을 다시 한번 만들어야 하기에 번거롭다. 그리고 패들렛은 유료 버전의 경우에는 양식을 만드는 데 제한이 없다. 하지만 무료 버전의 경우 5개까지 가능하다. 다만 만들어 놓은 양식을 아카이브에 저장해 필요할 때만 해제해서 사용한다면 무료 버전으로도 충분히 활용할 수 있다.

이번에 소개하는 놀이는 하나의 예시 자료일 뿐이다. 학급의 특성에 맞게 다양하게 변형해서 활용할 수 있다. 또한, 학생들에게 아이디어를 얻어 좀 더 창의적이고 재미있는 놀이를 만들 수도 있다.

판뒤집기 놀이

운동회나 놀이마당 때 판뒤집기 놀이를 많이 한다. 판뒤집기는 단체로 할 수 있는 대표적인 놀이 중 하나이다. 학생들은 여기저기 놓여있는 판을 자신의 팀 색으로 많이 뒤집어놓으면 승리하는 방식이다.

이런 판뒤집기 놀이는 패들렛을 활용하면 온라인에서도 할 수 있다. 패들렛 캔버스 양식을 통해 판뒤집기 놀이판을 만들면 된다. 판뒤집기 놀이판의 예시는 하단의 그림과 같다. 패들렛 게시물은 최대 6가지 색을 입힐 수 있으므로 최소 2팀에서 최대 6팀까지 게임에 참여할 수 있다. 팀당 참여 인원은 제한이 없다. 참여자가 많을수록 게시물을 많이 만들면 된다. 게시물을 만들 때는 하단의 그림처럼 격려의 말을 넣을 수도 있다. 학급 친구의

<패들렛을 활용한 판뒤집기 놀이>

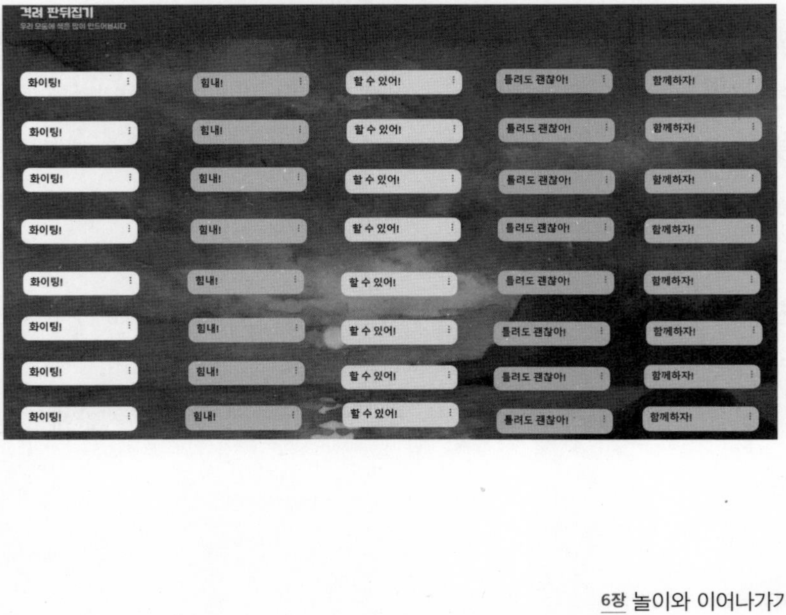

이름이나 연예인 이름 등을 넣어 다양하게 작성할 수도 있다. 팀별로 게시물 색을 정하고 제한 시간 이내에 게시물 색을 자신의 팀 색으로 많이 변경하면 된다. 제한 시간이 지나면 가장 많은 색의 게시물을 가지고 있는 팀이 승리한다. 놀이 시간, 방법 등은 자유롭게 변경할 수 있다. 단, 게임을 시작하기 전에 참가자에게 안내할 사항이 있다. 참가자는 게시물의 위치를 변경하지 않도록 해야 하며, 게시물을 추가하거나 삭제하면 안 된다. 제한 시간이 지났음에도 게시물을 변경하는 친구가 있다면 규칙을 어기는 것으로 간주해 실격패를 줄 수 있다. 패들렛을 활용한 격려 판뒤집기 활동을 통해 학생들은 집중력과 통제력을 기를 수 있다.

OX 퀴즈

수업 시간이나 놀이 활동 시간에 손쉽게 활용할 수 있는 놀이가 OX 퀴즈이다. 에듀테크를 활용해서도 OX 퀴즈를 할 수 있다. 가장 쉬운 방법으로는 카훗, 퀴즈앤, 띵커벨 같은 퀴즈 기반 에듀테크를 활용하는 것이다. 이 외에도 패들렛을 활용해 OX 퀴즈를 할 수 있다. 교사는 OX 퀴즈 배경 이미지를 파워포인트나 그림판을 이용해 만든다. 만든 해당 이미지를 패들렛 배경 이미지로 지정한다. 학생들은 자신들의 번호나 이름으로 게시물을 만든다. 교사가 문제를 제시하면 해당 공간으로 게시물을 이동시키면 된다. 정답자를 바로 확인할 수 있기에 하나의 틀을 만들어 놓으면 다양하게 활용할 수 있다는 장점이 있다. OX 퀴즈는 수업 시간 정리 활동이나 자투리 시간에 다양한 놀이 활동으로 활용할 수 있다.

OX 퀴즈는 단순히 퀴즈만 하는 것이 아니라 토의 및 토론 시간에도 활용할 수 있다. 하나의 논제를 주고 자신의 의견이 찬성 쪽에 가까우면 O, 반대쪽에 가까우면 X로 이동한다. 이동한 곳에서 자신의 주장에 대한 근거나 생각을 작성할 수 있다. 패들렛을 활용하면 친구들의 의견이나 정답을 쉽게 공유할 수 있다는 장점이 있다. 다만, 배경이미지를 자신이 직접 만들어야 하는 번거로움이 있다. 배경이미지를 OX로 만들면 OX퀴즈, 신호등으로 만들면 신호등 토론, 1번부터 4번까지 숫자로 만들면 객관식 퀴즈판으로도 활용할 수도 있다.

<패들렛을 활용한 OX 퀴즈>

초성게임

특별한 도구 없이도 즐겁게 즐길 수 있는 놀이 중 하나가 초성게임이다. 한글 자음을 제시하면 제시된 자음에 해당하는 낱말을 빠르고 정확하게 말하기만 하면 된다. 예를 들어 ㄱㅅ이라는 초성이 제시되면 감사, 고수, 기사 등, ㄱㅅ으로 시작하는 낱말을 이야기하면 된다. 하지만 코로나19 상황에선 서로 가까이 모여 얼굴을 맞대고 이야기할 수 있는 상황이 못 된다. 따라서 패들렛 셀프 기능을 활용해 초성게임을 시도했다. 패들렛 셀프는 콘텐츠를 일렬로 배치하는 기능이다. 교사가 사전에 해당 팀의 숫자만큼 초성을 제시하면 팀별로 초성에 해당하는 낱말을 작성한다. 작성을 끝마친 순서에 따라 팀이 일렬로 배치된다. 가장 많은 초성을 작성한 팀이 승리하게 된다. 똑같은 초성을 제시한 경우, 상대팀에서 먼저 나온 낱말은 인정하지 않도록 한다. 난이도 조절을 위해 초성을 3글자로 제시할 수도 있다. 마음속 낱말 맞히기 초성게임을 할 수도 있다. 술래 1명을 선정해서 교실에 있는 것 중 하나를 마음속으로 선정하도록 한다. 그리고 다른 친구들에게 초성을 알려준다. 학생들은 초성을 통해 술래 친구가 떠올린 낱말을 맞히면 되는 놀이이다.

놀이를 넘어 학습과 연계하기 위해서는 초성게임 중 모르는 낱말이 나왔을 때, 사전에서 의미를 찾아 댓글로 달아 본다. 댓글에 대한 공감, 비공감 투표를 통해 낱말의 의미 이해 여부를 확인할 수도 있다. 심화 단계로는 해당 낱말을 넣은 문장을 만들어 댓글로 작성하는 놀이까지 연계해서 진행할 수 있다. 하단의 그림은 패들렛을 활용해 초성게임을 실시한 모습이다.

＜패들렛을 활용한 초성게임＞

초성게임 팀별로 해당 초성을 활용해서 다양한 낱말을 만들어봅시다.			
ㄱㅅ	ㅁㅇ	ㄱㅈ	ㄴㅂ
가수	마음	가족	나비
고소	마을	가지	나방
기사	모음	가제	노비
가사	미음	기적	추가하다
추가하다	미음	기준	

숨은그림찾기

숨어있는 그림의 힌트를 하나씩 보여주면서 정답을 맞히는 숨은그림찾기 놀이를 한 번쯤 해 봤을 것이다. 수업 중, 학생들의 흥미를 유발하기 위해 활용하는 방법이기도 하다. 숨은그림찾기 놀이는 패들렛을 활용해서 만들 수 있다. 동물, 과일 등 여러 가지 사물의 이미지를 패들렛 게시물로 업로드한다. 업로드한 이미지 위에 패들렛 게시물을 추가해서 이미지를 가리면 된다. 학생들은 자신이 원하는 숫자를 하나씩 선택해 지워나가면서 숨어있는 사물의 이름을 맞히는 놀이이다. 하단의 그림은 패들렛을 활용한 숨은그림찾기 활동 모습 사진이다. 학생들은 원하는 숫자를 하나씩 선택하면 해당하는 게시물 뒤에 있는 이미지를 볼 수 있다. 누가 숨어있는 사자의 이미지를 빨리 맞히는가의 대결이다.

숨은그림찾기 활동은 패들렛 뿐만 아니라 파워포인트나 구글 프레젠테이션을 통해서도 쉽게 만들 수 있다. 다만 패들렛을 활용할 경우 공유와 협업이 쉽다는 장점이 있다. 교사가 양식을 제공하면 학생들은 자신들만의 숨은그림찾기 양식을 만들 수도 있다.

<패들렛을 활용한 숨은그림찾기>

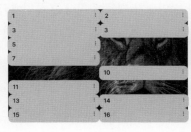

스피드 퀴즈

문제를 제시하고 정답을 가장 빨리 맞히면 이기는 게임인 스피드 퀴즈를 패들렛을 활용해 실시해 보았다. 패들렛의 여러 도구 중 셀프 양식을 사용했다. 패들렛 셀프 게시판을 만든 후, 제목과 함께 하단에 게임 방법을 간단히 안내했다. 교사가 문제를 제시하면 학생들은 자신의 번호가 적힌 게시물에 정답을 신속하게 입력하면 된다. 스피드 퀴즈의 단점은 정답을 먼저 맞힌 친구가 나오면 다른 학생들의 흥미도와 참여도가 현저히 떨어진다는 점이다. 그런 이유로 정답을 미리 공개하지 않는 것이 중요하다. 패들렛 설정에서 콘텐츠 필터링 중 승인 필요 기능을 활용하면 된다. 학생들이 신속히 정답을 올리더라도 교사가 게시물 승인을 하지 않으면 학생들은 정답이 보이지 않는다. 그리고 설정에서 새 게시물의 위치를 마지막에 둬야 처음 정답을 입력한 순서대로 정렬이 된다. 실제 학생들이 게시물을 올리면, 교사의 화면에는 정답을 입력한 순서대로 게시물이 정렬된다. 이때 늦게 입력한 정답자부터 차례대로 공개하면 학생들에게 긴장감과 기대감을 동시에 줄 수 있다. 패들렛을 활용한 스피드 퀴즈 진행자는 원활한 진행을 위해 듀얼 모니터를 활용하는 것이 좋다.

다음 장의 그림은 학생들과 패들렛을 활용해서 스피드 퀴즈를 했던 모습이다. 1번 문제와 2번 문제는 교사가 승인했기 때문에 학생들 화면에 정답이 보인다. 하지만 3번 문제처럼 승인을 하지 않는 경우, 학생들 화면에는 게시물이 보이지 않는다. 교사가 학생들의 정답을 사전에 필터링 후 공개를 할 수 있다는 장점이 있다. 스피드 퀴즈는 경쟁적인 요소가 강하기 때문에 정답을 먼저 올린 친구가 항상 이기는 것보다는 정답을 3번째로 올린 친구가 이기기, 모둠원 전체가 정답을 맞혔을 때 이기기 등, 놀이의 승패 방식을 다양하게 변경해서 운영할 수 있다.

<패들렛을 활용한 스피드 퀴즈>

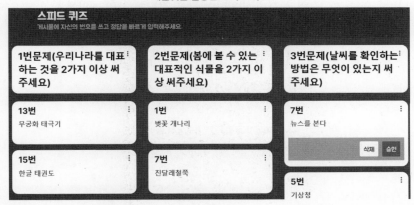

이구동성 놀이

이구동성 또는 이심전심 게임은 두 가지 또는 세 가지 낱말을 두고 팀원들이 동시에 똑같은 낱말을 외치면 성공하는 놀이이다. 팀원이 적을수록 정답을 맞힐 확률이 높고 팀원이 많으면 그만큼 똑같은 낱말을 외칠 확률이 낮아진다.

패들렛을 활용해서도 이구동성 놀이를 할 수 있다. 방법은 간단하다. 사전에 교사는 패들렛 셀프 기능을 활용해 팀별 문제만 만들어 놓으면 된다. 이구동성 게임을 해본 학급이라면 학생들이 직접 문제를 만들 수도 있다. 학생들은 패들렛에 올라와 있는 낱말을 보고 팀원들과 동시에 하나의 낱말을 외치면 된다. 난이도를 높이기 위해서는 2가지 낱말이 아닌 3가지 낱말 중 하나를 선택하게 하면 된다. 학생들이 정답을 맞히면 하단의 그림처럼 패들렛 게시물 색을 변경해 주어 점수를 확인할 수 있도록 한다. 학생들이 낱말을 적을 때, 수업 시간에 배웠던 낱말을 적도록 하면 게임에 학습적 요소를 가미할 수 있다. 이구동성 놀이는 대면 수업에서도 가능하지만, 온라인 학습 상황에서도 화상 시스템을 적절히 활용하기만 하면 충분히 가능하다.

<패들렛을 활용한 이구동성 놀이>

이구동성 게임
둘 중 마음에 드는 답을 말해주세요

1팀	2팀	3팀	4팀
짜장면 VS 짬뽕	치킨 VS 피자	달리기 VS 걷기	연필 VS 지우개
야구 VS 축구	농구 VS 배구	그네 VS 시소	태블릿 VS 스마트폰
국어 VS 수학	봄 VS 여름	교실 VS 운동장	노랑 VS 빨강
영화 VS 만화	음악 VS 미술	토요일 VS 일요일	미국 VS 영국
BTS VS 블랙핑크	워터파크 VS 놀이동산	햄버거 VS 콜라	당근 VS 배추

초성 이구동성 놀이

앞서 패들렛을 활용한 이구동성 놀이를 설명했다. 여러 가지 낱말 중 동시에 하나의 낱말을 외쳤을 때, 모두가 똑같은 낱말을 외치면 성공하는 놀이이다. 이구동성 놀이와 비슷한 게임으로 초성 이구동성 놀이가 있다. 이구동성 놀이는 2~3개의 낱말을 먼저 제시했다면, 초성 이구동성 놀이는 낱말 대신 초성만 제공한다. 제시한 초성을 보고 동시에 떠오르는 단어를 말한다. 별다른 도구 없이 쉽게 할 수 있는 놀이지만, 온라인 수업을 할 때나,

교실에서 큰 소리로 외치는 것이 제한될 때는 에듀테크를 활용해서 할 수 있다.

초성 이구동성 놀이는 학생들이 동시에 글을 쓸 수 있는 기능만 있다면, 어떤 에듀테크든지 활용 가능하다. 간단하게 패들렛이나 띵커벨 보드를 활용할 수 있다. 하단의 그림은 패들렛 셀프 양식을 활용한 초성 이구동성 놀이의 예이다. 교사가 초성을 제시하고 제한 시간이 지나면 학생들은 동시에 떠오르는 낱말을 입력한다. 다른 학생들의 낱말을 보고 따라 적거나, 낱말 작성 시간차가 너무나는 친구들은 규칙을 어긴 것으로 판단한다. 교사가 초성을 제시할 때는 자유롭게 제시하는 것보다 교과서 쪽수를 정해주고 나와 있는 텍스트에서 제시하는 것이 좋다. 학생들은 텍스트 내용을 다시 한번 살피면서 복습할 기회도 가질 수 있다. 하단의 그림처럼 여름 단원을 배우고 교사가 ㅇㄹ이라는 초성을 제시하면, 1모둠처럼 모둠원 모두가 여름을 작성하면 성공하게 된다. 2모둠처럼 여름 대신 요리를 적거나, 3모둠처럼 유리를 적는다면 점수를 획득하지 못한다. 게임 결과는 모둠원 전체가 초성을 맞춰야 하는 방식으로 진행할 수도 있고, 한 명씩 맞출 때마다 해당 모둠이 일정 점수를 획득하는 방식으로 진행할 수도 있다. 학급

<패들렛을 활용한 초성 이구동성 놀이>

초성		1모둠		2모둠		3모둠	
ㅇㄹ		여름		여름		여름	
+		여름		여름		유리	
		여름		요리		여름	
		여름		여름		여름	

초성 이구동성 게임
초성을 보고 떠오르는 낱말을 동시에 적어주세요

전체를 팀으로 구성할 때는 학급의 일정 인원 이상이 초성을 맞히면 승리하는 방식을 취할 수도 있다.

내 마음을 맞혀 봐

"이번 주제는 동물입니다."
"술래의 마음을 맞혀 봅시다."
"술래와 마음이 통한 친구는 누구입니까?"

내 마음을 맞혀 봐 활동은 이미지를 활용한 이심전심 놀이이다. 놀이 방법은 다음과 같다. 먼저 교사는 술래 한 명을 정하고 참여하는 친구들에게 주제를 알려준다. 하단의 그림처럼 주제를 '동물'로 줬으면 생각나는 동물의 이미지를 하나씩 검색해서 패들렛에 업로드한다. 패들렛은 구글에서 검색한 이미지를 바로 올릴 수 있다는 장점이 있다. 이때 술래도 자신이 생각하는 동물의 이미지를 검색해서 업로드할 준비를 한다. 술래를 제외한 친구들이 이미지를 모두 올리면 술래도 자신의 이미지를 공개한다. 이때 술래자신이 정한 이미지를 바꾸는 일이 없도록 사전에 안내해야 한다. 술래의 이미지와 똑같은 동물을 올린 친구들이 점수를 획득하는 놀이이다. 예를 들어 술래가 호랑이를 올렸다면 호랑이 사진을 올린 친구들이 점수를 획득한다. 술래와 이미지가 다르더라도 똑같은 개념이라면 정답으로 인정한다.

내 마음을 맞혀 봐 활동은 동물, 과일, 교과서, 드라마, 가수, 연예인 등 다양한 주제를 제시할 수 있다. 학습과 연계하기 위해서는 단원 제목이나 단원의 핵심 개념을 주제로 제시할 수도 있다. 단, 학습과 연계할 때는 이미지를 검색하는 것보다는 해당 낱말을 올리도록 하는 것이 좋다.

내 마음을 맞혀 봐 활동은 패들렛에서 이미지를 검색하고 업로드하는 방법만 익숙해지면 초등학교 저학년도 쉽고 즐겁게 참여할 수 있다.

<패들렛을 활용한 내 마음을 맞혀봐 활동>

줄줄이 말해요 놀이

"조선시대 하면 떠오르는 낱말은?"

"여름 하면 떠오르는 낱말은?"

줄줄이 말해요 놀이는 주제가 제시되면 주제와 관련 있는 낱말을 제한 시간 이내에 최대한 많이 제시하면 된다. 주제는 교사가 주제어를 칠판에 쓰거나 말로 전달할 수 있다. 예를 들어 주제가 '조선시대 왕'이라면 '이성계', '이방원', '세종대왕', '영조' 등을 제시하면 된다. 줄줄이 말해요 놀이는 개인전이나 단체전으로 진행할 수 있다. 개인전 같은 경우는 주제어와 관련된 낱말을 가장 늦게 말하는 학생들이 탈락하는 방식으로 최후의 1인을 뽑을 수 있다. 단체전 같은 경우는 주제어와 관련된 낱말을 가장 빨리 제시하는 팀이 승리하는 방식이다. 이때 팀에서는 다른 친구가 했던 낱말을 또다시 제시할 수는 없다. 학급 전체가 한 팀이 되어 진행할 수도 있다. 교사가 제시한 주제에 학생들 모두가 관련된 낱말을 답할 경우, 학급 전체가 승리하는 방식이다. 지나친 경쟁보다는 협동과 성취감을 맛볼 수 있는 학급 단체전을 추천한다.

줄줄이 말해요 놀이는 학생들이 제시어를 쓸 수 있는 에듀테크만 있다면 온라인 속에서도 쉽게 활용할 수 있다. 여러 가지 에듀테크를 활용할 수 있지만, 다음 장의 그림은 패들렛 셸프 양식을 활용한 줄줄이 말해요 놀이의 예이다. 교사가 패들렛에 주제를 제시하면 학생들은 자신의 팀 공간에 주제와 관련된 낱말을 작성하면 된다. 다음 장의 그림처럼 주제를 과일로 제시하면 모둠원들은 각자 과일의 종류 한 가지씩을 작성하면 된다. 모둠원 모두가 낱말을 제시할 경우 성공하게 된다. 과일처럼 다양한 낱말이 나올 수 있는 주제는 학생 한 명당 2~3개의 낱말을 작성하도록 규칙을 변경할 수도 있다.

줄줄이 말해요 놀이는 단순 놀이 활동으로 끝나는 것이 아니라, 교과 학습과 연계하여 진행할 수도 있다. 주제를 단원과 관련된 내용으로 제시할 수 있다. 학생들이 어려워할 경우는 교과서를 참고할 수 있도록 한다. 그리고 개인이나 모둠으로 진행하는 것보다 학급 전체가 한 팀이 돼서 미션을 성공할 때, 보상을 제공하면 놀이를 통해 공동체 및 협동 의식을 기를 수 있다.

<패들렛을 활용한 줄줄이 말해요 놀이>

텔레파시 놀이

복불복 게임 중 이구동성 놀이와 비슷한 텔레파시 놀이가 있다. 두 가지 카드 중 출제자가 선택한 정답지를 참여자가 선택해야 하는 놀이이다. 다음 장의 그림 2번 문제를 보면 국어와 수학 두 가지 낱말이 있다. 둘 중 하나의 낱말을 선택하여 카드를 열어보면 뒷면에 '저랑 마음이 통했네요' 또는 '아쉽지만 꽝이네요' 카드가 숨겨져 있다. '저랑 마음이 통했네요' 카드가 나오면 출제자와 텔레파시가 통하게 된 것이다. 어느 팀이 출제자와 마음이 잘 통하는지를 단순한 놀이를 통해서 알아보는 활동이다. 이구동성 놀이와 마찬가지로 학생들이 게임 방법을 숙지하게 되면 직접 문제를 낼 수 있다. 다음 장의 그림처럼 정답 없이 운에 따르는 복불복 문제를 만들 수도 있지만, 하나의 문제에는 정답을, 다른 문제에는 정답 같은 오답을 적어놓고 정답을 찾는 텔레파시 놀이를 만들 수도 있다. 예를 들면 수학적 개념을 정확히 이해하고 계산할 수 있는지를 확인하기 위해 왼쪽에는 2+2x3=8, 오른쪽에는 2+2x3=12의 문제를 제시할 수 있다. 아니면 영어 시간에 단어의 뜻을 묻는 문제를 제시할 수도 있다.

<패들렛을 활용한 텔레파시 놀이>

우리반 뽑기판 활용하기

학급을 운영할 때 보상의 차원에서 뽑기판을 활용하는 선생님들이 많이 있다. 친구들과 놀이를 할 때도 벌칙판을 만들어 활용하기도 한다. 예전에는 종이로 만든 뽑기판을 활용했다면 이제는 뽑기판도 에듀테크를 활용할 수 있다. 가장 쉬운 방법은 기존에 만들어진 회전판 프로그램(https://sciencelove.com/2396)을 활용하는 것이다. 회전판에 벌칙이나 보상 내용을 작성하고 프로그램을 실행시키면 누구나 쉽게 활용할 수 있다. 다음 장의 그림은 패들렛을 활용해 만든 뽑기판이다. 학생들이 공동의 미션을 달성했을 때나 학급에서 정해준 기준에 도달했을 때, 뽑기판을 뽑는 기회를 준다. 뽑기에 해당하는 내용은 학생들과 사전에 정하고 교사는 그 내용을 바탕으로 뽑기판을 만든다. 패들렛을 활용했을 때는 학교뿐만 아니라 교실 밖에서도 스마트폰만 있으면 즉각 활용할 수 있다는 장점이 있다. 그리고 하나의 틀만 만들어 놓으면 동료 교사와 공유가 가능하니 다양하게 응용해서 활용할 수 있다는 장점이 있다.

<패들렛을 활용한 우리반 뽑기판>

행운의 여신 활용하기

"오늘 행운의 여신을 뽑은 친구는 누구일까요?"

"오늘 급식 순서는 행운의 여신으로 뽑아요!"

"1번 문은 꽝입니다."

발표 순서를 뽑을 때나 급식 순서를 뽑을 때, 코로나19로 인해 하교 순서 등을 뽑을 때 등, 다양한 상황에서 뽑기 프로그램 활용할 수 있다. 패들렛을 활용해서 여러 가지 뽑기 프로그램을 만들 수 있다. 일명 '행운의 여신'이라는 뽑기판은 여러 가지 문 중 자신이 원하는 하나의 문을 선택한 후, 본인의 번호를 적은 메모지를 놓는다. 다음 장의 그림처럼 1~4번 문 중 하나의 문을 선택해 자신의 메모지를 놓는다. 1번 문을 선택한 친구들은 꽝이 나왔고, 2번 문을 선택한 친구들은 통과가 나왔다. 문 뒤에 숨어있는 문구는 상황에 따라 변경해서 작성할 수 있다. 순위를 원하는 뽑기판을 만들 때는 1등부터 4등까지 등수를 만들면 된다. 한 팀만 발표해야 하는 상황이나 한 팀만 뽑아야 하는 상황에서는 꽝이나 당첨 등의 문구를 넣으면 된다. 다만 순위를 뽑을 때는 한 문에 많은 인원이 몰리지 않도록 제한을 둬야 한다. 학생들은 자신이 선택한 결과에 웃기도 하고 억울해하기도 한다.

행운의 여신 뽑기판은 대면 수업뿐만 아니라 온라인 수업에서도 활용할 수 있다. 그리고 패들렛으로 양식을 하나만 만들어 놓으면 상황에 따라서 복제해서 다양하게 활용할 수 있다는 장점이 있다.

<패들렛을 활용한 행운의 여신 활동>

낱말 로또 놀이

게임의 결과가 실력과 상관이 있을 경우, 일부 우수한 학생들만 적극적으로 참여하는 경향이 있다. 하지만 실력과 상관없이 행운에 따라 게임의 결과가 달라지는 복불복 게임을 할 경우엔 학급 친구들 모두가 적극적으로 참여하는 모습을 볼 수 있다. 복불복 게임 중 대표적인 놀이인 낱말 로또 놀이를 소개하고자 한다. 낱말 로또는 영어 단어를 외울 때나 사회•과학 단원 정리 차시에 자주 활용할 수 있다. 오프라인으로 실시할 때는 단어를 적을 수 있는 종이와 필기도구만 있으면 쉽게 즐길 수 있다. 온라인에서도 다음 장의 그림과 같이 사전에 에듀테크를 활용해 낱말 판을 만들어 놓으면 학생들이 즐겁게 참여할 수 있다. 하나의 양식만 만들어 놓으면 복제해서 그때그때 낱말만 수정해서 사용할 수 있다.

교사는 차시 또는 단원에서 핵심 개념이나 낱말 10개를 보드판에 적는다. 학생들이 핵심 낱말을 적을 수도 있다. 게임에 참여하기 전에 학생들과 해당 낱말에 대한 개념을 설명하는 시간을 갖도록 한다. 모든 낱말의 개념을 다시 한번 살펴본 후, 학생들은 빈 종이나 채팅창에 1순위부터 5순위까지 자신이 적고 싶은 낱말 다섯 가지를 적는다. 모든 학생이 다섯 가지 낱말을 선택해 순위에 따라 적고 나면, 교사 또는 학생이 1~10번 숫자 카드 중 한 장을 선택한다. 선택된 숫자 카드 뒤에는 10개 낱말 중 하나가 숨겨져 있다. 다음 장의 그림처럼 첫 번째에 10번을 선택했다면 1순위에 이순신을 적은 사람은 10점을 얻게 된다. 이순신이라는 낱말을 선택했으나 순위가 다르면 5점을 얻게 된다. 해당 낱말이 없을 때는 0점을 얻게 된다. 개인전으로 할 수도 있지만, 학생들 중 누구 한 명이라도 50점을 받게 되는 친구가 있다면 과자 파티를 연다는 조건을 걸어 학급 단체전으로 실시할 수도 있다. 최대 50점을 얻을 수 있지만, 아직까지 만점을 받은 학생은 안타깝게도 한 명도 없었다. 그러니 만점을 받으면 큰 보상을 해주는 것도 좋

다. 낱말의 개수나 배점은 상황에 따라 변경할 수 있다. 말 그대로 복불복
놀이이기 때문에 실력과 상관없이 누구나 즐겁게 참여할 수 있는 놀이 중
하나이다.

<패들렛을 활용한 낱말 로또 놀이>

복불복 모서리 게임

"이번에는 3번 모서리에 있는 친구들이 모두 살아남습니다."

"모두 살아남기 카드를 뽑았습니다."

"끝까지 살아남은 친구가 2명 이상이면 선생님을 이기는 겁니다."

교실에서 모서리 게임을 해본 경험이 있을 것이다. 모서리 게임은 실력과
상관없이 운에 따라 승패가 결정된다. 교사가 제한 시간을 주면 학생들은
자신들이 원하는 공간으로 간다. 이때 모서리 개수는 학생 수 및 교실 상
황에 따라 변경할 수 있다. 학생들이 모서리로 이동하면 무작위 카드를 한
장 뽑는다. 그곳에 적힌 모서리와 같은 곳에 있는 학생들이 생존하는 게임

이다. 가장 끝까지 살아남은 학생을 승자로 할 수도 있고 가장 많이 모서리를 맞춘 학생을 승자로 할 수도 있다. 실력과 상관없이 자신의 운에 따라 승패가 결정되기 때문에 학생들이 부담 없이 참여할 수 있는 놀이 중 하나이다.

모서리 게임을 온라인에서 할 수 있는 방법은 없을까 하는 고민을 바탕으로 패들렛을 활용해서 모서리 게임을 실시해 보았다. 하단의 그림처럼 패들렛 캔버스 양식을 통해 모서리 게임 틀을 만들었다. 패들렛 링크를 공유하면 학생들은 자신의 번호를 입력한 메모지를 하나씩 만든다. 학생들은 제한 시간 이내에 1~4번 모서리 중 하나의 모서리를 선택해 자신의 메모지를 이동한다. 학생들이 모두 이동하면 1번부터 7번까지 나와 있는 무작위 카드 중 하나를 뽑는다. 하단의 그림처럼 1번 무작위 카드를 뽑았다면 4번 모서리에 있는 친구들이 이기는 것이다. 3번 카드처럼 '모두 살아나기' 같은 미션을 넣는다면 학생들은 더욱 즐겁게 참여할 것이다. 끝까지 살아남는 학생이 이기는 방식은 탈락한 학생들의 흥미도와 참여도를 떨어지게 만든

<패들렛을 활용한 복불복 모서리 게임>

다. 이런 문제점을 해결하기 위해 7번 중 3번 이상 살아남기, 선생님보다 많이 살아남기 등을 승패 방식으로 설정할 수도 있다.

매칭게임

여러 장의 카드 중에서 짝이 되는 두 카드를 찾는 매칭게임을 패들렛을 활용해 실시할 수 있다. 짝이 되는 카드를 여러 개 준비한 후, 그 카드 위에 번호로 된 게시물을 덮어씌우면 손쉽게 게임을 만들 수 있다. 학생들의 흥미를 위해서 좋아하는 연예인 사진과 이름의 짝을 맞추는 활동을 할 수도 있다. 진로교육과 연계해서 다양한 직업과 특징을 나타내는 말과 어울리는 이미지를 찾는 활동을 할 수도 있다. 교과 수업과 연계해서도 다양하게 매칭게임을 할 수도 있다. 하단의 그림은 2학년 수학 시간에 곱셈 결과가 같은 값을 찾는 매칭게임의 예시 자료이다.

패들렛을 활용해서 매칭게임을 실시할 경우, 대면 수업에서는 교사의 패

<패들렛을 활용한 매칭게임>

들렛 화면을 텔레비전에 띄워놓고 팀별로 진행할 수 있다. 온라인 수업이나 스마트 기기를 사용할 경우에는 학생들에게 매칭게임 링크를 복제 제공하여 참여시킨다. 다양한 매칭게임을 원하면 학생들이 단원 정리 활동 시간에 배운 내용을 응용해서 매칭게임을 만들어 보고 다른 친구들과 공유해서 활용할 수 있다.

음악 퀴즈(이 노래의 제목은?)

쟁반노래방 활동과 비슷한 놀이로 음악 퀴즈 활동이 있다. 텔레비전 프로그램에 자주 등장하는 게임으로 음악의 첫 소절이나 반주를 듣고 제목을 맞히는 놀이이다. 음악 퀴즈는 패들렛을 활용해서 만들 수 있다. 패들렛을 활용하면 유튜브 링크를 통해 바로 음악을 재생할 수 있다는 장점이 있다. 음악 퀴즈를 만드는 방법은 다음과 같다. 먼저 교사는 가요, 동요, 만화 주제가 등, 다양한 장르의 음악을 난이도에 따라 준비한다. 장르와 난이도에 따라 유튜브 링크를 준비하고 음악 제목을 적은 게시물을 작성한다. 그리고 게시물 위에 다른 게시물을 덧붙여 학생들이 음악 제목을 볼 수 없게 한다. 마지막으로 똑같은 패들렛을 하나 더 복제한다. 학생들이 보는 화면에는 음악 제목이 가려져있는 화면을 띄우고, 반대편 화면에는 음악 장르와 난이도별 음악 링크가 보이는 화면을 띄운다. 학생들 수준에 따라 점수 배점을 다르게 할 수 있다. 클래식, 뉴에이지, 드라마 OST 등 장르를 다양하게 구성할 수도 있다. 다음 장의 그림은 패들렛을 활용해서 음악 퀴즈를 했던 화면이다. 학생들이 만화 주제가 20점짜리 문제를 선택했다면, 교사는 그 음악을 학생들에게 들려준다. 학생들은 반주를 듣고 노래 제목을 신속히 말하거나 화상 시스템 채팅창에 남긴다. 정답을 말할 기회는 1번으로 제한한다. 그래야 학생들이 차분하게 생각한 후, 답을 말하며, 여러 친구에게 기회를 줄 수 있다.

<패들렛을 활용한 음악 퀴즈>

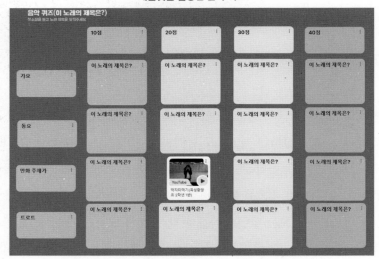

어휘력을 키우는 첫 끝말잇기 게임

끝말잇기 활동은 패들렛이나 띵커벨 같은 에듀테크를 활용하면 쉽게 할 수 있다. 끝말잇기 게임을 응용해 첫 끝말잇기 게임도 할 수 있다. 첫 끝말잇기 게임은 교사가 제시한 낱말의 첫 글자를 끝말잇기 낱말 마지막에 오게 제일 먼저 답하는 사람이 승리하는 게임이다. 패들렛을 활용한 첫 끝말잇기 게임 활동을 다음 장에 그림으로 제시해 본다. 먼저 패들렛 셀프 양식에 학생 또는 모둠 수만큼 영역을 구분한다. 학생들은 자신이 해당하는 영역 밑에 해당되는 낱말을 작성하면 된다. 예를 들어 교사가 '교실'이라는 낱말을 제시했다면 학생들은 교실의 첫 글자인 '교'를 끝말잇기의 끝 글자로 빨리 만들어야 높은 점수를 받는다. 처음에 성공하면 10점, 두 번째에 성공하면 9점으로 배점한다. 점수는 상황에 따라 융통성 있게 변경할 수 있다. 단, 낱말을 제시할 때는 박수-수박과 같이 첫 낱말을 반대로 해서 만들 수 있는 낱말은 점수로 인정하지 않는다. 학생들에게 제시어 순서만 바꾸는 것은 정답으로 인정하지 않는다는 것을 사전에 정확히 알려줘야 한다. 하단의 그림을 예로 들면 1번 학생은 3번째에 성공해서 8점이 되고, 2번 친구는 4번째에 성공해서 7점이다. 3번 친구는 2번째에 성공해서 9점이 된다. 첫 끝말잇기 게임은 개인전 및 단체전이 가능하다. 학급 모두가 성공했을 때 점수를 부여하는 학급 팀 방식도 가능하다.

첫 끝말잇기 게임처럼 일반적인 끝말잇기 규칙에 다양한 요소를 가미하여 새로운 게임을 만들 수 있다. 교사의 아이디어도 중요하지만, 학생들에게 직접 게임을 만들어 볼 기회를 제공하면 다양하고 창의적인 아이디어가

<패들렛을 활용한 첫 끝말잇기 게임>

첫 끝말잇기 게임
낱말의 첫자가 마지막 글자로 오게 끝말잇기를 해봅시다

점수	1번	2번	3번
제시어	교실	교실	교실
10점	실내화	실수	실학
9점	화장	수고	학교
8점	장교	고수	+
7점	+	수교	
6점		+	

숏구칠 것이다.

진짜 같은 거짓을 찾아라!

'진실 혹은 거짓', 또는 '진진가' 놀이를 많이 해봤을 것이다. 학기 초, 친교 놀이나 개학 후 서로 있었던 일을 공유하기 위한 활동으로 자주 하는 놀이 중 하나다. 이번에는 진진가 놀이를 온라인으로 실시했던 사례를 소개하고 자 한다.

하단의 그림은 패들렛을 활용해 진진가 놀이 사례이다. 교사와 학생들은 방학 때 있었던 일 3가지를 패들렛에 작성한다. 이때 문장의 개수는 상황 에 따라 변경할 수 있다. 3가지 내용 중 2가지는 진실을 쓰고 나머지 하나 는 진실 같은 거짓을 쓴다. 학생들은 친구들의 내용을 살펴보고 거짓을 찾 는다. 거짓 같은 문장을 댓글로 표시해도 되고, 화면처럼 진실 같은 문장엔 공감, 거짓 같은 문장엔 비공감으로 표시할 수도 있다. 학생들이 거짓 문장

<패들렛을 활용한 진짜 같은 거짓을 찾아라! 놀이>

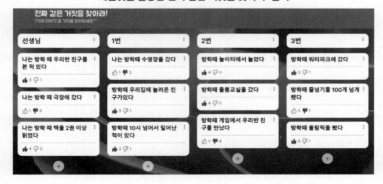

을 선택하고 나면 친구들끼리 돌아가며 거짓 문장을 확인한다.

진진가 활동은 교과교육이나 독서 활동과도 연계할 수 있다. 단원 정리 활동을 할 때 학습한 내용을 바탕으로 진진가 놀이를 할 수 있다. 국어나 영어 시간, 문법 학습을 할 때 틀린 문장 찾기 활동을 하면 학생들이 즐겁게 참여하게 된다. 더불어 학생들 스스로 문제를 내고 풀어보면 자연스럽게 배운 내용을 정리할 수 있다. 독서 활동과 연계해 책을 읽고 진진가 문제를 내고 풀어볼 수도 있다. 책 내용에 부합한 진진가 독서 퀴즈를 만들어 볼 수 있다.

협동 퍼즐 맞추기

누구나 한 번쯤은 퍼즐 조각을 맞춰본 경험이 있다. 학생들은 퍼즐을 통해서 관찰력을 키우고 공간지각력을 기를 수 있다. 특히 주의가 산만하거나 활동성이 큰 아이들에게 집중력을 길러주고 산만함을 잠재워 줄 수 있는 활동으로 적합하다. 쉬는 시간이면 옹기종기 모여 퍼즐을 맞추던 학생들의 모습을 코로나19 상황 이후엔 더 이상 보기 힘들어졌다. 서로 협력하여 하나하나 조각을 맞춰나가며 성취감을 느끼던 아이들의 모습을 온라인에서도 보고 싶었다.

그래서 구글의 퍼즐 파티를 활용해 보았다. 여러 명화 중 하나를 선택해 퍼즐의 난이도를 조절할 수 있다. 링크 공유를 통해 혼자서도 할 수 있고, 단체 퍼즐 맞추기도 가능하다. 퍼즐에 처음 접하는 학생들도 쉽게 익힐 수 있다. 미술 시간에 명화 작품 감상 활동으로도 활용할 수도 있다.

명화 대신에 내가 원하는 사진이나 우리 학급 사진으로 퍼즐 맞추기 활동을 하고 싶을 때는 패들렛을 활용할 수도 있다. 하단의 그림은 학급 사진을 활용한 퍼즐 맞추기 활동이다. 활용 방법은 다음과 같다.

먼저, 교사는 퍼즐에 사용할 사진을 준비한다. 사진을 선택한 후, 4×4로 사진을 분할한다. 사진 분할에 다양한 프로그램을 활용할 수 있지만, 포토스케이프X(http://x.photoscape.org) 프로그램을 추천한다. 포토스케이프는 사진 분할 및 용량을 줄일 때 유용하게 활용할 수 있는 프로그램이다. 분할된 사진이 준비되면 패들렛 양식 중 그리드를 선택해서 사진을 배열한다. 완성된 패들렛 양식은 그대로 보존한 후, 패들렛을 복제하여 사진의 순서와 배열을 바꾼다. 학생들이 퍼즐을 완성시키지 못할 수 있기 때문에 원본 양식은 꼭 보관해야 한다. 학생 수나 모둠 수에 맞게 양식을 복제해서 활용해야 한다. 학생들에게 퍼즐 링크나 QR코드를 공유한 후, 협동하여 퍼즐 맞추기 활동을 하면 된다. 자신이나 친구의 얼굴이 들어간 퍼즐을 맞추는 활동을 할 때 아이들은 더욱 즐겁게 참여하는 모습을 볼 수 있다. 패들렛을 활용한 퍼즐 맞추기 활동은 단체보다는 개인으로 참여하는 것을 추천한다.

<패들렛 활용 퍼즐 맞추기 전>   <패들렛 활용 퍼즐 맞추기 후>

이야기 만들기 놀이

"선생님, 이야기 만들기 놀이해요."

"오늘은 무서운 이야기 만들어요."

"우리 모둠 이야기 한 번 들어봐요."

미디어 매체에 익숙한 학생들은 글을 쓰는 활동을 싫어하는 경우가 많다. 연필을 잡고 글을 쓰는 것보다는 만화나 영상으로 표현하는 것이 익숙하다. 이런 학생들에게 글쓰기에 흥미를 불러일으키고 상상력과 창의력을 증진하기 위해 이야기 만들기 놀이를 해보았다.

이야기 만들기 놀이는 교사가 몇 개의 낱말을 제시한다. 낱말은 무작위로 제시해도 되고 교과서에서 배운 내용으로 제시해도 된다. 제시된 낱말을 보고 학생들은 차례대로 낱말을 넣어 한 편의 이야기를 완성한다. 학생들은 이야기를 재미있게 만들기 위해 다양한 소재를 활용한다. 때로는 무서운, 때로는 지저분한 이야기가 나오기도 하지만, 학생들은 자신들이 만든 이야기를 돌려 읽다 보면 글쓰기 활동에 흥미를 갖게 된다. 한편의 이야기를 개인이 완성할 수도 있지만, 모둠이 돌아가며 이야기를 완성할 수도 있다. 모둠원 각자 한 낱말씩 맡아 제시된 낱말이 들어가도록 이야기를 만든다. 단, 앞사람의 이야기가 다음 사람과 연결돼야 한다. 학생들은 내용을 전개하기 위해 앞 친구의 이야기에 귀 기울이게 된다. 이야기를 주제에 맞게 협력하여 고칠 수도 있다.

이야기 만들기 놀이는 에듀테크를 활용해 온라인에서도 진행할 수 있다.

하단의 그림은 패들렛을 활용한 이야기 만들기 놀이의 예이다. 교사가 '코로나19', '여름', '곡성', '짜장면'이라는 낱말을 제시하면, 학생들은 순서대로 그 낱말들을 이용해 한 편의 이야기를 완성한다. 개인이 한 편의 이야기를 완성할 수도 있고, 모둠이 협력하여 이야기를 완성할 수도 있다. 낱말이 제시되기 때문에 학생들은 부담 없이 글을 쓸 수 있다. 똑같은 낱말이지만 다양한 이야기가 펼쳐지는 것을 보면서 다양성과 다름을 이해할 수 있었다.

<패들렛을 활용한 이야기 만들기 놀이>

패들렛을 활용한 학급 놀이 양식

앞에서 소개한 패들렛을 활용한 놀이 양식은 하단의 QR코드를 통해 들어가면 활용할 수 있다. 해당 QR코드에 들어가서 원본을 그대로 사용하지 않고 복제하여 사용하길 추천한다.

판뒤집기 놀이	OX 퀴즈	초성게임	숨은그림찾기
스피드 퀴즈	이구동성 놀이	초성 이구동성 놀이	내 마음을 맞혀봐
줄줄이 말해요 놀이	텔레파시 놀이	우리반 뽑기판	행운의 여신

낱말 로또 놀이
 복불복 모서리 게임
 매칭게임
 음악 퀴즈

 첫 끝말잇기 게임
 진짜 같은 거짓을 찾아라!

화상회의 시스템을 활용한 학급 놀이

코로나19가 장기화되면서 줌, 구글 미트, e학습터 등을 활용한 화상회의 시스템을 자주 접하게 된다. 학급 친구들, 동료 교사들, 학부모들까지 대면으로 만날 수 없는 현실 속에서 화상회의 시스템은 물리적 거리감을 좁혀주고 있다. 하지만 대면이 아닌 온라인 속에서 만나는 우리들의 관계는 좀처럼 거리감이 좁혀지지 않는다. 화상회의 시스템 속에서는 쌍방향적인 의사소통보다는 일방적인 의사소통이 자주 일어난다. 모니터를 통해 모두가 지켜보고 있으므로 개인적인 이야기를 꺼내기도 어렵다. 코로나19 이전에는 학생들이 자유롭게 교실 안에서 서로의 고민을 나누고 갈등을 해결하는 모습을 보였다. 이를 통해 긍정적인 관계를 형성하고 사회성을 기를 수 있었다. 하지만 마스크를 쓴 교실, 모니터를 통해 만나는 관계 속에서는 긍정적인 관계를 형성할 기회가 많지 않다. 학교란 잠시 수업만 하고 가는 곳이라는 느낌이 강해졌다. 이런 상황 속에서 관계를 형성하고 친밀감을 유지하는 방법에 대한 고민이 많아지는 건 어쩌면 당연한 것이었다. 고민에 대한 답을 비록 화상회의 시스템 속이지만 간단한 놀이를 통해 찾고자 했다.

서로 래포를 형성하고 관계를 유지하며 친밀감 있는 분위기를 조성하기 위한 방법 중 하나가 놀이이다. 놀이는 흥미를 유발하고 구성원들의 참여도를 높이며 결과를 통해 성취감을 맛볼 수 있다. 하지만 놀이 속에서 지나친 경쟁을 강조하면, 친밀하고 좁혀졌던 관계도 멀어질 수 있다. 따라서 놀이를 통해 결과를 강조하기보다는 과정을 통해 협력하고 격려할 수 있는 분위기를 조성해야 한다. 이는 놀이 진행자가 놀이의 중점을 어디에 두느냐에 따라 큰 영향을 미친다. 놀이에서 승리한 사람에 대한 보상이 강하거나, 놀이 과정 속에 나타나는 노력과 성장을 알아차리지 못한다면 학생들은 자연스럽게 경쟁에 익숙해진다. 그리고 놀이에 적극적이지 못한 친구들을 비난적인 태도로 바라보게 될 것이다. 이처럼 놀이는 학급 구성원의 관계를 좁힐 수도 있지만, 멀어지게 할 수도 있는 양날의 검과 같다.

화상회의 시스템 속에서 활용할 수 있는 놀이는 규칙이 단순해야 한다. 대면으로 학생들을 만났을 때보다 의사소통이 어려우므로 놀이 규칙이 이해하기 쉽고 단순해야 한다. 단순한 놀이에서부터 시작해서 놀이가 익숙해지면 규칙을 하나씩 추가할 수 있다. 그리고 기존에 학생들이 알고 있는 놀이를 응용한다면, 학생들이 훨씬 이해하기 쉬울 것이다. 또한, 놀이의 승패가 개인에 의해 결정되기보다는 서로가 힘을 합쳐 협력했을 때 좋은 결과를 얻어내는 방식이 좋다. 학생들은 놀이를 하면서 자연스럽게 경쟁보다는 협력을 배울 것이다. 서로 비난하고 판단하기보다는 격려하고 응원하는 문화를 익힐 것이다.

내가 바라보는 너

네 이름은?
네가 좋아하는 것은?
요즘 고민이 있니?
장래 희망이 뭐니?
친구들이나 선생님한테 바라는 게 있니?

학기 초 어색함을 깨기 위해 다양한 아이스 브레이킹 활동을 한다. '내가 바라보는 너' 활동은 종이와 연필만 있으면 학기 초 친교 활동으로 쉽게 활용할 수 있다. 2인 1조 또는 3인 1조가 되어 1분이라는 제한 시간 동안 짝의 얼굴을 보며 종이에 그림을 그리는 활동이다. 규칙은 '내가 그린 그림을 절대 보지 않기' 한 가지만 지키면 된다. 학생들은 자신의 그림을 볼 수 없으므로 제대로 된 그림을 그릴 수 없다는 게 이 활동의 큰 장점이다. 그림 실력과 상관없는 다양한 작품이 나올 수 있다. 1분 동안 짝의 얼굴을 그린 후 뒷장에는 짝에 대한 인터뷰를 한다. 인터뷰 내용과 개수는 상황에 따라 조절할 수 있다. 보통 이름, 별명, 자신이 좋아하는 것, 장래희망, 선생님이나 친구들에게 바라는 점 등에 관해 묻는다. 인터뷰한 내용은 자신이 그린 그림 뒷면에 간략하게 적는다. 학급 친구들이 모든 활동을 마치고 나면 내 짝을 친구들에게 소개하는 활동을 가진다. 내가 그려준 그림을 보여주면서 인터뷰한 내용을 발표한다. 자기소개를 직접 하는 것이 아니라 내 짝을 소개하기 때문에 학생들도 부담 없이 참여한다. 저학년 학생 같은 경우에는 일단 교사가 학생들의 작품을 모두 모은다. 인터뷰한 내용과 함께 친구들의 얼굴을 하나하나 보여주며 누구인지 맞혀 보는 활동을 하면 아이들이 무척이나 재미있어 한다.

코로나19로 인해 모두가 마스크를 쓰고 있으므로 '내가 바라보는 너' 활동에 제약이 있다. 다만, 화상회의 시스템을 이용해 수업을 진행할 때는 학생들이 마스크를 벗고 있으므로 활동을 진행할 수 있다. 교사는 학생들의 짝을 지정해 주고, 1분 동안 컴퓨터 화면에 나와 있는 친구 얼굴만 보며 그림을 그리도록 안내한다. 학생들은 화면 속에 등장하는 친구의 모습만 보며 친구의 얼굴을 그린다. 직접 대면하지 않기 때문에 부담 없이 그릴 수 있다. 학생들이 화상회의 시스템에 익숙하다면, 소그룹 회의를 개설해서 서로 인터뷰할 시간을 부여할 수도 있다. 아니면 개별 채팅을 통해서 짝에 대해 알아보는 기회를 가질 수도 있다. 대면 활동과 마찬가지로 그리기와 인터뷰 활동이 끝나면 돌아가면서 내 짝을 소개하는 시간을 갖도록 한다.

학기 초 어색하고 친구에 대해 아는 것들이 별로 없을 때, 서로 친분을 쌓고 관계를 형성하기 위한 활동으로 '내가 바라보는 너' 활동을 추천한다.

무궁화 꽃이 피었습니다

'무궁화 꽃이 피었습니다!' 놀이는 우리나라 사람이라면 모르는 사람이 없을 것이다. 술래가 '무궁화 꽃이 피었습니다!'라는 말이 끝나기 전까지 술래를 제외한 친구들은 자유롭게 움직일 수 있다. 술래가 '무궁화 꽃이 피었습니다!'라는 말을 끝내고 뒤를 돌아봤을 때 움직이는 친구가 있으면, 그 친구는 술래와 같은 편이 된다.

이와 같은 놀이를 화상회의 시스템 속에서도 활용할 수 있다. 참가자 전원은 캠을 켜서 자신의 모습을 보여준다. 술래는 1명이 될 수도 있고 모둠원 전체가 될 수도 있다. 술래는 나머지 친구들에게 미션을 준다. 예를 들면 '함께 격려하는 우리들'이라는 글씨를 빈 종이에 완성하는 것을 미션으로 줄 수 있다. 술래가 '무궁화 꽃이 피었습니다!'라는 말을 하는 순간 나머지 친구들은 종이에 글씨를 쓸 수 있다. 말을 끝마쳤을 때 종이에 글씨를 쓰거나 움직이는 친구는 탈락하게 된다. 가장 먼저 미션을 성공한 친구가 승리하는 방식으로 게임을 진행할 수도 있고, 어느 모둠이 가장 많이 성공했는지를 확인하는 단체전으로 진행할 수도 있다. 교사가 미션을 제시하고 학급 인원 중 50%가 성공하면 이기는 학급 단체전으로도 진행할 수 있다.

'무궁화 꽃이 피었습니다!' 게임을 진행할 때는 술래를 도와줄 친구들이 필요하다. 화면에서 움직이는 친구가 없는지, 규칙을 어기는 친구가 없는지, 확인해 줄 친구가 필요하다. 모둠 대항을 하거나 학급 단체전을 실시할 경우, 교사나 나머지 모둠원 친구들이 확인하는 방식을 추천한다. 미션은 종이에 글씨를 써서 화면으로 보여주는 것으로 정할 수도 있고, 술래가 원하는 문장을 채팅창으로 보내는 것으로 정할 수도 있다. 다만, 각자의 화상 시스템 화면은 학생들의 손이나 키보드를 향하고 있어야 한다. 게임 방식 및 규칙은 학급 특성 및 학년 수준에 맞게 자유롭게 변형해서 운영할 수 있다.

찹쌀떡 –가래떡–떡볶이–찰떡–떡라면

찹쌀떡, 가래떡, 떡볶이, 찰떡, 떡라면이라는 낱말을 학생들에게 보여주고 공통점을 찾으라고 하면 무엇이 떠오르는가? 아마 떡이라는 글자가 들어간다는 것을 쉽게 알아차릴 것이다. '찹쌀떡-가래떡-떡볶이-찰떡-떡라면' 놀이 방법은 다음과 같다. 다섯 가지의 낱말을 칠판이나 화상회의 시스템 채팅창에 작성한다. 1단계는 다섯 가지 낱말을 1분 안에 외우는 것이다. 학생들이 외우지 못하더라도 다음 단계를 진행하는데 큰 지장은 없다. 2단계는 다섯 가지 낱말을 말하면서 떡이라는 글자에 손뼉을 치는 것이다. 아마 어른이든 학생이든 한 번에 성공하는 사람을 찾기는 힘들 것이다. 학생들에게 연습할 시간을 주고 모둠 대항이나 학급 단체전으로 2단계를 실시할 수 있다. 온라인으로 실시할 때는 마이크와 캠을 켜고 화면 속에서 자신의 모습을 보여줘야 성공과 실패 여부를 확인할 수 있다. 3단계는 다섯 가지 낱말을 말하면서 떡이라는 글자는 말하지 않고 손뼉만 치는 것이다. 참쌀 (박수)-가래(박수)-(박수)볶이-찰(박수)-(박수)라면 순서로 해야 한다. 이것도 한 번에 성공하는 학생들은 거의 없을 것이다. 연습할 시간을 충분히 주고 학급 친구들이 성공할 기회를 맛볼 수 있게 해줘야 한다. 1단계에서 3단계까지 통과했다면 떡이 들어가는 낱말을 한두 가지 더 추가해서 4단계를 진행할 수도 있다. 이 놀이는 위의 다섯 가지 낱말 대신에 공통된 글자가 들어가는 다양한 낱말로 변경해서 진행할 수도 있다. 저학년 같은 경우는 낱말의 수를 3개 정도로 줄여서 진행할 수도 있다.

낱말 마피아 놀이

"이것은 달고 맛있어."

"이것은 주스로 먹기도 해."

"이것은 우리나라에서 재배하기도 하지만 외국에서 많이 가져와."

"이것은 노란색이야."

"이것은 길고 껍질을 벗겨서 먹어."

위의 대화는 무엇에 대한 설명일까? 정답은 '바나나'이다. 낱말 마피아는 제시된 낱말이 다른 사람을 찾아내는 놀이이다. 예를 들어서 7명의 친구가 낱말 마피아 놀이에 참여한다고 했을 때, 교사는 6명의 친구에게는 '바나나'라는 낱말을 주고 1명의 친구에게는 '바나나' 대신에 다른 낱말을 제시한다. 즉, 낱말이 다수의 친구들과 다른 사람이 마피아가 되는 것이다. 학생들은 해당 낱말이 적힌 쪽지나 채팅창을 보고 특징을 하나씩 설명해야 한다. 마피아는 '바나나' 대신 '포도'라는 낱말 카드를 받았다면, 친구들의 설명을 잘 듣고 친구들과 비슷하게 설명해야 마피아 정체가 들통나지 않는다. 마피아는 최대한 자신이 마피아가 아닌 것처럼 행동해야 한다. 관찰자들은 참가자들의 이야기를 듣고 누가 마피아인지를 찾아내야 한다.

낱말 마피아 놀이는 오프라인과 온라인 상관없이 실시할 수 있다. 오프라인에서는 낱말을 적은 쪽지를 참가자들에게 나눠주고 자신의 쪽지에 적힌 낱말의 특징을 하나씩 설명하도록 한다. 화상회의 시스템 속에서는 개별 채팅창을 통해 학생들에게 낱말을 알려준다. 오프라인과 온라인 모두 한 학생에게만 다른 낱말을 알려주면 된다. 낱말을 전달받은 친구들은 화상회의 시스템을 통해 자신의 낱말에 해당하는 특징을 한 가지씩 돌아가며 이야기한다. 모든 친구의 이야기를 듣고 마피아라고 생각하는 사람을 한 명 지목하는 놀이이다. 낱말 마피아 놀이는 마피아의 역할이 중요하다. 최대한 마피아가 아닌 척 행동하는 것이 이 놀이의 핵심이다.

온라인 가라사대

"가라사대 화면 가리기 해주세요."

"채팅창에 술래라고 적어주세요."

"가라사대 마이크 켜 주세요."

"쉬는 시간 보냅시다."

집중력과 순발력을 동시에 요구하는 '가라사대' 놀이를 해봤을 것이다. '가라사대'라는 말을 했을 때만 지시하는 동작을 따라 하면 된다. 진행자가 '가라사대'라는 말을 하지 않았는데 지시하는 동작을 따라 하면 탈락하게 된다. 진행자는 어조나 말의 빠르기를 조절해가며 참가자들을 혼란스럽게 할 수 있다. 대본을 미리 만들어 놓고 진행하는 게 좋다. 여러 개의 문장을 연속 이어서 말할 경우 참가자들이 쉽게 속게 된다. '가라사대' 놀이는 특별한 준비물 없이 온 오프라인에서 모두 활용할 수 있는 놀이이다. 하단의 표는 온라인에서 활용할 수 있는 가라사대 대본이다.

\<가라사대 놀이 대본\>

자! 가라사대 놀이를 해보겠습니다. 놀이의 규칙은 간단합니다. 선생님이 '가라사대'라는 말을 할 때만 해당하는 동작을 따라 하면 됩니다. '가라사대'라는 말을 하지 않으면 해당 동작을 따라 하면 안 됩니다. 놀이는 '가라사대 이제 그만!'이라는 말이 나올 때까지 진행하겠습니다. 놀이를 시작하기 전에 캠과 마이크를 모두 켜 주세요. 선생님 화면을 보지 말고 목소리에 귀 기울여보세요. 그럼 지금부터 시작하겠습니다. 게임 규칙이 이해가 된 친구들은 손 한번 들어 주세요. 지금 손든 사람은 탈락입니다. 탈락한 친구들은 잠시 캠 화면을 꺼주세요. 지금까지는 연습이었고 이제 정말 시작하겠습니다. 가라사대 오른손 올려주세요. 왼손도 올려주세요. 왼손 올린 사람은 탈락입니다. 양손 모두 내려주세요. 손 내린 친구들도 탈락입니다. 가라사대 박수 한 번 시작. 가라사대 박수 두 번 시작. 박수 다섯 번 시작. 박수 친 친구들은 탈락입니다. 지금까지 살아있는 친구들이 몇 명일까요? 한 번도 안 틀린 친구들 손 한번 들어주세요. 손든 친구들은 탈락입니다. 가라사대 두 손을 위로 올리세요. 가라사대 두 손 반짝반짝. 정지. 지금 멈추신 분들은 탈락입니다. 가라사대 손 무릎 위로 올려주세요. 가라사대 오른손을 어깨 뒤로 돌리세요. 가라사대 왼손은 허리 뒤로 돌리세요. 가라사대 두 손을 잡으세요. 제가 가라사대라고 했는데 못 잡으면 탈락입니다. 지금 잡은 친구들은 유연하네요. 화면으로 잘 안 보이니 뒤를 돌아봐 주세요. 확인해 보겠습니다. 방금 뒤를 돌아본 친구들은 탈락입니다. 가라사대 지금까지 한 번도 틀리지 않은 학생은 손들어주세요. 학교에 오면 선물을 드리도록 하겠습니다. 채팅창으로 이름 한 번 남겨주세요. 이름 남긴 친구들은 탈락입니다. 가라사대 이제 그만.

7장

학급과
이어나가기

학급과 어떻게 이어나갈까?

"오늘은 맛있는 반찬이 나와서 기뻐요"

"엄마가 제 작품을 보고 격려해줬어요"

"오늘은 방탄소년단 신곡 들어봐요!"

"온라인 상황에서도 학급에 대한 소속감을 느끼고 공동체 의식을 키워나갈 방법은 무엇일까?

　학교생활 중 학생들이 가장 많이 머무는 곳이 교실이다. 공부는 물론 쉬는 시간에 친구들과 수다도 떨고, 때로는 선생님께 고민을 털어놓는 곳이기도 하다. 집 다음으로 가장 많이 머무는 공간이 교실인 것이다. 학급이 안전하고 행복한 공간으로 인식되어야 학생들이 학교에 오는 것이 즐겁고 행복할 것이다. 학생들은 학급에서 각자의 역할에 맞게 다양한 활동을 하면서 학급 구성원으로서 소속감을 기르고 공동체 의식을 키워나간다. 하지만 코로나19로 인해 친구들과 웃고 떠들며 공부하는 공간인 교실이 사라져버렸다. 사라졌다기보다는 활동에 제약이 많아졌다. 교실이라는 공간의 자유로움이 사라졌다. 학생들은 학급에 대한 소속감이나 공동체 의식을 키울 기회가 그만큼 줄어들었다.

　온라인 수업에서도 엄연히 학급은 존재한다. 다양한 학급 플랫폼을 활용하고, 플랫폼 속에서 서로 댓글을 달고 사진을 올리기도 한다. 과제를 올리고 상호작용을 하거나 피드백을 받기도 한다. 교실 속에서 이루어지는 활동들이 온라인에서도 이루어진다. 때로는 다양한 에듀테크를 통해 학급 구성원들을 연결 짓기도 한다. 에듀테크를 통해서 학생들의 감정을 알아보기도 하고, 우리만의 온라인 공간을 만들어 서로 소통하기도 한다. 온라인 속에서 학급 친구들의 작품을 모아 전시회를 열기도 하고 음악방송 라디오를 진행하기도 한다. 에듀테크로 이어지는 다양한 활동 속에서, 학생들은 학급의 소중한 구성원이라는 것을 인식한다. 서로를 격려하고 지지하며 공동체 의식을 키워나간다.

　이번 장은 온 오프라인 상황 속에서 학생들이 학급의 구성원으로서 소속감을 느낌과 동시에 긍정적인 관계를 형성했던 사례를 소개하고자 한다. 오프라인 활동에서도 많이 사용했던 감정 나누기, 학생들이 가장 좋아했던 온라인 뮤직박스, 부모님과 소통할 수 있었던 학급 작품집 등, 교사, 학생, 학부모가 함께했던 사례를 소개하고자 한다. 이를 통해 학급의 소속감 및 공동체 의식을 키워나갈 수 있었다. 이번 장에서 소개하는 사례들은 온라인 수업이나 대면 수업과는 상관없이 활용할 수 있다.

오늘 나의 기분은?

"저는 오늘 기뻐요. 친구가 제게 편지를 써 줬거든요."
"저는 오늘 슬퍼요. 아침부터 눈이 아파요."
"저는 오늘 설레요. 내일이면 주말이거든요."

 자신의 감정과 함께 친구의 감정을 알아주는 것은 긍정적인 관계를 형성하는 중요한 요소이다. 요즘 아이들은 자신이 어떤 기분인지, 무엇 때문에화가 났는지 생각해 보지 않는다. '화가 나서 짜증 내기', '신나서 큰소리를지르기' 등, 감정의 원인을 생각해 보거나 자신의 욕구를 알아가기보다는발생하는 행동에만 관심을 보인다. 하지만 이런 행동은 친구들 간의 관계를 어긋나게 한다.
 사람은 본능적으로 관심을 받고 싶은 욕구가 있다. 누군가가 나에 대해관심을 갖고 표현해 줄 때 사랑받고 있다는 느낌을 받는다. 아이들 또한 마찬가지이다. 학급에서 친구들이 나에 대해 관심을 갖고 이해해 줄 때, 학급에 대한 소속감과 친구들 간의 유대감이 깊어진다. 이를 극대화하기 위해떵커벨 보드를 활용했다. 하루하루 나의 감정을 살핌과 동시에 친구들의 감정에 공감해 주는 시간을 가졌다. 아이들은 먼저 '화나는', '슬픈', '편안한', '설레는' 등, 감정의 의미를 알아봤다. 그리고 감정과 관련된 표정을 사진으로 남겼다. 하루 동안 있었던 일 중에서 기억나는 일과 함께 그때의 감정을 짧은 글로 적어보게 했다. 때로는 미처 살피지 못한 학생의 감정을 알 수 있었다. 때로는 친구 간의 오해가 해결되기도 했다. 친구의 감정에 대해 댓글로 격려하며 서로 공감하고 이해하는 모습을 볼 수 있었다. 주말에도 자신의 감정을 살펴볼 수 있도록, 학급 플랫폼에 링크를 제시해 학생들이 자유롭게 참여할 수 있도록 하였다. 감정 나누기 활동은 단순하지만 학생을 쉽게 이해하고 관심을 나눌 수 있는 학급경영 방법 중 하나이다. 체험학습이나 중요한 행사를 치른 후, 감정 나누기 활동을 하면 학생들의 피드백을 즉시 확인할 수 있다.

<띵커벨 보드판에 자신이 감정을 표현하는 학생들>

<띵커벨 가치수직선을 활용해서 자신의 감정을 알아보는 학생들 >

선생님, 숙제 내주세요

"선생님, 오늘은 꼭 숙제 내주세요."

"선생님, 오늘은 국어 숙제 내주세요."

"선생님, 어제 내준 숙제 확인해 봐요."

위의 대화만 들어보면 학생의 입에서 나온 말보다는 부모님들의 요구 사항으로 보인다. 에듀테크를 사용하기 전과 사용한 후의 차이점 중 하나는 숙제이다. 에듀테크를 사용하기 전에는 숙제를 내달라 이야기하는 학생은 단 한 명도 없었다. 하지만 요즘 아이들의 입에선 숙제 이야기가 많이 오간다. 학생들이 수업 시간에 '띵커벨'이나 '카훗'같은 퀴즈형 게임 기반 학습 플랫폼을 접하고 나니, 학습도 하나의 놀이로 인식하기 시작했다. 물론 게임은 굉장히 직관적이고 지나친 경쟁을 추구한다는 문제점을 지니고 있다. 하지만 학생들의 학습에 약간의 경쟁적 요소와 긴장감을 접목하면 학습에 대해 강력한 동기유발이 될 수 있다.

대부분의 퀴즈형 에듀테크는 학생들이 가정에서도 특별한 회원가입 없이 플랫폼에 접근할 수 있다. 학습에 대한 즉각적인 피드백도 가능하니 학습 참여율과 효과도 높다. 교사 또한 결과 분석을 통해 학생 개개인의 수준을 파악하기 용이하다. 피드백 제공을 통해 성취기준 도달 여부를 판단할 수 있다. 적절한 에듀테크 활용은 학습의 효과를 배가시킨다. 단원을 정리할 때나, 한 주 동안 배운 내용을 정리·확인하고 피드백을 주고 싶을 땐, '띵커벨', '카훗', '퀴즈앤' 등의 퀴즈형 게임 기반 학습 플랫폼을 추천한다. 다만 학생들 간의 지나친 경쟁을 유발하거나 흥미 위주의 도구로 활용한다면, 학습의 효과성은 떨어질 수 있다.

하단의 그림은 띵커벨을 통해 퀴즈형 학습과제를 제시하고 결과를 확인하는 그림이다. 학생들은 과제에 참여한 후 학습 결과를 즉각 확인할 수 있다. 교사 또한 과제 참여자 및 결과를 실시간으로 확인할 수 있다.

<띵커벨을 통해 학습 과제 참여하기>

우리들의 작품집

- - - - - - - - -

"오늘 작품은 우리 반 작품집에 올려보자."

"선생님, 이거 찍어서 작품집에 올려도 돼요?"

"오늘 수업 시간에 완성한 작품 부모님한테도 보여줄래요."

학생들이 수업 시간에 완성한 작품을 교실에 게시하거나 개인 파일에 정리하는 경우들이 많다. 하지만 게시가 끝나면 다시 공유하기 힘들다. 시간이 지난 후, 수업자료로 다시 필요할 때 찾아서 활용하기 어렵다는 단점이 있다. 그리고 활동 내용을 가정과 공유하기도 어렵다. 이런 단점을 보완하고자 띵커벨 보드를 활용했다. 온라인 속에 우리 반 작품집 공간을 만들었다. 개인별로 수업 시간에 했던 결과물들을 사진으로 찍어 바로바로 우리반 작품집에 올렸다. 사실 코로나19 상황에선 학생들이 자유롭게 돌아다니며 친구들의 작품을 감상할 수 없었다. 하지만 이젠 온라인 공간 속에서 시간과 장소의 제약 없이 친구들의 작품을 감상하고 댓글을 달 수 있었다. 상호평가와 함께 서로를 격려하고 응원했다. 그리고 작품집 링크를 가정과도 공유했다. 부모님들이 자녀들의 활동 결과물을 그때그때 확인하고 댓글을 달아주며 소통했다. 코로나19로 인해 가정과 단절될 위기에 에듀테크는 서로를 연결해 주는 훌륭한 매개체였다.

<띵커벨 보드판을 활용한 학급 작품 모음집>

우리반 뮤직박스

"선생님, 오늘은 제가 음악 틀어줄래요."

"오늘 제 신청곡 틀어주세요."

"쉬는 시간에 신청곡 작성할게요."

학생들이 학교생활을 하면서 좋아하는 활동 중 하나는 쉬는 시간에 자신들이 좋아하는 음악을 듣는 것이다. 나오는 음악을 같이 따라 부르면 좋겠지만, 코로나19로 인해 제한된다. 에듀테크를 활용해서 자신들이 좋아하는 음악도 듣고 친구들과 공유할 수 있는 시간을 가졌다. 학생들은 쉬는 시간에 자신이 좋아하는 음악을 띵커벨 보드판에 올렸다. 학생들은 친구들이 선택한 음악과 중복되지 않게 자신이 듣고 싶은 음악을 유튜브에서 찾아 링크를 업로드했다. 점심시간이 되면 그날의 음악방송 DJ가 나와서 학생들이 신청한 곡을 태블릿에 블루투스 스피커를 연결해 들려줬다. 저학년 학생들도 유튜브 링크 복사 방법과 학급 플랫폼에 붙여 넣는 방법을 알려줬더니 자신이 원하는 곡을 쉽게 올렸다. 음악을 틀어주는 학생도 유튜브 재생 버튼만 누르면 되기 때문에 누구나 쉽게 DJ 역할을 수행했다.

학생들과 우리반 뮤직박스를 운영할 때는 하루에 신청곡을 하나만 받기로 했다. 음악을 틀어주는 음악방송 DJ 역할은 매일 돌아가면서 실시했다. 그리고 선정적이거나 폭력적인 영상이 나올 수 있으므로 음악방송 DJ는 나오는 화면은 보지 않고 음악만 틀어주는 역할을 했다. 우리반 뮤직박스는 학급 교육과정 반성회를 실시해 본 결과, 학생들이 만족해하는 활동 중 하나였다. 초등학교 2학년 학생들도 쉽게 할 수 있는 활동이기에 태블릿이나 스마트폰, 그리고 블루투스 스피커만 있다면 바로 시작해 볼 수 있는 활동이다.

<우리반 뮤직박스 게시판>

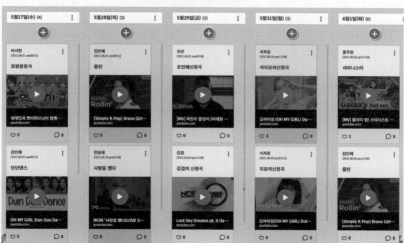

우리반 학급일지

새로운 학기를 시작하면 교단일기를 쓰거나 학급일지를 쓰는 선생님들이 많다. 체험학습, 계기교육, 교과 및 창의적체험활동을 하고 학생들의 피드백을 적기도 한다. 또한 학생 행동 관찰 및 상담자료를 적기도 한다. 하지만 종이에 학급일지를 기록하면 휴대성 및 편리성에 제한이 있다. 새로운 내용을 적어야 할 때 항상 학급일지가 주변에 있어야 한다. 과거에 적었던 내용을 다시 찾기도 쉽지 않다. 특히나 몇 해 전의 내용이라면 더욱 찾기 쉽지 않다. 그래서 에듀테크를 활용해서 학급일지 쓰는 걸 추천한다.

네이버 메모, 원노트, 에버노트 등 다양한 노트 앱, 캘린더, 구글 문서나 스프레드시트 등의 도구를 활용할 수 있다. 여러 도구 중 패들렛 타임라인을 활용해 학급일지를 작성했다. 패들렛 타임라인은 순서에 따라 텍스트, 이미지, 영상 등의 다양한 콘텐츠를 업로드할 수 있다. 일자별로 학생들과 상담했던 내용, 학급 활동과 피드백, 체험학습 후기 등을 학급일지에 올릴 수 있다. 패들렛은 온라인으로 작성하기 때문에 수정이 쉽고 학생 또는 학부모들과 공유할 수 있다는 장점도 있다. 시간이 지나 과거의 일들을 찾아볼 때 해당 낱말을 검색하기만 하면 쉽게 찾을 수 있고 날짜도 확인할 수 있다. 타임라인으로 콘텐츠를 정리하기 때문에 직관적이고 가시적이다. 이제 종이 학급일지나 상담 일지 대신에 다양한 에듀테크를 활용해 보는 것도 좋을 것 같다.

<패들렛 타임라인을 활용한 학급일지>

학부모 상담 신청서

"선생님, 상담 시간은 언제가 괜찮을까요?"

"제 상담 시간이 언제일까요?"

"상담 시간 날짜를 변경할 수 있을까요?"

새 학기가 되면 학생, 학부모 상담주간이 찾아온다. 학생은 학교에서 쉬는 시간이나 방과 후 시간을 이용해서 상담 일정을 자유롭게 잡을 수 있다. 하지만 학부모 상담은 시간이 서로 겹치기도 하고 중간에 일정 변경이 생길 수도 있으므로 일정 잡는 일이 번거로울 수 있다. 예전에는 학생 편으로 종이 설문지를 나눠주고 일정을 하나하나 확인하며 학부모에게 일정을 재 안내해야 하는 번거로움도 있었다. 이런 불편함을 해소하는 방법으로 학부모 상담 신청서를 에듀테크로 작성해 활용해 보자.

다음 장의 그림은 땡커벨을 활용한 온라인 상담 신청서 양식의 예이다. 교사는 사전에 상담이 가능한 날짜와 시간을 보드에 작성하여 학부모에게 안내한다. 땡커벨은 회원가입 없이도 링크나 QR코드만 있으면 내용 작성이 가능하므로 누구나 쉽게 이용할 수 있다. 링크를 받은 학부모님들은 상담을 원하는 날짜와 시간을 댓글로 달기만 하면 된다. 댓글에 상담 방법이나 질문사항 등을 추가로 남길 수도 있다. 그리고 일정을 변경하고 싶을 때는 비어 있는 시간을 선택해서 댓글만 달면 되기 때문에 일정 변경도 쉽게할 수 있다. 교사도 전체 일정을 한눈에 확인하기 쉽고 따로 일정을 학부모에게 안내하지 않아도 된다는 장점이 있다. 다만 에듀테크 사용이 익숙하지 않은 학부모님들이 있을 수 있다. 학기 초 교육과정 설명회 때, 간단한에듀테크 활용 교육을 실시하는 것도 필요하다. 학부모님에게 교육을 실시할 때, 에듀테크 이것저것 활용하는 것보다 한두 가지 집중적으로 교육하는 것이 혼란을 줄이고 효율적이다.

<띵커벨 보드를 활용한 상담 신청서 양식>

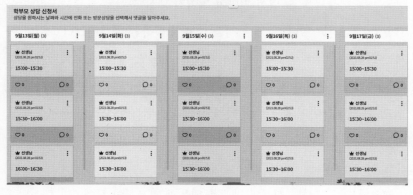

변화, 그리고 새로운 도전

코로나19로 인해 마스크를 벗고 활짝 뛰어놀던 아이들의 모습은 이제 한 장의 추억이 되어버렸다. 교실이라는 공간 속에서 서로 부대끼며 배우고 성장하는 학생들의 모습 대신 저만치 떨어진 책상 사이로 흐르는 적막함이 그들을 대신하고 있다. 함께 관계를 맺고 소통하는 공간이었던 교실이 이제는 각자만의 정해진 공간 속에서 제한된 활동만 해야 하는 삭막한 장소가 돼 버렸다. 수업이 지루할 때 옆자리에 앉은 친구와 장난치던 아이들의 모습, 쉬는 시간이면 운동장에 나가서 신나게 뛰어놀던 모습, 옹기종기 모여 보드게임을 하던 모습, 점심시간이면 옆에 앉은 친구와 수다를 떨던 모습도 이제는 어느덧 추억으로만 남아있다.

코로나19는 교사와 학생의 관계를 배움과 가르침의 관계로만 한정되게 만들었고, 친구들 간의 관계도 단절된 교실로 만들어 버렸다. 한편으론 이런 상황이 학생들을 가르치는 것에 집중하게 만든다는 점이 위안 아닌 위안이었지만 씁쓸하기만 했다. 친구들 간의 갈등, 다툼 등 관계 속에서 찾아오는 문제들이 현저히 줄어들었다는 점 또한 마음 한구석을 편하게 해주었지만 씁쓸하기는 매한가지였다. 하지만 학생들이 살아가야 할 미래 사회는 소통과 관계가 단절된 채 혼자서만 살아가는 사회가 아니다. 서로 협업하고 소통하며 공동체 속에서 관계를 맺어가야 하는 사회이다. 학교는 학생들의 지적인 부족함을 채워주는 곳이기도 하지만 심적인 공허함을 달래주며 사회성을 기르는 곳이기도 하다. 분명한 건 코로나19 이전이든 이후든 단절된 학교와 교실, 교육공동체와의 관계 속에서 그들을 이어줄 매개체가 필요하다는 점이다.

교실이라는 장소에 국한되는 수업은 이제 한계에 도달했다. 교실을 벗어나 다양한 공간, 심지어 사이버상의 공간도 학습의 장이 됐다. 이제는 시간과 공간을 초월하며 다양한 에듀테크를 활용하여 블렌디드 수업을 전개해 나가는 것이 교사들의 숙명이 됐다. 단순히 수업만 연구하는 것이 아니라 수많은 에듀테크까지 다뤄야 하는 막막함이 존재하지만, 에듀테크는 단절된 우리들의 관계를 이어주고 소통과 공유의 매개체 될 현명한 대안 중 하나가 될 것이다.

미래 사회를 살아갈 학생들은 다양한 에듀테크를 활용한 네트워크 속에서 함께 소통하고 공감하는 것들에 익숙해져야 한다. 학생뿐만 아니라 학부모, 교직원들도 오프라인 속에서의 소통도 중요하지만, 온라인 속에서 소통과 협력이 중요한 시대가 되었다. 미래 사회를 살아갈 학생들에게 필요한 역량을 길러주고 단절된 물리적, 심리적 거리를 이어줄 무엇인가에 대한 고민을 끊임없이 해야 할 시점이다.

고영성

단절이 행복으로 이어지는 미래교육을 위하여

금방 끝나겠지 했던 코로나19는 위드 코로나19 시대로 들어섰다. 코로나19로 인해 사회와 학교, 교육공동체는 지친 나날의 연속이었다. 이런 상황 속에서 사회는 코로나19를 극복하기 위해 끝까지 노력했고, 학교는 변화된 현실 속에서 새로운 플랫폼과 교육 방법을 제시했다. 단절될 수밖에 없는 현실 속에서도 교육공동체는 에듀테크라는 매개체를 활용해 다양한 시도와 끊임없는 노력을 하며 서로 끈끈하게 이어나가고 있다.

코로나19가 발생하기 전에는 낯설었던 「블렌디드러닝」, 「에듀테크」와 같은 낱말들이 이제는 학교 현장에서 친숙한 낱말로 자리 잡았다. 변화된 현실에 적응하기에 바빴지만, 전국의 수많은 교사는 학생들에게 효과적이며, 학습 격차를 해소할 수 있는 다양한 블렌디드러닝 방법을 연구했다. 학생들의 참여도, 상호작용, 피드백이 온라인 수업의 문제점으로 등장했다. 이에 대면 수업의 장점과 온라인 수업의 장점을 접목하여 문제점을 극복하기 위해 노력했다. 온라인 상황 속에서도 학생들이 적극적으로 참여하고 상호작용을 할 수 있도록 다양한 에듀테크를 수업 속에서 활용했다. 교사들 간의 공유와 협업이 이렇게까지 활발했던 적이 있었나 싶을 정도로 서로의 아이디어를 공유하고 생각을 나누며 집단지성을 발휘했다. 학생들 또한 낯설고 어색한 상황 속에서 자신의 역량을 발휘하며 학습에 참여했다. 다행히 학생들은 온라인 기기나 상황에 익숙했으며, 누구보다도 쉽게 에듀테크 사용법을 익히며 활용했다. 그리고 학습 과정에서 사이버 예절, 미디어 리터러시 등을 몸소 체험했다. 이는 학부모들의 교육에 대한 신뢰와 자녀의 학습 지원에 대한 뒷받침이 있기에 가능했다. 모두에게 새롭고 낯설었던 현실은 서로 힘을 모아 능력을 발휘할 수 있는 시너지효과를 줬다.

가깝고도 멀게만 느껴졌던 미래교육이 코로나19로 인해 한층 빠르게 우리 곁으로 다가올 수 있었다. 우리는 위기 속에서 기회를 찾았으며, 교육공동체는 단절 속에서 서로 관계의 끈을 연결해 나갔다. 몸은 비록 떨어져 있더라도 에듀테크를 통해 마음을 연결할 수 있었다. 시끄럽게 함성을 지를 수는 없었지만, 에듀테크를 통해 서로를 격려하고 응원했다. 신나게 뛰어놀 수는 없었지만, 에듀테크를 통해 다양한 온라인 놀이의 즐거움을 맛봤다. 새로운 도전과 시도 속에서 보람을 느끼고 즐거움과 행복을 맛볼 수 있었다.

우리나라 교육의 목표는 거창한 것이 아니다. 과거에도, 현재에도, 그리고 미래에도, 우리는 학생들이 건강하고 행복한 민주시민으로 자라나길 바란다. 학생들이 행복한 미래교육을 만들기 위해 우리는 오늘도 도전과제에 맞서 새로운 시도를 해본다.

김현화